我国国防费资源统筹配置研究

WOGUO GUOFANGFEI
ZIYUAN TONGCHOU PEIZHI YANJIU

张 侃 刘宝平◎著

中国财经出版传媒集团
中国财政经济出版社

图书在版编目（CIP）数据

我国国防费资源统筹配置研究／张侃，刘宝平著
. --北京：中国财政经济出版社，2020.5
ISBN 978-7-5095-9616-6

Ⅰ.①我… Ⅱ.①张… ②刘… Ⅲ.①国防费-资源配置-研究-中国 Ⅳ.①E232.1

中国版本图书馆 CIP 数据核字（2020）第 029754 号

责任编辑：卢关平　　责任校对：徐艳丽
封面设计：孙俪铭

中国财政经济出版社 出版
URL：http：//www.cfeph.cn
E-mail：cfeph@cfeph.cn

社址：北京市海淀区阜成路甲 28 号　邮政编码：100142
营销中心电话：88190406
北京财经印刷厂印刷　各地新华书店经销
787×1092 毫米　16 开　12.5 印张　198 000 字
2020 年 7 月第 1 版　2020 年 7 月北京第 1 次印刷
定价：43.00 元
ISBN 978-7-5095-9616-6
（图书出现印装问题，本社负责调换）
本社质量投诉电话：010-88190744
打击盗版举报热线：010-88191661　QQ：2242791300

前　言

国防费资源统筹配置是一项复杂的系统工程。当前，我国国防与军队建设事业迅猛发展，加强对国防费资源统筹配置的有效管理，提高国防费资源统筹配置效益，已经成为国防与军队建设事业中的一个重要环节。研究我国国防费资源统筹配置问题，提出一套较为完整、系统、科学的、适合我国国情与军情特点的国防费资源统筹配置研究理论与方法，并指导国防费资源统筹配置实践工作的具体开展，为军队国防费资源规划管理部门提供有借鉴意义的决策参考，具有积极的意义。

本书在汲取国内外最新研究成果基础上始终围绕我国国防费资源统筹配置的三个主要问题、即国防费资源统筹规模的预测与变化问题、国防费资源配置运行机制规律问题和国防费资源配置使用效益问题进行论述。按照先规模统筹、后结构配置的逻辑思路，在规模统筹阶段，采用静态与动态结合方式预测了国防费资源统筹规模总量，厘清了供需因素对国防费资源统筹规模的定量影响；在结构配置阶段，构建了符合我国国情军情特点的资源配置结构分解模式，设计了国防费资源优化配置模型，探讨了对国防费资源统筹配置使用效益开展评估的技术方法。最后，利用集成仿真手段检验了文中提出的技术方法的可行性与有效性。具体开展的研究内容如下：

第一，国防费资源统筹配置理论体系构建分析。

分析国防费资源稀缺性、公有性、非竞争性和隐形效用性等特点，总结了国防费资源配置的主体二重性、维度二重性和影响因素二重性等配置特性，国防费资源统筹配置的三个能量层级划分，统筹与配置两个阶段分解，均衡、非均衡、失衡三种状态转换。在此基础上，阐明了国防费资源统筹配置具有的最优化、次优化和欠优化三个优化层次和机会成本最小、效费比最大和边际效益趋同三个优化准则，推导出国防费资源统筹配置中统筹规模和配置结构都具有确定性的重要论断，证明了研究的理论可行性。

第二，中国与美国防费资源统筹配置机制对比启示分析。

借鉴 PPBE 系统在美国国防费资源统筹配置中的先进经验，在阐明 PPBE 系统运行程序、总结 PPBE 系统机制特点的基础上，对比分析我国国防费资源统筹配置在顶层设计、运行机制和方法手段上存在的不足，运用博弈理论揭示出我国国防费资源统筹配置存在问题的深层次原因。进一步地，对我国国防费资源统筹配置实践进行有益的启发研究，明确了我国国防费资源统筹配置中应当坚持的总体思路和基本原则，选择将国防费资源统筹配置技术方法作为研究切入点，描绘了国防费资源统筹配置主模型的技术路线。

第三，我国国防费资源规模静态组合预测分析。

采用具有适合饱和状态单峰或 S 形序列的非线性小样本残差 G – Verhulst 计量组合预测模型，对国防费非线性小样本残差时间序列数据的预测精度方法进行改进。选择带有精英策略且广泛应用于函数组合优化、人工智能控制等领域的改进遗传算法，对小样本非线性残差 G – Verhulst 计量组合预测模型进行动态赋权，进一步提高模型整体预测精度。在对比传统建模预测方法的基础上，进行实证研究并给出满意的预测结论。进一步地，结合灰色神经网络理论，引入 G – Verhulst – BP 算子，设计 G – Verhulst – BP 分系统，对模型进行二次改进，明确了改进后的算法实现步骤，能够持续提高国防费资源规模预测精度。

第四，我国国防费资源统筹规模与影响因素动态关系分析。

从动态关系的角度，重点研究了我国国防费资源规模在供给因素和需求因素的双重影响下具有怎样的运动规律和变化特征。首先，对影响我国国防费资源规模的因素进行分类，给出了定性的理论研究结论。其次，分别对供给因素单独影响和供需因素共同影响下的国防费资源规模的动态关系进行研究，得到了定量的实证研究结论。最后，归纳总结出六点结论和对策作为研究我国国防费资源动态变化规律特征的指导和参考。

第五，我国国防费资源配置结构分解与优化设计分析。

借鉴 PPBE 系统在资源配置过程中的闭环设计思想，提出了我国国防费资源配置的“三段四级”分解模式构想，分析了国防费资源配置过程中需要统筹考虑的人力、物力和技术要素，建立军事和经济效益双目标优化目标函数，引入战斗力组合函数概念，提出了五大约束条件，构建我国国防费资源优化配置模型，将配置问题转化为非线性混合整数规划数学问题，提供了一种计算国防费资源最优配置的可行性方法。

第六，我国国防费资源配置使用效益评估分析。

立足于国防费资源配置使用效益评估的五个维度，建立国防费资源配置使用效益评估指标体系。采用 AHP 和物元分析法相结合的方法，对我国国防费资源配置使用效益进行科学、全面、系统评估，得出有价值的评估结论，用于反馈指导国防费资源配置工作的改进和完善。

目　录

第1章　绪论

1.1　问题的提出

国防费是国防和军队建设资源的总分配器[1]，是军队保障力、战斗力得以生成和维系的源泉。在世界新军事革命浪潮的推动下，世界各国不断研发各类新型武器装备，积极推进着本国的国防和军队建设向着更高水平跃升，而军事实力跃升的背后必然伴随着国防费资源的巨大消耗。以美军为例，美军“复仇者”防空导弹单枚成本约为2700万美元，E2C“鹰眼”预警指挥机每架成本高达1.75亿美元，而一架B－2隐身战略轰炸机成本更是达到了21.6亿美元的天价。现代战争愈发演变成一场“烧钱的游戏”，国防费资源的相对有限性则成为制约国防和军队建设无法回避的瓶颈因素。面对快速增长的国防建设需求，如何科学统筹配置国防费资源，有效提高国防费资源的使用效益，成为世界各国国防和军队建设亟须解决的公认难题。

在我国，优化国防费资源统筹配置管理机制，完善资源统筹配置方式方法既是落实党中央和中央军委关于“走出一条投入较少、效益较高的军队现代化建设路子”的现实要求，又是提高全军国防费资源保障效能的有效途径。尽管近些年来我国的国防费投入保持稳步增长，国防费投入规模不足的问题已经得到一定缓解，但是，由于历史积累和世界新军事革命进程加快等原因，国防费的供需矛盾依然非常突出。因此，继续发扬艰苦奋斗精神，厉行勤俭节约，把国防费管好用好，使国防费资源投入发挥最大的效益，是我军现代化建设的必然选择。

目前，我军在国防费预算编制制度、装备采购制度、资金支付制度等方面进行了多项改革，并取得了一定成效，但是，国防费资源统筹配置方面存在的问题仍然比较突出。其主要表现在：一是对于国防费资源统筹规模的预测与变化研究不够深入，统筹依据仍显不足，统筹方法不够科学，影响国防费资源统筹规模的因素分析不充分、不透彻；二是对于国防费资源配置运行机制规律研究不够深入，国家安全与军事战略同国防费资源统筹配置的规划、计划、预算及执行之间联系不紧密，分散投资、盲目投资和重复建设等问题大量存在；三是对于国防费资源配置使用效益研究不够深入，经费使用时缺乏全过程全方位的监督管理，使用管理粗放，各环节浪费严重，对国防费资源使用效益缺乏科学量化评估方法、手段。

上述问题产生的根源在于，传统意义上的国防费资源分配缺乏国家军事战略层面的统筹规划，战略目标与国防费分配联系不紧密，国防费需求规模论证不充分，国防费数据规律特点挖掘不够，国防费总预算规模测算时容易受到传统“先定盘子、再找项目”思想的潜在影响，国防费分配在一定程度上仍采用传统计划经济体制下利益均沾的“切蛋糕”方式，缺乏总体目标定位与顶层设计。上述问题说明，我国国防费效益提升的空间还很大，国防费资源统筹配置的任务还十分艰巨。因此，必须加强对国防费资源统筹配置研究，用科学的理论与方法指导国防费资源的规模、投向与投量，进一步优化国防费资源的分布形态，防止重复建设、分散建设和铺张浪费，确保党的十九大提出的“坚持走中国特色强军之路，全面推进国防和军队现代化”战略目标的实现。

综合上述背景与成因，研究我国国防费资源统筹配置问题，提出一套较为完整、系统、科学的、适合我国国情与军情特点的国防费资源统筹配置研究理论与方法，并指导国防费资源统筹配置实践工作的具体开展，为军队国防费资源规划管理部门提供有借鉴意义的决策参考，具有积极的意义。

1.2 研究目的及意义

1.2.1 研究目的

本书研究着眼于国防费资源统筹配置的基本问题，其目的在于通过衡量国防费资源统筹配置的科学性，运用系统工程的理论方法和价值工程思想开展国防费资源成本效益分析，抓好宏观调控、完善顶层设计、理顺项目生成与规划计划间的内在逻辑关联、严格经费使用管理等国防费资源使用全系统全寿命全过程的重要环节，掌握一整套科学、严密的经费资源统筹、分配和效益评价手段与方法，确保国防费资源统筹配置高效合理、规范运行，实现国防费资源宏观效益与微观效益的统一，军事效益与经济效益的统一，平时效益与战时效益的统一，不断提高资源配置投入产出比，不断完善相关机制，不断优化国防费的投入规模与投向投量比例关系，促进我国国防和军队建设与社会经济建设的协调和可持续发展。

1.2.2　研究意义

开展我国国防费资源统筹配置研究，无论从学术价值、现实意义，还是长远意义来看，均具有积极的意义。

1.2.2.1　学术价值

学术界认为，推进国防费资源统筹配置方式改革是当今世界新军事革命的三大驱动力之一。强化对国防费资源的优化配置和科学管理是最大限度实现既定资源向作战能力转化的根本前提。在新军事革命发生之初，西方发达国家也曾面临着顶层作战需求缺乏统筹、重复建设、国防负担过重等问题。美国等军事革命先行国家的决策者在实践中逐步认识到，作战理念、作战样式、编制编成等只构成了显性军事革命，而国防费资源统筹配置方式改革则是为显性军事革命提供物质技术支持的基础性革命。如果没有国防费资源统筹配置方式的革命，显性军事革命是不可能发生的。从 20 世纪末开始，为迎接信息化战争的挑战，世界上许多军事强国均结合各自的国情对国防费资源统筹配置方式进行了调整改革，建立了新的国防费资源统筹配置管理制度。当前，我国的国防和军队现代化建设已经到了一个调整改革的关键时期。如何牢牢把握住国防费资源统筹配置这根总纲，不断优化国防费资源统筹配置管理体制机制，在资源统筹配置理论与方法上开拓创新，是我们占领资源配置效率制高点，在未来战争中赢得主动的先决条件。因此，开展我国国防费资源统筹配置研究，是进一步完善资源统筹配置理论方法体系，丰富资源统筹配置方式在国防经济学领域实践应用的具体要求，具有较强的学术研究价值。

1.2.2.2 现实意义

长期以来，受传统机械化战争和指挥管理体制的影响，国防费资源的统筹配置问题并没有引起各级层面的足够重视。人们习惯将国防费资源统筹配置问题看作是一项装备后勤保障问题，很少从整个国防建设和军事战略的层面来思考国防费资源统筹配置和有效利用问题，结果造成国防费资源统筹配置条块分割、使用效益难以大幅提高等诸多问题，许多经费资源重复配置、多头配置，“关系经费”的现象依然存在。在此背景下，中央军委于2011年11月组建了解放军战略规划部（该部于2016年改革调整为中央军委战略规划办公室），其下成立了资源统筹局，并明确指出全军国防费资源的统筹管理是生成现代作战体系能力、确保实现强军目标的基本条件。因此，开展国防费资源统筹配置研究能够非常有效地解决全军范围内突出且普遍存在的经费供求矛盾问题，突破现实利益格局下对国防费资源统筹配置设置的重重壁垒与阻碍，最大限度提升国防费整体使用效益，具有良好的现实意义。

1.2.2.3 长远意义

党的十九大以来，随着我国经济社会的高速发展，我国的国防安全呈现出一些全新特征：一是随着“一带一路”建设的持续深入推进，国家的海外利益不断拓展，来自海上和空中的威胁不断增加；二是随着国家安全观的拓展，我国核心利益如台湾、钓鱼岛、南海海域等受到的威胁不断增加。为积极应对国防安全领域的新问题，我国的军事战略也在持续地进行适应性调整。军事战略调整意味着任务需求和能力评估的重新定位，进而影响到不同军事任务对国防费资源需求的轻重缓急和重要性调整变化。国防安全威胁的来源、性质、样式和危害程度正在发生着显著变化，要求我们在国防费资源统筹配置过程中必须站在国防建设的全局上进行资源统筹配置和优化，分析不断变化发展的国防安全结构，区分不同国防安全影响因素的轻重缓急，预测未来国防安全发展需要和变化趋势。因此，针对我国国情开展国防费资源统筹配置研究，能够适应动态调整变化的国家社会经济发展大趋势和军事战略方针政策，分析不断变化发展的国防安全形势，确保国防费资源配置与军事战略的长期动态一致性。

1.3 相关概念界定

“工欲善其事，必先利其器。”在具体展开研究之前，首先需要明确本书研究的基本对象，并对所研究问题的相关概念进行界定。

1.3.1 国防费

（1）国防

正所谓“国无防不立，民无防不安”，国防作为关系到国家和民族生死存亡的大事，在保障国家安全、捍卫国家利益、保护人民生命财产安全等方面发挥着无可替代的作用。国防的概念古已有之，在我国封建社会早期，有人认为“礼义”是国防的象征，“礼义“代表了维护社会国家的安全力量，所有人必须严格遵守，以防僭越，此为“国防”概念的雏形。首次提出“国防”这一说法的是南宋的范晔[2]，其在《后汉书·孔融传》中有“臣愚以为宜隐郊祀之事，以崇国防”的说法，即希望国家通过减少祭祀来巩固国防、安定社稷之意。清朝末年，著名改革家梁启超在其《新民说》中“若无国防，则国难屡起，民将不得安其业”的论述，也表达了其对国防建设重要性的观点。根据《中华人民共和国国防法》，国防的对象，一是“侵略”，二是“武装颠覆”。国防要防备和抵抗的是“侵略”，国防要制止的是“武装颠覆”。

从“国防”一词的历史发展脉络看，国防的内涵在不断地丰富和完善。简单地说，国防是国家的防务，即国家层面开展的各项防备和抵御。《汉语大辞典》对“国防”给出如下定义：“一个国家为了保卫自己的领土主权，防备外来侵略，而拥有的人力、物力，以及和军事有关的一切设施。”本书采纳张振龙[3]在《国防经济学》一书中给出的定义：“国防指国家为防备和抵御外来侵略与颠覆，捍卫国家主权、领土完整及安全而进行的军事活动以及与军事有关的政治、经济、科学、教育、外交等活动。”

（2）国防费

关于国防费的概念，世界各国并没有统一的界定，在概念的规范性层面上存在一定程度的差异。这种差异主要表现在：一是各国根据各自的国情和防卫需要，在国防费的内涵和外延的划定上有着自己的考虑；二是各国关于国防费的称谓上存在差异，不同的称呼包括国防费、防卫费、军费等，在不同的研究文献中，还有更进一步的区分表述，如国防支出、军费支出等；三是出于国家安全保密的要求，世界各国对本国国防费的开支渠道、开支范围、开支数额等经济数据对外公布时，并不能够保证完全透明。

仅从字面含义来看，国防费是一个国家在一定时期（通常为 1 年）内，用于支付国家所有武装力量人员的费用，以及军方购买物品和从民用部门购买服务费用的总和[4]，这是对国防费一般意义上的界定。除此以外，世界主要发达国家、国际组织与研究机构等关于国防费的概念也有着自己的理解：

①美国关于国防费概念的界定。在美军国防费定义中，具体划分为狭义概念和广义概念。狭义的国防费仅包括美国国防部的支出费用，即美国国防部发布的年度《国防预算绿皮书》中 BA 标准下的国会批准资金预算。在此基础上，加入与国防活动有关的其他部门机构支出，则构成了广义的国防费定义。如国民警卫队战时经费保障[5]、国土安全部涉及军事活动的有关费用支出等，均属于广义的国防费范畴。

②日本关于国防费概念的界定。在日军国防费定义[6]中，国防费开支渠道包括军队日常管理维持、国防设施与周边环境建设、在日美军日常支出费用等。从经费开支种类来看，国防费具体分为：一是包含人员伙食和工资在内的人员生活费；二是包含设备维修维护、设备燃料使用消耗、军队人员教育训练与装备物资采购等费用在内的各类物资费，按照经费支出时间不同进行划分，物资费又可划分为义务支出费和总物资费两部分。其中，义务支出费为上一财年合同经费；总物资费为本财年合同经费，主要用于海军、陆军、空军及其他相关部门的军事训练、装备采购与维护、基地维护、装备研发与改进等用途。

③联合国关于国防费概念的界定。裁军事务部是联合国下属官方机构，按照表述习惯和传统，为更突出国防费开支的军事属性，通常采用“军事支出”一词来表达“国防费”的内涵。所谓的军事支出范围非常广泛，一是军事人员、文职人员和其他预备役人员必需的人员生活费；二是国防建设中与

军事行为有关的原材料支出、维护和修理支出、劳务采购与租赁支出等军事维护运行成本；三是用于飞机和发动机、核（导）弹、水面（水下）舰船（艇）、装甲车、坦克、火炮、轻武器、弹药、电子和通信设备、非装甲设备以及其他军事装备的采购费用；四是用于海、陆、空军基地、导弹发射场地、军人宿舍、医院、训练场所、办公场所、仓库、码头、要塞等固体建筑的建造费用；五是国防建设中用于武器装备开发、试验和评估支出，军事基础与应用研究等项目的开发研究费用。以上涵盖了国家维护领土主权完整和国家利益不受损害所需的流入军事建设部门的最终商品和劳务的总价值，如将其时间限定为一个财年范围内，可以理解为联合国关于国防费的定义。

④国际货币基金组织关于国防费概念的界定。国际货币基金组织（IMF）认为，国防费的概念应当包括一个国家国防部门及其他部门关于军事物资供应、装备采购管理、装备维护修理、军事建筑及其巩固、军事开发应用、人员征募、人员训练、人员衣食住行，以及提供军人报酬、医疗保健及其他服务等，用以抵御外来侵略的必要国防武装力量与维持能力的全部财力支出。IMF 还认为[7]，国防费应当由军事防务、民事防务、对外军事援助、国防科学研究以及其他支出等 5 大部分所组成。

⑤斯德哥尔摩国际和平研究所关于国防费概念的界定。斯德哥尔摩国际和平研究所（SIPRI）建立于 1966 年，由瑞典前首相塔格·米尔达倡议而兴建，主要研究技术军备竞赛、军费与武器贸易、化学武器、裁军和军控谈判，以及观察军事活动对安全环境的影响等，也是全球唯一一个提供 170 余个国家国防费历史连续时间数据的机构，在世界安全与军事问题的评估中具有享誉全球的权威性。SIPRI 统计的国防费开支包括以下内容[8]：维护本国国家安全的武装力量建设开支，维护世界和平稳定的维和部队开支，国防部本级开支，其他政府机构负责或参与的国防项目开支，预备役人员训练与装备保障开支，军事空间活动开支。对于开展军事救援行动的项目，如解救人质、打击跨国犯罪等，也应列入本国国防费中军事救援开支一项。需要注意，以下费用开支并不属于 SIPRI 关于国防费的统计范围内，具体包括：维护国内稳定发生的各项费用、与前期军事行动相关的本期费用、用于军人退役、复员、转业等支付的相关安置补偿费用、开展武器生产设施、设备和武器自身的逆向物流过程中发生的费用。

综上所述，尽管不同国家和国际组织机构关于国防费的定义标准、涵盖范围等存在不同程度的差异，但是在国防费的理解与界定上仍然有共性特点。第一，国防费存在的目的是相同的，即一个主权国家用来捍卫其领土完整，保护其自身利益不受非法侵害，为其国民的生存与发展提供坚强的武力后盾；第二，国防费是具有价值形态的，是一个主权国家用于国家防务建设的人力、物力和其他所需资源的货币化形式体现；第三，国防费具有非常明显的资源属性，由于国防费均来源于国家的财政收入，因此国防费的供给总量是有上限的；第四，国防费的用途都是具有鲜明军事特点的，无论是用于国家日常的军事训练保障、军队人员生活维持、武器装备维护更新，还是执行各种非战争军事行动任务，或者参与国际军事交流、国际反恐合作等，这些情形都具有军事行为的特点，应当计入国防费开支范围。

本书研究的是我国国防费分配视角下的资源统筹配置问题，首先必须准确界定本书中我国国防费所指对象与范围。本书采纳《中国国防白皮书》[9]对国防费的界定，即定义我国国防费为中华人民共和国年度预算中用于国防建设和保卫国家安全的支出，具体对象包括人员生活费、训练维持费和装备费三部分构成。人员生活费用于军官、文职干部、士兵和聘用人员的工资津贴、住房保险、伙食被装等，训练维持费用于部队训练、院校教育、工程设施建设维护以及其他日常消耗性支出，装备费用于武器装备的研究、试验、采购、维修、运输和储存等。国防费的保障范围包括现役部队、预备役部队和民兵，同时也负担部分退役军人、军人配偶生活及子女教育、支援国家和地方经济建设等社会性支出。

（3）国防费相关概念辨析说明

在一般媒体报道和新闻撰写过程中，“国防费”、“国防支出”、“军费支出”三组词经常混同使用。事实上，关于“国防费”和“国防支出”两者间，并没有严格的概念区分，通常只是由于受到不同媒体或研究机构的自身表述习惯影响而沿袭下来的一贯说法，有时亦表述为“国防费支出”。

“军费支出”通常指国家用于军事斗争及斗争准备的支出，有学者认为“军费支出”的概念大于“国防费”或“国防支出”的概念，理由是国防费的用途仅仅是抵御外来威胁，而内部威胁不属于国防费支出范围但属于军费支出范围；有学者认为“国防费”或“国防支出”的概念大于“军费支出”的概念，理由是应当建立大国防的概念，军事斗争只是国防建设的一种形式，等同于国防支出的狭义概念。更多的学术文献研究中，一般认为“国防费”

与"军费支出"具有相同的内涵，而且从我国每年公布的国防预算上看，我国的"国防支出"等同于"军费支出"。

综上所述，考虑到文献研究中"军费支出"一词多用于国际统计资料对比分析，而"国防费"多出现于针对某一国军费进行分析和研究，为避免表述混淆和产生歧义，本书在行文过程中统一采用"国防费"的表述形式。

1.3.2 资源统筹配置

(1) 资源

经济学中所使用的资源概念，亦称为经济资源，是指人们可以掌握、支配和利用并用于一定目的的人力、物力以及知识和技术等部分的总和，不包括那些尚未开发的自然资源，是社会经济发展的基础。

经济资源是具有稀缺性的。资源的有限和稀缺程度，是进行资源配置的前提和内在动因[10]。随着社会的进步发展，人们对资源的需求也将进一步增加，这与有限资源的总量构成了不可调和的矛盾，也是任何一个国家在进行资源统筹配置时不可回避的严峻现实。

(2) 资源统筹配置

资源的稀缺性是经济学研究的永恒主题，资源统筹配置的效率是经济学研究的核心问题。西方经济学中经常将"统筹配置"或"配置"一词与"资源"联系起来使用，叫做"资源统筹配置"或简称"资源配置"。本书采用"资源统筹配置"这一完整称谓，目的在于强调资源配置过程中"统筹"和"配置"两个紧密衔接的环节是互相依存、密不可分的。

资源统筹配置也具有广义和狭义之分，广义是针对全社会产品进行的大分配；狭义则是指通过一定形式对生产要素进行合理组合、调配与安排，从而生产出社会所需的商品或劳务的过程，本质是生产要素（即人力、财力、物力的结合）的配置。

本书所指的国防费资源统筹配置[11-12]，取资源统筹配置的狭义概念。由于国防费属于特殊经济资源，因此可以这样理解：国防费资源统筹配置是指为了生产国防产品（包括有形产品与无形产品），而对国防费资源进行合理分割、组合、调剂等。国防费资源属于生产要素中的财力要素，本书开展的国防费资源统筹配置研究，是以财力要素为基本分配对象的前提下，满足人力、物力等生产要素的现实约束条件，实现国防费资源统筹配置的最佳分配效益目标。

1.4 国内外研究现状综述

1.4.1 国防费资源统筹规模预测综合研究

开展国防费资源统筹配置研究的首要前提是科学准确预测国防费资源统筹规模，属于资源统筹配置的第一个关键环节。当前，国防费资源统筹规模预测成为炙手可热的研究领域，得到了各国学者的广泛关注。

在经济学界，经常采用计量经济学模型进行定量预测分析。但是，对国防费资源统筹规模预测而言，由于各种计量模型的建模机理不同，某个计量模型只能够从某特定角度来对国防费数据信息进行呈现和归集，其预测结论的有效性有待加强。针对类似的问题，Bate J. M. 和 Granger C. W. J.[13]于1969年首次提出一个合理的做法，即综合考虑各单项预测方法的特点，将不同的单项预测方法进行组合，称为组合预测，通常翻译为“combined forecasting”或“combination forecasting”。组合预测定理认为，即使一个很差的预测方法，如果它含有待预测系统的独立信息，当它与一种较好的预测方法进行组合后，完全有可能提高系统的预测能力。因此，可以构建适合的组合模型来对国防费资源统筹规模预测问题进行研究。

文献研究表明，提高组合预测模型精度需要从两个方面入手：一是需要对组合结构中的基础模型进行理论深化，利用残差数据[14-17]来挖掘原始模型中遗漏的有用信息，进而提高基础模型的预测适应能力；如文献[18]以一种改进的加权集合序贯极端学习机（EOS - ELM）预测方法为例，证明了利用EMD进行残差序列处理能够有效提高原始模型的预测精度，文献[19]通过分解脉冲响应函数模型残差，并根据相对残差贡献率RVC的大小来确定政策变量对效果变量影响的大小，来优化经济政策实施评价效果。二是需要进一步优化组合预测模型算法，减少预测的总体不确定性，提高组合预测目标值的整体预测精度。当前，国内外学者在传统组合预测模型的基础上，通过基础模型优化、组合算法改进等多种手段，拓展和演化出新的组合预测模型与方法，取得了广泛的研究成果[20-22]。如文献[23]将ARIMA模型、SVM回归模型和遗传神经网络模型进行组合预测，得出了均值—方差—熵的投资组合形式收益率最高的重要结论；文献[24]则利用模糊软集合理论建立税收收入组合预测模型，将Elman回归神经网络模型、含政策虚拟变量的自回归模型、ARIMA（1，1，1）模型和多因素SVM回归模型进行组合，其预测结果误差较单一模型更小。

学术界关于预测残差校正的研究主要集中在残差数据的信息挖掘领域，通常使用较多的是灰色理论，包括GM模型和灰色Verhulst模型。这两种模型都能够通过研究残差变化规律特征，利用残差信息改进预测模型。关于GM模型的文献研究，如文献[25]提出了一种利用残差修正GM（1，1）模型预测火灾发生规律的方法，文献[26]则对广义离散GM（1，1）模型的适用条件和适用范围进行了深入探讨，文献[27]指出为有效提高预测精度，可以采用数值积分梯形公式来求解GM（1，N）模型。然而，宏观经济中多数经济数据是非平稳的，其残差表现为典型的非线性特征。传统GM（1，1）与GM（1，N）在形式上均为线性模型，在残差改进方面存在对非线性数据建模精度不高的问题。虽然文献[28]给出了GM（1，N）模型的近似白化时间响应式，但文献[29]和文献[30]指出其仍然存在响应式不精确，实验误差超出容忍阈值的现象，预测效果并不能够令人满意。

除GM模型外，基于灰色系统理论和Verhulst模型结合而产生的灰色Verhulst模型，则通过放宽使用条件极大地提高了模型稳定性和预测能力。如文献[31]认为，尽管大多数灰色模型由于自身的严重病态性特征会影响实际预测结果，然而灰色Verhulst模型却不存在严重病态性。文献[32]在分析灰色Verhulst模型建模机理基础上，通过对模型背景值进行优化改造来提高预测精度。文献[33]根据海水中氮浓度数据序列建立灰色Verhulst模型，并检验该模型在赤潮预测中的有效性。文献[34]指出，在BP神经网络中引入灰色Verhulst模型，构建灰色Verhulst神经网络，能够有效提高网络收敛速度和预测精度。事实上，灰色Verhulst模型广泛地应用于经济、社会和科学技术等众多领域的预测，特别是针对非平稳多变量非线性系统结构进行预测时，与传统GM（1，1）与GM（1，N）模型相比，其数据规律描述更准确，建模误差小，优越性更明显。

组合预测模型体现了对于综合性信息的科学选择与统筹使用，避免由于对信息把握不充分、不完整而造成的预测失灵，也是单一预测模型所不具备的优势所在，能够为更好地提高军费预测精度提供新的思路。从现阶段研究成果看，组合预测模型在交通运输[35]、股票分析[36]、经济预测[37]、燃气调度[38]等领域已经得到非常广泛的应用，且由于人们逐渐发现线性组合预测存在固有预测缺陷，因此组合预测的组合形式已经逐渐转向非线性组合预测研究。如文献[39]使用多个 BP 神经网络来组合进行长期电力负荷预测，并提出一种新的学习算法；文献[40]提出基于聚类算法的组合预测形式。由此，如何构建最合理高效的组合形式则应当成为国防费资源统筹规模组合预测领域当下研究的关键问题。

1.4.2 国防费资源统筹规模变化影响研究

国防费资源统筹规模变化影响研究一直是国防经济领域的热点问题。一般而言，关于国防费资源统筹规模变化影响研究通常分为两类：一类是利用时间序列和计量经济分析方法，研究某一对象在特定时期内的国防费规模变化规律，总结特点；另一类是横向对比某一时间截面内多个对象的国防支出情况，利用统计规律研究预判发展趋势。国防费资源统筹规模变化是供需因素综合影响作用的显性表现，供给因素通常包括经济规模（国民经济增长）、居民消费、财政收入等，需求因素通常包括军事战略、外部威胁、社会支援等。国内外大量文献资料显示，关于国防费与国民经济增长之间的关系问题是众多学者研究的重点[41-42]，学术界关于国防费规模与国民经济影响关系的结论并不一致，长期以来形成三种主要观点。

第一种是促进论观点。文献[43]研究 44 个国家的经济截面数据，得出国防支出对经济增长存在显著的促进作用这一基本结论；文献[44]则以土耳其为例，进一步指出国防支出与非国防支出均对经济增长存在正相关关系，且后者作用更显著；文献[45]等也从不同角度支持了促进论观点。

第二种是促退论观点。如文献[46]以发展中国家为例，指出国防支出对于经济发展存在一定的消极作用；文献[47]支持了 Lim 的观点，并进一步分析认为国防支出阻碍经济发展的原因在于产生了通货膨胀；文献[48]等对美国国防费数据等进行采样分析，得出国防费规模增加对于经济增长产生“挤出效应”的类似结论。

第三种是中性论观点。如文献[49]研究认为 OPEC 成员国的国防费具有双面影响作用，国防费增加有利于制造加工业发展但不利于对外投资；文献[50]则认为经济增长与国防支出间不存在或仅存在单向的 Granger 因果关系，无法证明二者之间存在必然联系。

近年来，随着大数据理论不断成熟，许多学者试图通过数据分析来挖掘数据间的深层次运行规律，结合计量经济的前沿理论提出许多创新性理论模型，多以研究中国国防支出与宏观经济运行为主。文献[51]等通过 Feder－Ram 两部分外部性模型，分析认为中国国防支出的增长不构成对经济增长率的抑制作用，其外部性效应为负；文献[52]等认为 Feder－Ram 模型具有适用局限性，提出了在非理想状态下中国国防支出与经济增长应呈现非线性特征的观点，并通过门槛回归模型进行了验证；文献[53]则综合了两个模型优点，提出了采用门槛 Feder－Ram 模型来研究中国国防支出与经济增长的关系，发现国防支出具有显著的正外部性和负规模性，需要适当提高“国防负担”；文献[54]运用 Enders－Siklos 门槛协整模型来验证国防支出与经济增长间的不对称协整关系，发现两者间关系显著。

关于国防费与居民消费关系研究的文献，则相对数量较少。比较有代表性的文献如文献[55]利用传统回归分析，得出改革开放后中国国防支出对居民消费具有弱互补作用的结论；文献[56]等则运用状态空间可变参数模型分析得到进一步的结论，认为中国国防支出与居民消费的关系正由替代效应向互补效应转变，两者的协调程度与互补效应显著程度成正比。

考虑需求因素对于国防费的影响[53]，国内外学术界通常从安全环境评估和军备竞赛的角度进行观测，主要研究方法包括博弈论、对比分析法等。文献[57]以北约和华约之间的军备竞赛为例，以博弈论为基础构建了以国防安全为目标的国防支出增长数据模型，研究分析两者国防支出的参数方程与平衡条件；文献[58]指出军费增长存在规模“短板现象”，分析认为“短板现象”产生的原因在于错综复杂的国际形势和维护祖国统一、维护领土主权及不断增长的海外利益的现实军事需求；文献[59]等认为应当在确定合理军费投入规模的基础上建立稳定的军费增长机制，其依据应当参照世界主要国家的经验值，并考虑外部军事因素，将国防支出占 GDP 比重提高至

2.5%~3%。

综合以上结论可知，国防费资源统筹规模变化机理复杂深刻，只有充分考虑影响国防费的供需因素，运用系统的观点进行整体考察，才能得到影响因素与国防费间的定量化逻辑辩证关系，并指导国防费资源统筹配置工作实践。因此，该项内容应当是本书研究的重点之一。

1.4.3　国防费资源配置运行机制规律研究

运行机制的效率决定着国防费资源配置的效率，是实现资源统筹配置目标的第二个关键环节。国外十分注重开展国防费资源配置运行机制实践工作，并且总结其运行规律，取得了较为显著的成效。以美军为例，美军十分注重国防费资源统筹配置的顶层设计，其核心运行机制是美军于2005财年正式实施的“规划、计划、预算与执行”系统[60-62]（PPBE）。PPBE是一种通过明确战略目标，从长期和全局的角度选择合理的项目，确定项目的优先级和国防费资源分配比例，动态关注预算执行和绩效评估的国防费资源管理机制（见图1.1）。

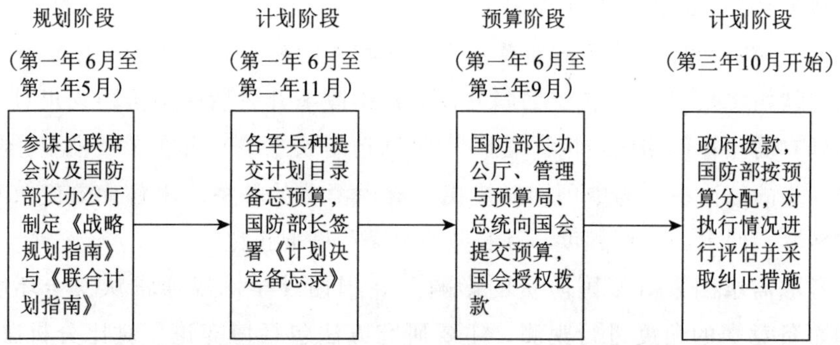

图1.1　美国PPBE运行机制与流程简图

美军还通过加强法制化建设等多种途径，不断提高国防费资源统筹配置效率。一是构建法规体系，做到有法可依。美国总统和国会颁布的与国防费资源统筹配置效率提高相关的法律有很多，包括《行政管理与预算局通报》、《联邦采购条例》、《国防授权法》、《国防拨款法》、《军事建筑拨款法》、《国防紧急拨款法》等。二是建立工作制度，确保规范实施。在国防部项目预算指南工作制度基础上，对于资源配置的重大事项，建立委员会审议建议制度和审议听证制度，提高各项资源配置决策的民主性和科学性。对跨年度的专项拨款，建立检查报告制度，由国防部每个季度向国会递交情况报告。

长期以来，在国防费资源配置运行机制规律研究方面，国外学者一直有着相当深入和广泛的探讨。1960 年，Richardson 开创了军备竞赛模型，认为国防费的增长是建立在一种“作用—反作用”的机制框架内，即一个防务主体的国防费增长系数由防务主体国防支出对于其对手或潜在对手国防费增长的弹性系数决定；1980 年，Smith 应用新古典研究思想，假定国家或政府最大化社会福利，将国防支出作为一个安全变量参数引入模型研究国防费资源分配问题；1986 年，Murdoch 和 Sandler 以澳大利亚国防支出为例，认为国防支出的需求总量和分配结构受到本国收入、政策变化、盟国军事溢出、敌对国潜在威胁、潜在战争等因素影响；1990 年，Looney 和 Mehay 认为现实国防费规模与国防能力最优水平存在差异，应通过加强国防预算执行力度最大化提升国防费使用效益，以适应国防需求；2003 年，Dunne 和 Sam 采用实证分析世界上 98 个国家 17 年间国防费数据，找出决定国防支出总量大小及资源分配投量投向的正向影响因素和负向影响因素；2005 年，Solamon 也通过研究加拿大国防费得到类似结论。

国内关于国防费资源配置运行机制及规律研究开展相对较晚，但发展很快。文献[63]提出制定国防费标准时应当考虑四个主要微观因素，包括市场价格与价格指数、消费水平与消费结构、地区差异、制度与政策导向。文献[64]分析了国防费分配的环境约束条件，指出国防费分配应当围绕“大财务”战略思想，统筹优化经济资源配置。黄继业认为，我国国防费资源投量投向缺乏健全科学决策论证机制，需要在优化经费分配结构、提高标准化供应比例和加大人员生活待遇水平上下功夫。文献[65]认为，可以借鉴美军 PPBE 系统的成熟思想，推进我军装备采办体制改革，建立国防体系评估审查机制，加强采办经费使用监督。

随着研究的不断深入，一些学者试图采用定性与定量分析结合方式，深入研究国防费资源配置规律及其深层次运行机理。文献[66]通过引入石油进口额、FDI 流出量等变量，实证分析了海外经济利益拓展对于国防费需求的影响变化，并为如何调整国防费规模及支出提出对策建议。文献[67]构建了一个军费软预算约束的动态承诺模型，归纳了造成军费软预算约束的三大成因，即风险型原因、制度型原因和利益寻租型原因。文献[68]运用博弈论思想，分析了国家之间和国家内部是如何在重复博弈的过程中形成军费适度规模。文献[69]认为，国防费支出结构的优化需要从提高海空军经费比例、加大科研投入、加强国防费存量管理等环节分别实施。文献[70]构建了一个经济增长模型，得出在竞争条件下国家国防支出与国家资源再分配的关系对于经济增长存在很大的相关性，当国家处于战争经济状态时，其经济增长将会更有力。文献[71]建立 HJB 方程，得到军费资源规模大小对于国家长期资本积累和经济增长率的影响程度。文献[72]通过对 2000～2011 年中国周边国家国防支出的统计分析，得出国防支出与国防安全间的辩证关系，提出增加我国国防费资源总量以适应不断增长的国防安全需求。文献[73]构建了军费支出绩效评估递阶层次模型，讲解了用于评价军费绩效的递进平均评估法的使用方法和使用条件，对提高军费支出绩效考评、优化军费分配结构提供思路建议。文献[74]提出了关于国防费资源最优分配机制构建的设想，从体制建设、机制运行、法规建设等方面阐述了我军在国防费资源优化分配工作中存在的问题，并提出了极具针对性的解决方案。文献[75]在详细分析了我国国防费管理的主要问题后，鲜明地提出了“根治国防费效益难题必须依靠现代制度”这一观点，并为解决我国国防费优化分配问题提供了一系列政策建议。

从现有研究文献来看，国外关于国防费资源配置运行机制规律的研究思路较为清晰和连贯，以美军为代表的 PPBE 已经得到有力的实践证明。然而，国内关于国防费资源配置运行机制规律研究方面仍存在研究力量分散、研究内容不够深入的问题。在有关国防费资源配置的核心问题上，仍然是沿用传统的军事财政资源分配的老思路，或仅从国防费资源分配本身入手，或思维观念僵化，不敢突破现有国防费管理体制的条框约束，从而导致国防费资源统筹配置仅仅处于局部优化或次优化状态，不能充分挖掘国防费资源潜力。没有考虑国防费资源统筹配置是一个动态闭环系统，只有从宏观层面加强军事战略规划对经费资源统筹的指导性，全面地进行战略任务分解与资源分析调配，加强国防项目建设的方案权衡与国防预算的安排协调，使原本分散的国防费资源得到更好配置，才能既满足部队建设需要，又能达到基于军事战略导向进行优化配置国防费的目的。一些学者提出的对策建议，或缺乏必要的实施条件，或脱离我国的实际国情，或思考问题不够全面缺少系统性的动态观察视角，只能成为存在于理论研究当中的“空中楼阁”。

1.4.4　国防费资源配置使用效益管理研究

国防费资源统筹配置使用效益管理是指按照国防费资源统筹配置的经济性、效率性和有效性要求，科学比较和评价国防费投入与使用效益之间的关系，优化经费投量投向，把有限的经费用在刀刃上的手段、方法与程序。国防费资源统筹配置使用效益管理以军事战略为牵引，效益管理实施也应当围绕军事战略核心目标有序展开。国防费使用效益管理是实现资源统筹配置目标的第三个关键环节。

西方发达国家非常重视国防费使用效益管理工作，并于早期开展了许多有益的探索，取得了良好效果。以美国为例，美国十分重视国防费使用效益管理法律法规和条令条例建设[76]。在 1993 年，美国政府就制定出台了《政府绩效与结果法案》；从布什政府到奥巴马政府期间，美国又制定了《项目评级工具 PART》、《政府绩效和结果现代化法案》等法律法令，将国防费使用效益管理改革工作上升为国家意志和法律形式，为美军推行国防费使用效益管理提供了有效的法律支持。美军高度重视以军事战略目标引领国防费使用效益管理，构建了国防费使用效益管理目标与军事战略目标有机统一的一体化金字塔式管理体系[77]，美军国防费使用效益管理目标制定与年度国防费使用效益评估结果相对应。另外，美军以国防费预算公开、透明为前提，提供公众监督国防费使用效益管理的有效途径，其国防费透明体现在三个方面：一是公开国防费预算制定的原则、方针，向公众详细阐述国防费预算总量、结构及编制依据等；二是公开美国国防费预算材料，美国国防部每一财年都会公布美国国防预算申请绿皮书、美军武器装备预算申请等系列材料；三是公开国防费使用效益改进情况，主要体现在美国国防预算概览中关于美军国防费近年来绩效改进的详细情况，以及上一财年美军国防费使用效益管理目标的完成情况，便于公众监督和集思广益制定下一年度预算。总之，美军高度重视打造科学的国防费使用效益治理结构。通过建立权威的国防费使用效益管理组织机构，如白宫专门设置有行政管理和预算局[78]，来主导负责联邦政府使用效益管理的推进、组织和协调工作。通过加强内部控制制度来提高国防费使用效益管理效率，如 2014 年制定《联邦政府内部控制标准》[79]，明确了国防费使用效益内部控制的各种标准。通过合理安排国防费使用效益管理流程来提高管理水平，完整的美军使用效益管理分为制订计划、确定目标、制定措施、调整过程、评估报告和改进提高6个主要阶段，各环节衔接紧密，有利于整合利用使用效益评估数据，综合提升管理水平。

学术研究方面，文献[80]认为国防费使用效益水平高低能够从其是否促进经济增长的角度进行评判，并以土耳其和希腊为例，引入ARDL模型和VECM模型进行分析，指出土耳其的国防支出对于经济增长的作用为负数，因此其国防费使用效益并不高，希腊的国防费使用效益水平则高于土耳其；文献[81]研究了东南亚国家的国防费使用效益管理情况，指出如果国防费配置结构不合理，国防费使用效益不高，会造成社会失业率增大；文献[82]通过建立GMM方程，研究世界上70个主要国家（1989～2011年）33年间的国防费结构数据，发现国防支出规模及配置结构的优化程度与社会劳动生产率紧密相连，当国防支出超过经济负荷，且没有能够产生足够军事效益时，则会降低社会劳动生产率。

国内方面，关于国防费资源统筹配置使用效益管理的研究起步相对较晚。2014年10月，经中央军委批准，我军全面推行国防费绩效管理工作[83]，标志着国防费在使用效益管理工作等方面开始得到重视。随后，我军在原总部和原军区层面上选择训练模拟器材、医院财经管理等5大类项目进行效益评价试点。以此为契机，许多学者针对国防费使用效益管理工作的新要求进行了诸多有益探讨。文献[84]提出了制度成本的概念，认为提高国防费支出效益，应当追求制度收益与制度成本之差的最大化，其关键在于加强制度的执行与监督；文献[85]从军队物资采购的角度出发，指出物资采购经费的使用效益提升，依赖于军队财务监督工作的加强，包括规范机构设置，强化监督职能，加强监督人员业务培训，严控采购预算等措施；文献[86]从绩效评价的角度出发，提出了一种基于BSC指标构建策略下的国防费绩效管理模糊综合评价方法，为确定国防费使用效益水平提供了量化思路；文献[87]认为在国防费使用效益管理过程中，第三方评价具有独立性、专业性和权威性等突出优势，因此建议引入第三方评价机制。

从国内外研究现状看，外军在国防费资源统筹配置管理实践工作中已经处于先行地位，国防费管理效益已开始呈现。尽管如此，即使强如美军，在国防费使用效益管理中也面临着财务系统现代化建设滞后、国防费使用效益管理指标操作性不强、评估结果与国防费预算编制衔接不紧等突出问题。我军的国防费使用效益管理工作尚处于起步阶段，尽管与美军相比存在一定差距，但仍有较大上升和完善空间。另外，国内学者在研究该问题时，关注点多放在国防费使用效益管理的程序设计与实施上，对于国防费使用效益的测定方法是否合理、手段是否科学则缺乏深入研究。如果不能采取有效手段和方法进行测算，就不能够正确衡量国防费使用的真实效益水平，也就无法指导来年的预算编制，无法从根本上优化国防费资源配置。另外，近年来军事逆向物流[88-91]也越来越受到广泛关注，作为一种二次提升国防费使用效益[92-94]的手段，也应当得到研究重视[95-96]。因此，科学合理地设计评价指标体系，采用科学全面的国防费使用效益评估方法，应当是本书研究的重点内容。

1.4.5　国内外研究综合评述

从国内外研究现状来看，国防费资源统筹规模预测综合研究、国防费资源统筹规模变化影响研究、国防费资源配置运行机制规律研究和国防费资源配置使用效益管理研究四个方面的内容，共同构成了国防费资源统筹配置研究的核心内容。对照 1.1 节中针对我国国防费资源统筹配置现状提出的三个问题，总结对比国内外研究的优点和不足，现将国内外研究的整体脉络进行系统梳理，如表 1.1 所示。

表 1.1　　国内外研究现状对比评述

<table>
<tr><td rowspan="2">需要解决的问题</td><td colspan="4">我国国防费资源统筹配置研究</td></tr>
<tr><td colspan="2">对于国防费资源统筹规模预测与变化研究不够深入</td><td>对于国防费资源配置运行机制规律研究不够深入</td><td>对于国防费资源配置使用效益研究不够深入</td></tr>
<tr><td>研究内容方面</td><td>国防费资源统筹规模预测综合研究</td><td>国防费资源统筹规模变化影响研究</td><td>国防费资源配置运行机制规律研究</td><td>国防费资源配置使用效益管理研究</td></tr>
</table>

续表

需要解决的问题	我国国防费资源统筹配置研究			
	对于国防费资源统筹规模预测与变化研究不够深入		对于国防费资源配置运行机制规律研究不够深入	对于国防费资源配置使用效益研究不够深入
国外研究现状评述	研究思路比较清晰，首次提出组合预测与残差修正的两种预测改进思路，具有大量成熟的研究实践经验	注重实证研究，多为定量研究模型，从供给因素角度形成影响国防费规模变化的促进论、促退论和中性论三种观点，基于军备竞赛视角定量研究需求因素对国防费规模变化的影响	国外关于国防费资源配置运行规律的研究思路较为清晰和连贯，理论与实践结合紧密，美军 PPBE 系统实践应用非常成熟，其先进经验值得我军借鉴	学术研究较为成熟，多以实证研究为主，从效益评估到效益管理等均有论述。实践研究中重视国防费使用效益管理法律法规和条令条例建设，理论指导实践的成效较为显著
国内研究现状评述	跟随模仿为主，吸纳国外预测优化理论方法，将传统灰色理论与组合预测方法进行多领域拓展研究，但针对非线性残差特征的时间序列样本预测效果有待提高	侧重定性分析与理论研究，对外国国防费数据收集较为欠缺，研究不够系统、全面，多从供给或需求某一个角度对国防费规模变化进行研究，实证说服力不强	研究力量分散、研究内容不够深入，缺乏从动态闭环系统角度对国防费资源统筹配置进行深入思考。部分学者的对策建议，或缺乏必要的实施条件，或脱离我国的实际国情，或思考问题不够全面缺少系统性的动态观察视角	前期缺乏重视，研究起步较晚，研究关注点多放在国防费使用效益管理的程序设计与实施上，对于国防费使用效益的测定方法是否合理，手段是否科学则缺乏深入研究
研究努力方向	将传统灰色理论进行改良，整合神经网络和精英遗传算法，提出小样本非线性残差特征下的国防费统筹规模静态预测方法	采用实证分析研究方法，选择重要供需影响因素进行分析，得出影响因素与国防费规模变化间具有量化特征的动态关系	汲取美军 PPBE 系统先进思想理念，设计符合我国国情的国防费资源配置的项目分解模式，建立规划模型，寻找满意的国防费资源配置方案	有重点地选择开展国防费使用效益的评估体系构建与评估方法研究，这是国防费使用效益管理的首要环节，也是当前学术研究的热点

1.4.6　文献研究统计与可视化分析

（1）文献样本选取

利用计量工具对主要研究文献进行分析，提取统计信息，能够了解当前国防费资源统筹配置研究领域的总体水平、发展动态和研究热点变迁等。本节文献统计样本来源于中国知网期刊数据库，考虑研究文献的时效性和连续性，仅选取近 15 年间国内学术界最新的研究成果，即 2005 ~ 2019 年的文献资料。为确保文献检索的完备性和准确度，选择“国防费”、“军费”、“资源配置”、“资源统筹”、“分配优化”、“优化配置”、“国防费预测”、“组合预测”、“国防费影响因素”、“国防费变化”、“配置运行”、“分配机制”、“军费效益”、“配置效益”、“军费管理”等信息字段作为关键词和主题词，按照与研究重点领域紧密程度进行筛选组合与联合检索，剔除与研究内容明显不相关及关联度较低的文献 32 篇，筛选出符合条件文献 190 篇。

（2）文献总量特征分析

关于国防费资源统筹配置的文献研究始于 21 世纪初，研究文献数量基本呈现逐年递增的总体趋势，反映在图 1.2 中相关研究文献出现的频率次数随着时间推移越来越多（2019 年截至 6 月底，统计文献样本数量 11 篇，为客观反映文献数量趋势特征，按照 2019 年度文献样本数量 22 篇估算）。图 1.3 则更直观地反映出不同年份区间段文献增长速度，2015 ~ 2019 年的文献数量是 2005 ~ 2009 年的文献数量的 2.2 倍。由此可见，随着 21 世纪我国军队改革转型的深入推进，国防建设快速增长的需求与有限的国防费资源供给水平间供需矛盾日益突出，促使更多的学者关注国防费资源统筹配置问题。学术界普遍认为，推进国防费资源统筹配置方式改革是当今世界新军事革命的三大驱动力之一，国防费资源统筹配置的深层意义和长远价值将在未来逐步显露。

（3）关键词与研究热点分析

文献关键词反映文章研究的核心内容和关键要素，关键词出现的频率和共现特征则揭示了文献研究的热点变迁。频率和共现特征反映了热点信息的存在状态，以及不同热点间的关联程度。统计文献检索关键词，图 1.4 指关键词出现频率≥1 的状态时，所有关键词之间的相关关联结构，圆圈直径越

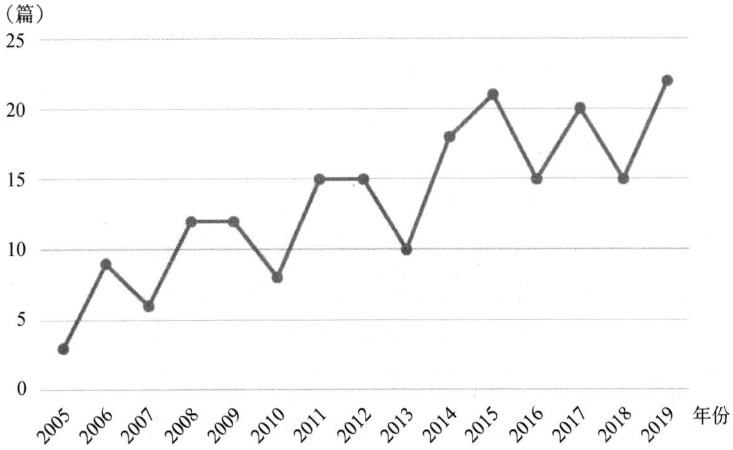

图 1.2　历年文献总量走势图（2005～2019 年）

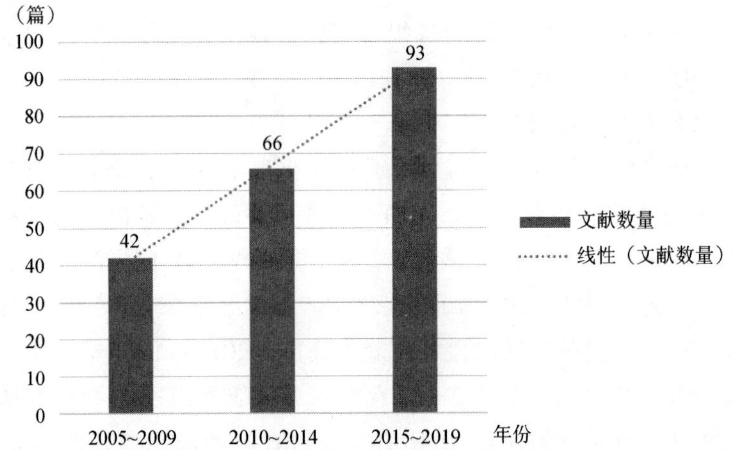

图 1.3　年份区间段文献总量柱状图

大，则说明该关键词出现频率越高，反映该节点的研究热度越高。显然，图 1.4 关键词数量众多，代表了国防费资源统筹配置领域的研究热点非常广泛，涉猎面很广，意味着国防费资源统筹配置问题研究的复杂程度很高，研究难度较大。图 1.5 进一步筛选出关键词出现频率≥15 时所包含的全部关键词，说明“军费管理”、“资源配置”、“经济增长”等 11 个核心关键词是当前研究热点，圆圈间的链接数字表示两个关键词在某一文献中的共现次数，揭示了研究热点间的逻辑关系和互动联系数字，数字越大说明两个热点间的研究紧密度越高，代表着学术研究的前沿动态。

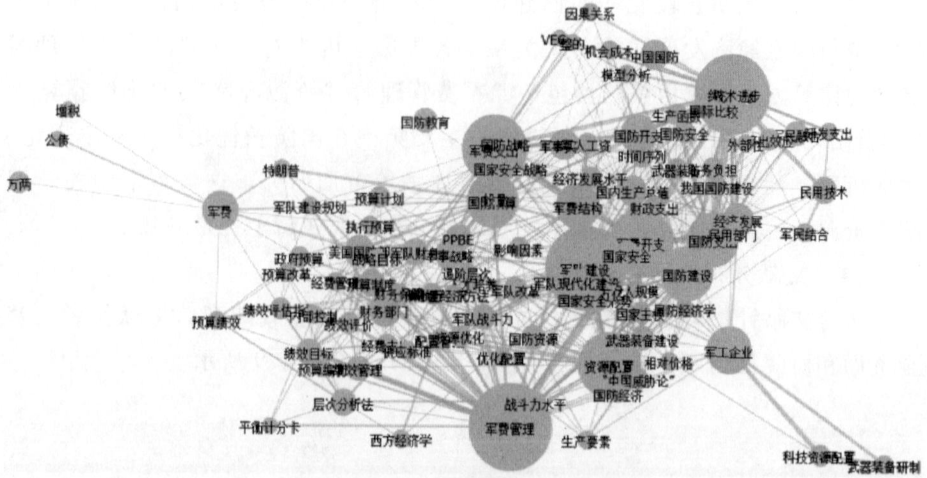

图 1.4　关键词共现树状结构图（出现频率≥1）

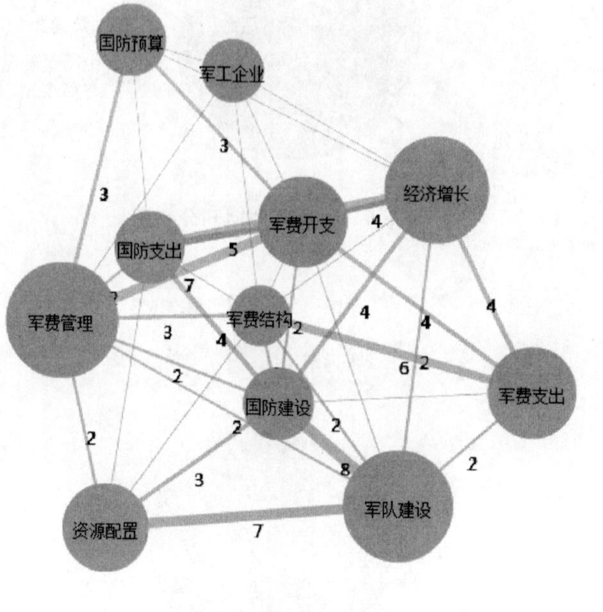

图 1.5　关键词共现树状结构图（出现频率≥15）

据此，将国防费资源统筹配置文献研究按照关键词划分类别：第一类包括“军费开支”、“军费支出”、“国防支出”等关键词，主要集中在国防费支出规模的科学测算，国防费合理弹性区间的上下边界测定方法等方面研究；

第二类包括“国防建设”、“军队建设”、“经济增长”等关键词，主要集中在国防费与国家经济发展间的动态关系，各类影响因素对国防费的作用机理与制约规律等方面研究；第三类包括“军费管理”、“资源配置”、“国防预算”、“军费结构”、“军工企业”等关键词，主要集中在国防费优化配置基本理论、生成机理、运行机制、经费管理、效益评估等方面研究。这与本书中关于国防费资源统筹配置研究四个重点领域的划分在研究逻辑上也是一致的。

（4）文献分布特征分析

结合文献计量可视化结果，对文献分布特征从登载期刊、文献作者、基金资助和研究机构四个维度进行分析，如图 1.6 至图 1.9 所示。

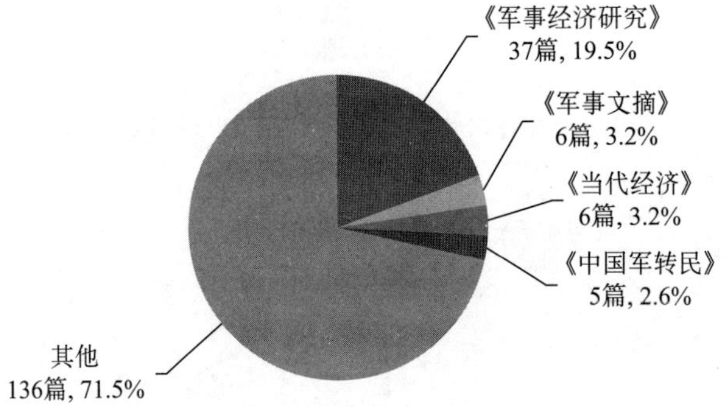

图 1.6　文献登载期刊分布图

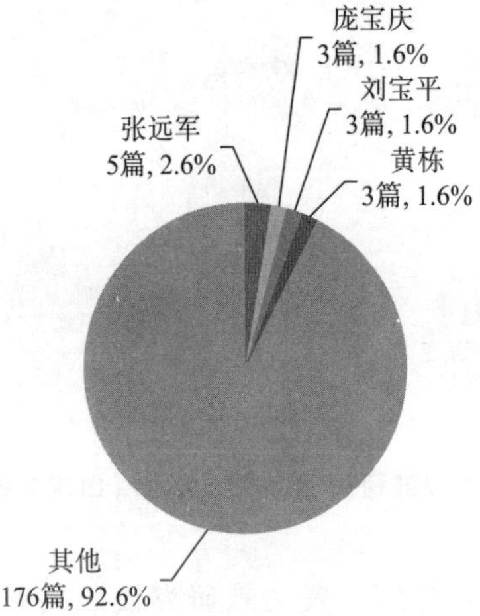

图 1.7　文献作者分布图

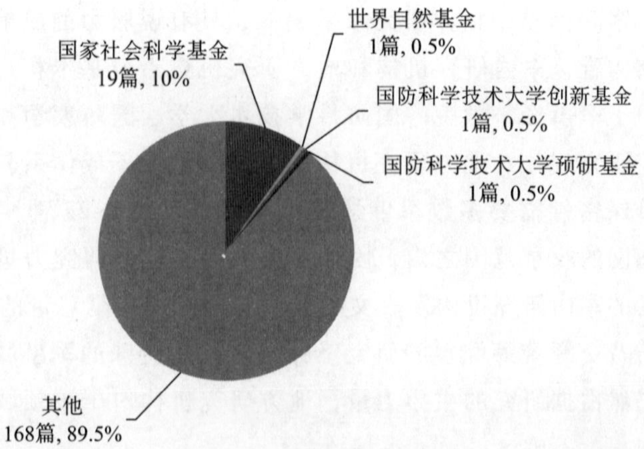

图 1.8　文献基金资助分布图

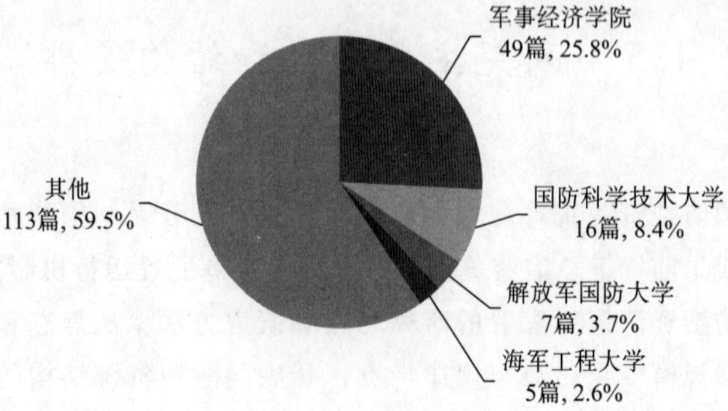

图 1.9　研究机构分布图

从登载期刊分布结构看，一方面，对国防费资源统筹配置研究方面贡献最多的期刊是《军事经济研究》，共计 37 篇，占样本文献的 19.5%，反映了国防费资源统筹配置研究的具有明显的军事属性，属于军事与经济相结合的领域研究。另一方面，少于样本数 5 篇的其他期刊共计 136 篇，占样本文献的 71.5%，则反映了当前该领域研究存在着广泛驳杂性。从作者分布结构看，作者来源比较分散，只有张远军在 2005 ~ 2019 年发表过 5 篇文章，其余作者发表文章均在 3 篇以下，这说明当前国内学者对于该领域研究缺乏系统性、持续性的关注，研究力量较为分散，往往浅尝辄止。从文献基金资助分布结构看，只有 22 篇文献得到基金资助，其余 168 篇（占 89.5%）文献研究都没有得到任何基金资助，侧面上说明了当前该领域的研究缺乏必要的资金支持，研究开展存在客观困难，整体研究水平偏低，具有说服力的成果不多。从研究机构分布结构看，军内研究机构和地方研究机构力量基本相当，军内研究机构相对集中于军事经济学院、国防科学技术大学、国防大学和海军工程大学，初具一定研究规模；地方研究机构则相对分散，不成体系。需要注意的是，由于军事保密性需要多数军事学核心期刊（目前共 27 种）属于内部刊物，并不在知网的收录范围之内，因此军内研究机构的研究力量实际是被低估的，修正后的军内研究机构发表文献数量实际超过文献总量的 60%，说明目前关于国防费资源统筹配置的研究工作，由于其特殊的军事属性，使得军队研究机构仍然占据研究的主导力量，地方研究机构对于该领域研究缺乏历史积累，重视程度不够。

1.5　研究主要内容和结构安排

本书以国防费资源统筹配置为研究对象，在充分吸纳国防费资源统筹配置现有理论成果前提下，借鉴美国国防费资源统筹配置运行机制的先进做法，提出我国国防费资源统筹配置的研究思路和研究方法，从静态和动态两个角度研究国防费规模变化趋势与规律特点，开展国防费资源结构的优化配置与使用效益评估方法设计，采用集成仿真的形式验证了研究方法的可行性和有效性。全书各章节主要内容安排如下：

第 1 章绪论。阐述国防费资源统筹配置问题的研究背景，阐明开展我国国防费资源统筹配置研究的积极意义，界定主要概念，对全书研究涉及的各环节基本问题国内外现状情况进行详细分析，明确本书的基本内容和组织结构。

第 2 章国防费资源统筹配置的理论基础。全面深入地总结、归纳国防费资源统筹配置的现有成熟理论成果，包括国防费资源特点与统筹配置特性分析，国防费资源统筹配置的层级、阶段、状态，国防费资源统筹配置优化的概念、层次、准则，国防费资源统筹配置中的确定性问题分析等。

第 3 章国防费资源统筹配置机制设计、对比、分析与启示。解剖美国国防费资源统筹配置机制——PPBE 系统的运行全过程，分析其在资源配置过程中的机制特点，针对我国国防费资源统筹配置的现有问题，结合博弈理论剖析了我国国防费资源统筹配置问题由来的深层次原因，进而引出对我国国防费资源统筹配置的有益启示。

第 4 章我国国防费资源统筹规模的静态预测。以国防费资源统筹规模为研究内容，针对国防费时间序列的小样本和非平稳特征，提出了一种小样本非线性残差 G – Verhulst 计量组合预测模型，设计了基于 EGA 算法优化的多准则目标决策的实施步骤与方法。在预测精度深度改进环节，基于神经网络理论引入 G – Verhulst – BP 算子，阐明了改进算法的基本实现程序。

第 5 章影响我国国防费资源统筹规模的动态关系。从动态关系的角度，研究了我国国防费资源统筹规模在供给因素和需求因素的双重影响下，具有怎样的运动规律和变化特征。按照循序渐进的研究步骤，分别按照供给因素对国防费影响和供需因素共同对国防费影响，分别进行计量经济学数据检验与分析建模，得到积极的结论与对策建议。

第 6 章我国国防费资源配置结构的优化与评估。重点研究国防费资源结构配置中结构决定子模型的理论实现方法。借鉴 PPBE 系统在资源配置过程中的闭环设计思想，确定我国国防费资源结构配置的分解模式，建立优化配置模型，并结合配置后的使用效益评估进行体系化研究。

第 7 章我国国防费资源统筹配置集成仿真。对本书中关于国防费资源统筹配置的完整方法进行集成仿真，分别验证国防费资源规模统筹、国防费资源结构配置和国防费资源配置使用效益评估等各阶段、各环节方法的可行性与有效性。

第 8 章研究总结及展望。总结全书研究的创新点以及展望进一步的研究方向。

全书按照“提出问题—分析问题—理论深化与模型建立—解决问题”的逻辑思路，对我国国防费资源统筹配置问题进行循序渐进地研究，各章节间的逻辑关系结及全书结构安排如图 1.10 所示。

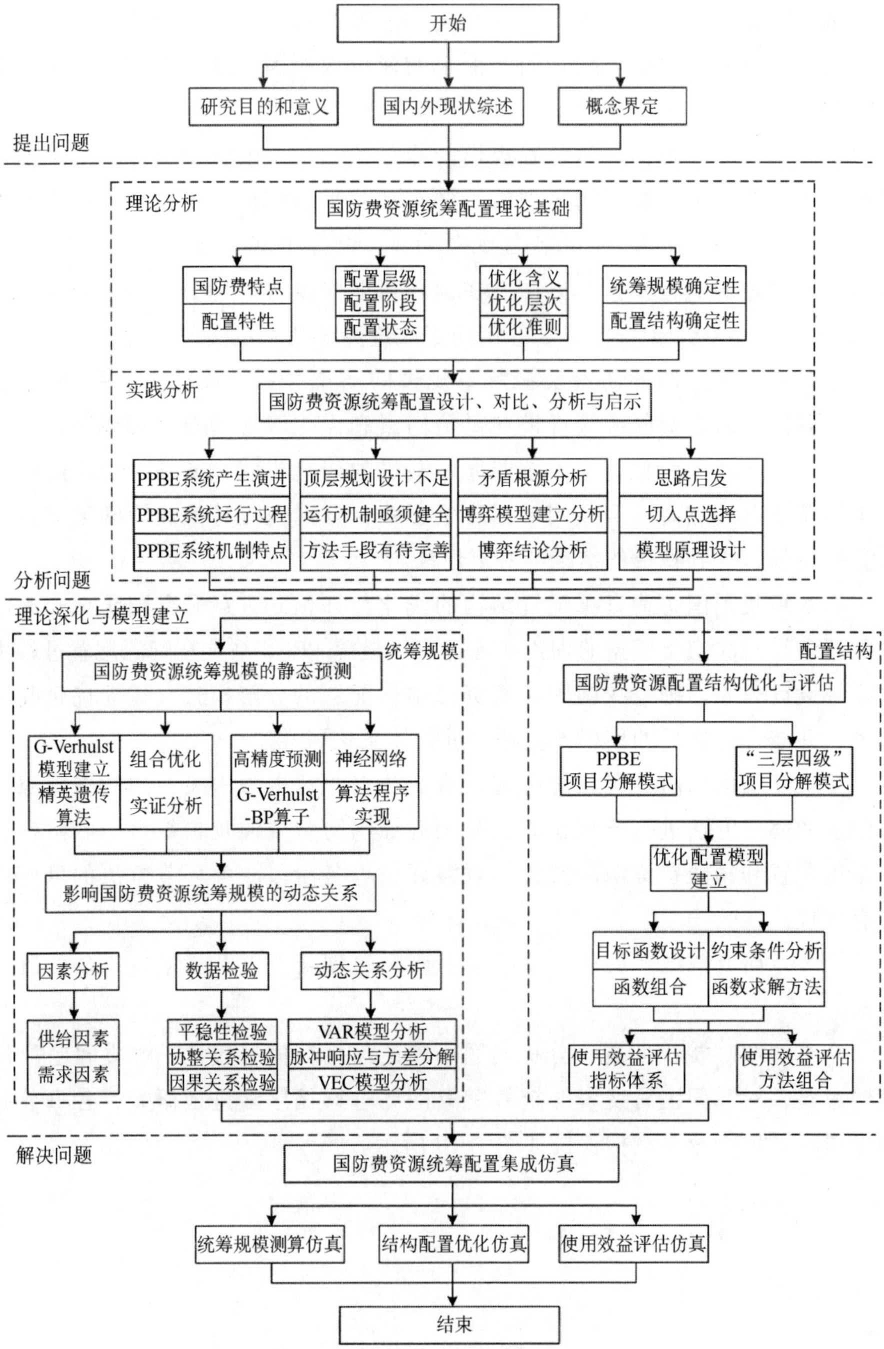

图 1.10　全书结构框架设计

第2章 国防费资源统筹配置的理论基础

在推进国防和军队现代化建设的进程中，搞好国防费资源的统筹规划和科学配置，提高国防费支出的军事经济效益，是国防经济建设面临的重要课题，也是关系到经济发展、社会进步、国家安定和人民安居乐业的重大问题。国防费资源统筹配置问题更是一项具有复杂性、艰巨性和全局性的系统工程，需要全面梳理现有的理论知识，总结前人研究经验，力图从千头万绪的理论探寻中找到解决问题的切入点。

2.1 国防费资源特点与统筹配置特性

一般而言，资源统筹配置需要结合资源自身特点开展，以满足统筹配置的特性要求。由于国防费资源具有一定的特殊性，因此在对其进行统筹配置时需要充分考虑这些特殊性，才能确保国防费统筹配置达到预期满意的效果。国防费资源具有稀缺性、公有性、非竞争性和隐形效用性。

2.1.1 国防费资源特点分析

2.1.1.1 稀缺性

国防费资源的首要特点就是稀缺性。可以说，国防费资源的稀缺性问题比一般的民用部门要突出得多。这是因为，国防费资源作为政府的一项非生产性支出，并不直接产生经济效益。国防费资源其实是对国民收入的一个净分割过程，是国民财富增长过程中的净扣除或净流失，其与其他民用部门的资源配置关系是此消彼长的，故在既定的国防需求下，国防费资源统筹配置应该遵循最小化投入原则。然而，随着国家社会经济的向前发展，国家安全利益快速拓展，对于国防总需求必然呈现一种快速增长的趋势，这将进一步加剧国防费资源的稀缺程度。国防费资源的稀缺性会带来国民经济发展的诸多问题，最明显的是国防建设与经济发展中存在的有限资源争夺引发的利益冲突问题。在国家整体经济资源有限的情况下，国家必须能够在国防安全和经济发展之间进行合理权衡，协调经济资源在两者间的分配比例，掌握科学的资源统筹配置方法，寻求军事效益和经济效益的最佳平衡点。换言之，国防费资源越稀缺，对资源统筹配置的要求就越高。

2.1.1.2 公有性

国防费资源的公有性又称为非独占性、非排他性，指国防费一旦被用于生产国防产品（如飞机、大炮、军舰等武器装备），就对本国的所有社会成员提供同样的效用。每个人都消费着国防的保护，享受国防带来的安定环境，而无一人被排除在外。国防费的公有性主要体现在以下方面：首先，国防费为每个社会成员提供机会均等、数量规模、质量水平相同的国防保护能力，即效用无差别化。国防费资源的特殊性在于，国防费资源的消费是可以叠加的，一人的消费并不会导致其他成员消费的减少。其次，国防费为每个社会成员提供强制性的消费。强制性的消费无关乎个人喜好和职业，任何社会成员都是国防费的直接或间接消费者，每个人都有意识或无意识地通过参与市场经济活动（如购买商品），以直接或间接形式的纳税行为来分摊国防费用。即使是不具备或丧失劳动能力的人群（如未成年的儿童、老人或残疾人等），也被动地消费着国防费资源的福利。最后，若要排除任何一个消费国防费资源的受益者存在技术上的困难。刻意排除某一社会成员享受国防保护的权利，其付出的代价将远高于排除后的正向效益，是得不偿失的行为。

2.1.1.3 非竞争性

非竞争性是国防费资源产生的国防产品所提供的一种公共产品属性。这里的非竞争性并不是说各军兵种在国防费资源的争夺过程中不存在竞争关系，而是指国防产品的数量不会随着消费者的增加而产生明显变化，即增加任何一名社会成员的边际成本是零。这就意味着，国防费资源的价格弹性很小，一个国家的国防实力水平不会因为增加一个新生婴儿或死去一个老人而对国防费资源总量规模造成影响。国防费资源投入国防建设领域，不会因为多保护一个人或少保护一个人而额外增加或减少成本。这与私人产品完全不同，私人产品的消费是具有替代性的，即一旦私人产品被某些人消费，由于总产品数量有限，则其他人能够消费的产品数量就相对减少，这种消费关系就体现为竞争关系，每个人消费固定数量资源的代价是以减少其他人消费数量为前提的。在国防费资源统筹配置中，亦需要注意这一特点。

2.1.1.4 隐形效用性

国防建设需要投入大量的财力、人力和物力，这些资源的投入背后都离不开国防费的有力保障。然而，国防费作用的发挥并不具有直观性，国防产品的功能效用也不同于日常普通商品，如食品、衣帽、汽车、住房等商品消费的即期性，这些普通商品的效用是直观可见的、立竿见影的，人们对于这些商品的需求判断是确切无疑的。而国防建设的重要性则对于普通民众的直观感受而言，却相对地没有那么深刻的体会，这是由国防费资源的隐形效用性所决定的。和平年代普通民众无法深刻体会战争一旦来临的残酷，对于国防建设的需求判断是参差不齐的，许多人对国防费资源应当投入多少规模，应当按照什么比例进行结构优化等缺乏深入的思考，是欠缺一定的敏感性的。正所谓“养兵千日，用兵一时”，其实是对国防费资源隐形效用性的一种表现，是对未来发挥效益的一种预期。就像一个长期以来被持续压缩的弹簧，平日看似风平浪静，其实是在积蓄力量，一旦释放出来将会爆发出强大的能量。因此，在进行国防费资源统筹配置时，需要考虑其隐形效用性的特点。

2.1.2 国防费资源统筹配置特性分析

国防费资源统筹配置的运行过程必须符合其本身的特性规律，资源统筹配置的结果也是多方因素共同作用形成合力而在宏观层面的呈现形式。只有深刻认识国防费资源统筹配置的基本特性，才能够准确把握国防费资源统筹配置研究的基本走向。

2.1.2.1 资源统筹配置主体二重性

国防费资源在统筹配置过程中实际受到国家和军队双重主体的调控和支配，我们把这一特性叫做主体二重性。在资源统筹配置时，其实是受到双重领导和干预。一方面，国家通过运用宏观手段来统筹国家经济建设和国防建设的协调发展，配置调节着国防费规模总量；另一方面，军队在国防费资源规模确定的前提下，认真梳理各军兵种的任务需要和对应的国防费需求，确定国防费具体分配的数量和方向结构，即投量投向具体方案。不同的国家中，国防费资源统筹配置中国家和军队所扮演的角色分量是不尽相同的，其资源配置的权限和范围也有所区别。通常而言，代议制度比较完善的国家，国防费资源的统筹配置是由国家占主导地位的，军队只起到辅助调节作用；代议制度不够健全的国家，国防费资源的统筹配置是由军队占主导地位的，国家起到辅助调节作用。

2.1.2.2 资源统筹配置维度二重性

国防费资源在统筹配置过程中需要在两个维度上达到理想的结果，即规模和结构，我们把这一特性称为维度二重性。国防费资源统筹配置过程中，需要注意规模调整与结构调节的内在协调性。规模总量不足或规模总量过剩，都会对国防费资源的结构分配产生不利的影响。国防费资源结构需求分析不准确，资源分布形态不合理，存在资源浪费、畸形投资、重复投资等结构性失衡问题，也会造成国防费资源总量把握不准确，容易掩盖国防费资源真实需求，对科学测算国防费资源规模总量产生消极的干扰。因此，资源统筹配置需要协调好国防费在两个维度上并行推进的问题，在优化国防费规模的基础上兼顾结构的调节，在优化国防费结构的基础上兼顾规模的调整。

2.1.2.3 资源统筹配置影响因素二重性

在经济学中，“供给”和“需求”通常是一组成对出现的概念。供给指在一定时期内和一定价格条件下，生产者原意并可能为市场提供某种商品或服务的数量；需求指消费者有能力购买并愿意购买某种商品或服务的数量。国防费资源统筹配置过程其实是受到供给因素和需求因素综合调节的过程，我们把这一特性称为影响因素二重性。当供给因素出现问题时，会导致国防费在规模总量上出现供给不足或供给过剩的情况；当需求因素出现问题时，会导致国防费在结构投向数量上出现偏差产生结构性问题。供给因素主要影响国防费规模，反映着国防费中“量”的状况，需求因素主要影响国防费结构，反映着国防费中“质”的状况。“量”和“质”的统一，即反映出国防费资源统筹配置的最终结果。当然，供给因素和需求因素对于国防费资源统筹配置的影响作用是综合的、交互的，即虽然供给因素主要影响规模总量，但也在一定程度上影响结构，虽然需求因素主要影响结构，但也在一定程度上影响规模总量。还需要说明的是，供给因素和需求因素二者间也存在相互影响的作用。比如，国防费需求结构微观层面出现失衡，将会在国防费规模的宏观层面得到进一步放大，从而出现更大的资源配置偏差。而由于供给因素导致的国防费总量不足，则导致无论怎样进行分配调节，也不能完全实现原有的军事战略目标需求，使总体效益得不到最大化实现。资源统筹配置不合理的根源产生于宏观，宏观上资源配置不合理，微观上再节约也于事无补。

2.2　国防费资源统筹配置的层级、阶段和状态

国防费资源统筹配置是一项经济学和军事学交叉融合而构成的复杂性系统工程活动，可以理解为是一种按照军事战略方针和作战任务的要求，将一定的资源用于国家安全目的的分配与安排行为。想要准确把握国防费资源统筹配置大系统的运行规律，就要从研究国防费资源统筹配置的层级、阶段和状态入手。

2.2.1　资源统筹配置的层级划分

国防费资源统筹配置包括三个不同的层级，层级越高，能量越大，这里的能量主要体现在国防费资源的总量规模上面。层级选择的不同，将会影响到国防费资源统筹配置的结果。

(1) 第一层级

第一层级的国防费指的是国家集中掌握的国防费资源，即我国官方每年

公布的国家年度国防预算，数据来源渠道包括年度国务院《政府工作报告》、《中国国防白皮书》、《中国统计年鉴》等权威资料。第一层级属于和平时期的国防费资源，与我国当前所处的国际环境是相吻合的，本书研究的国防费资源统筹配置层级即为该层级。

（2）第二层级

第二层级的国防费指的是在第一层级国防费的基础上，加入社会支持性的国防费资源（如战争爆发后国内民众自发地捐款捐物，支援本国军队作战等）后构成的国防费资源规模总量。第二层级属于战争时期的国防费资源，显然其规模总量大于第一层级。

（3）第三层级

第三层级的国防费指的是在第二层级国防费的基础上，加入国外援助的临时性国防费资源后构成的国防费资源规模总量。它是对前两个层次的一种补充形式，对于国防建设也起着不可或缺的积极作用。因此，第三层级也是规模总量最大、涵盖范围最广的国防费。

2.2.2 资源统筹配置的阶段分解

1960 年，国防经济学家 Hitch 和 Mckean 认为，国家安全取决于“国家现在和未来可用的资源总量中分配至国家安全目的的分割比例”和“所配置资源的使用效率”。根据这一论断，可以将国防费资源统筹配置划分为两个阶段：第一阶段的配置是指国家将未来可用的资源总量中拿出多少的份额来用于国防建设的投入，解决的是国民经济与国防经济的资源分配问题。该阶段的分配结果决定了国防费资源的总盘子大小，反映了资源统筹配置中的“统筹”的内涵。第二阶段的配置是指军队在已有国防费资源规模数量的限定下，如何兼顾军兵种各部门、各单位的具体军事需求，使之形成最大化的军事经济效益，解决的是国防经济内部资源分配问题。该阶段的分配结果决定了国防费资源的分布状态，反映了资源统筹配置中的“配置”的内涵。

在这两个阶段中，国防费资源统筹配置的效率体现在资源分配的内、外层次合比例性。国防费资源统筹配置的外在合比例性体现在通过国家财政分配的国防费资源规模总量在社会经济资源总量中所占的比例，必须符合整个社会资源合理有效配置的客观比例要求；而国防费资源统筹配置的内在合比例性体现在国防建设内部，按照不同性质、类别、用途的军队各部门、各单位军事需求的客观比例，合理分配国防费资源于各军兵种和部队单位，使之与不同需求之间保持合理比例。

2.2.3　资源统筹配置的状态转换

国防费资源统筹配置的状态是随时间发展而不断运行变化的，但无论如何变化，国防费资源的状态呈现无非以下三种形式：均衡状态、非均衡状态和失衡状态。“均衡”一词的概念来自物理学，在经济学中引入均衡概念，目的是更好地研究经济运行中受到供给和需求两者共同影响而达到的一种均等状态。均衡与失衡广泛地存在于我国经济活动中，对于国防经济领域的资源统筹配置问题也概莫能外。

2.2.3.1　均衡状态

国防费资源统筹配置的均衡状态应当如此表述：这是一种非常理想的状态，国家能够提供的国防费资源供给数量恰好等于国防部门对国防费资源的需求数量，既没有供过于求，也没有供不应求。在此基础上，国防费资源结构也无须进行任何调整，随意调整国防费资源分配的投量和投向都只会引起国防费资源统筹配置整体效益的降低和战斗力的下降。

按照严格的学术意义来讲，国防费资源统筹配置均衡状态只是一个遥不可及的目标，虽然理想化但却可遇而不可求。国防费资源统筹配置的均衡状态只是在极其偶然的情况下能够出现的一个瞬时状态，即便在某一时刻恰好实现了，也会在下一时刻被迅速打破，而不具有稳定性。这是因为，国防费的供给因素和需求因素每时每刻都处在动态的运行过程中，均衡状态也随着两个因素的变化而稍纵即逝。

2.2.3.2　非均衡状态

非均衡是相对于均衡而言的另外一个概念，它是指两个对立变量处于不平衡的状态，或决定对立的两个变量的行为主体都愿意和能够改变均衡状态而产生的非均势状态。国防费资源的非均衡状态，包括国防费资源规模总量上供给和需求的不平衡，以及国防费资源内部配置结构不合理两种情形。

绝大多数情况下，国防费资源都表现出一种非均衡的状态，追求绝对的均衡并不具有过多的实际意义。其原因在于，一是国防费运行的基本矛盾决定了国防费资源均衡状态是一个动态平衡的过程，它是一种短暂的、不稳定的状态，需要时时刻刻进行调整；二是国防费资源非均衡状态是长期的、相对稳定的，且非均衡状态并不意味着国防费资源的统筹配置是不合理的。

2.2.3.3 失衡状态

国防费资源统筹配置失衡是指国防资源统筹配置之中供求规模总量不相等或国防费资源配置结构已经超出了国防费资源运行系统容错与自我修复的阈值，而影响到国防建设活动正常开展的情形。失衡是非均衡的一种极端情形，相反非均衡的出现并不意味着是失衡的。只有当非均衡状态达到了某一阈值后，此时的非均衡才能够叫做失衡。显然，失衡与非均衡二者存在明显区别，非均衡可以是合理的，能够被接受的，但是，失衡却是不能够被接受的，是一种严重偏离均衡状态的非均衡。

2.2.3.4 国防费资源统筹配置运行状态规律

（1）运行轨迹规律分析

国防费资源统筹配置运行是均衡状态与非均衡状态的统一，其基本的运行规律是遵循从均衡转化为非均衡，再从非均衡转化为失衡，又从失衡转化为非均衡，再从非均衡转化为均衡的动态规律，即“均衡—非均衡—失衡—非均衡—新均衡”的运行轨迹。在这个从均衡到新均衡的过程中，新旧两个均衡并不是简单的事实重复，而是一种曲折式前进、螺旋式上升的进化过程。新的均衡与旧的均衡相比，是一种更高层次的均衡，代表了更高国家安全状况下的资源统筹配置效益水平。

（2）运行目标规律分析

国防费资源运行状态管控的基本目标是：确保国防费资源统筹配置运行过程中，有效控制国防费资源的运行状态与均衡状态的偏离程度在合理范围之内，即不超过失衡状态的阈值，减少资源的低效甚至是无效配置。因此，国防费资源统筹配置的理想运行轨迹应当是“均衡—非均衡—新均衡”。

国防费资源统筹配置的运行目标是现实目标与长远目标的统一。现实目标指的是在现实条件约束下，实现国防费资源统筹配置的规模适当和结构合理，此时国防费资源是处于均衡状态的，我们称之为短期均衡；长远目标指的是按照国防建设和军事战略的长远规划，在此目标牵引下实现国防费资源统筹配置的规模适当和结构合理，此时国防费资源也是处于均衡状态的，我们称之为长期均衡。显然，长期均衡是比短期均衡更高级别的均衡状态，国防费资源统筹配置运行目标的优化过程就是使国防费资源运行的短期均衡向着长期均衡不断努力的过程。

2.3　国防费资源统筹配置的优化

国防费资源统筹配置的优化，表现为按照国家经济建设和国防建设的协调发展总要求，对国家军事战略需求进行全面分析和综合评价，在原有配置基础上科学预测未来国防费的规模总量和结构用途变化规律，通过调整改进国防费的规模和结构，不断提高国防费统筹配置的有效性、合理性。

2.3.1　统筹配置最优化的含义

资源统筹配置最优化[97-98]是资源统筹配置的最优状态，指的是这样一种状态：国防费资源的生产供应总量与使用需求总量相平衡，国防费资源按照不同性质、不同用途、不同类型的军事项目需求的客观比例进行分配，全部国防费资源达到搭配合理、物尽其用、各得其所的状态。此时，国防费资源统筹配置处于最优状态，最优状态的本质就是均衡状态[99-101]。从这层意义上讲，国防费资源统筹配置的最优状态也是不稳定的，只是一种理想化的情形，是资源统筹配置优化的努力方向。

2.3.2　资源统筹配置优化的层次

研究国防费资源统筹配置优化问题，需要对资源统筹配置的优化层次进行必要的说明。否则，就难以确定国防费资源统筹配置优化的标准，无法准确评价优化水平。

(1) 最优化层次

最优化层次是国防费资源统筹配置优化的第一种层次。这里的最优化与2.3.1节中的资源统筹配置最优化的含义是一致的，达到最优化层次需要满足的条件包括：一是国防费资源规模总量恰好与国家国防安全及军事战略需求完全吻合。国防费规模偏大，将会造成资金重复使用和资金沉淀，国防费规模偏小，则会造成资金使用捉襟见肘、左右失度，此两类情形均不能达到最优化。二是不同类别的军事项目都能够得到最基本的经费支撑。国防建设系统的正常运转，需要依赖国防建设中各个环节、各类项目的功能运转与作用发挥，才能形成合力，发挥国防安全保障效益。如果某些项目和环节长期得不到国防费资源的有效保障，势必会对国防建设的各个子系统正常运转造成系统性伤害，从而影响资源最优配置的实现。三是国防费资源的分配比例与军事项目的结构安排需要完全吻合。各类军事项目能够按照自身建设需要得到足额的国防费，且能够按照项目建设的轻重缓急来分配国防费投入到各个项目比重的大小，确保国防费资源分配结构与军事项目结构的协调一致性，使军事效益得到极大发挥。

(2) 次优化层次

次优化层次是国防费资源统筹配置优化的第二种层次。当最优化状态由于国防费规模偏大或偏小时而无法实现时，此时通过合理的资源调配，在不同军事项目安排合适的经费比例，尽可能地实现军事效益最大化。显然，这里的军事效益最大化并不是最优化的概念，而应当是次优化的概念，是一种最优化无法实现退而求其次的无奈选择。产生次优化的原因有两种：一是国防费规模偏大。过多的国防费支出将会打破原有的国际安全生态平衡，刺激周边国家进一步增大国防费需求，反过来会迫使本国进一步调整增大国防费规模以应对周边军事威胁增长，形成军备竞赛的恶性循环。同时，国防费资源投入过多，会导致经济与军事增长的不协调，久而久之会造成军事发展畸形化，造成国家经济建设负担过重，使经济发展后继乏力。二是国防费规模偏小，会导致国防建设所必要军事项财力支出不足，军事训练任务需要和人员生活保障需求得不到满足，只能通过调整压缩原有的军事战略目标来缓解国防费资源总量缺口而带来的供需基本矛盾。

(3) 待优化层次

待优化层次是国防费资源统筹配置优化的第三种层次。待优化，顾名思义，就是还有待优化的意思，说明国防费资源统筹配置处于不够优化的状态，需要并且存在可以进一步优化的空间。待优化的表现形式有两种：第一种待优化表现为国防费规模合理，但是结构不够合理。此时通过改进现有国防费资源的调节分配，可以进一步提高国防费资源统筹配置总体效益，理论上可以达到最优化状态。第二种待优化表现在不仅国防费规模不够合理，而且结构也不够合理。此时通过改进现有国防费资源的调节分配，也可以进一步提高国防费资源统筹配置总体效益，但是理论上只能够达到次优化状态。如要达到最优化，只能通过增加或减少国防费规模总量来实现，否则最多只能达到次优化层次。这是因为，一旦国防费资源规模总量不够合理，那么国防费资源统筹配置的最优化条件就无法满足，再怎么努力进行资源在不同军事项目间的调整搭配，也是无济于事的。

从国防费资源统筹配置的三种层次关系来看，待优化层次是明显存在改进余地的，因而不是我们所追求的层次目标。最优化层次是一种理论上的理想层次，是我们开展国防费资源统筹配置问题研究所追求的终极目标，但是其达成条件极为苛刻，不具备客观实现条件。因此，只有次优化层次才是我们开展研究和实际工作考虑的重点。一方面，需要考虑在国防费资源规模总量维度上，尽量找准国防费资源供求平衡的平衡点，科学预测合理的国防费规模总量；另一方面，需要考虑在国防费资源分配结构维度上，合理安排资源投量和投向，确保经费保障向着重点任务和项目倾斜，区分项目的轻重缓解和对国防建设的贡献程度，提高国防费资源的分配效益。

2.3.3　资源统筹配置优化的准则

为实现优化目标，在国防费资源统筹配置的优化过程中必然需要遵循一定的优化准则，以保证优化过程是在逐步向着优化目标的方向逐渐前进。常用的国防费资源统筹配置优化准则包括以下三条：机会成本最小准则、效费比最大准则和边际效益趋同准则。

2.3.3.1　机会成本最小准则

在经济学中，机会成本指的是具有多种用途的资源，将其投入到某一确定用途而放弃的投入其他用途可以得到的最高收益。国防费资源统筹配置的机会成本表现为采用某种固定国防费投入规模总量和分配结构（包含具体投量和投向计划）而形成的统筹配置方案，其所能带来一定数量军事经济综合效益的同时而放弃的其他统筹配置方案可以得到的最高数量军事经济综合效益。如果所采用的国防费资源统筹配置方案的军事经济综合效益，能够比其他任何可行方案的军事经济综合效益都大，该方案将不再存在任何需要调整的动机，显然该方案为最优方案。此时，该方案的机会成本自然是最小的。在现实的国防费资源统筹配置优化工作中，加强军地通用工程建设，向军民融合性程度高的项目倾斜投入，加大军地通用技术研发创新的投入，能够实现军事经济效益的双重增长，事半功倍，使机会成本尽可能地降低，因而加强军民融合不失为一种明智的选择。

2.3.3.2　效费比最大准则

国防费资源统筹配置的效费比最大准则，是从另外一个角度来分析国防费资源统筹配置的最优条件。效费比是效益与费用的比值，若以国防费为背景，则表现为国防费资源统筹配置的军事效益与国防费资源消耗的比值。效费比的本质是以消耗最小的国防费资源数量消耗代价换取最大的国防费资源效益产出，它所追求的目标是一种相对属性的经济最优，不在于统筹配置最优目标的实现，而在于物尽其用，发挥现有资源的最大使用效益，只要能将规定的资源数量使用效益发挥到极致，即为实现了优化目标。事实上，不同结构方案的效费比是不同的，如图 2.1 所示。

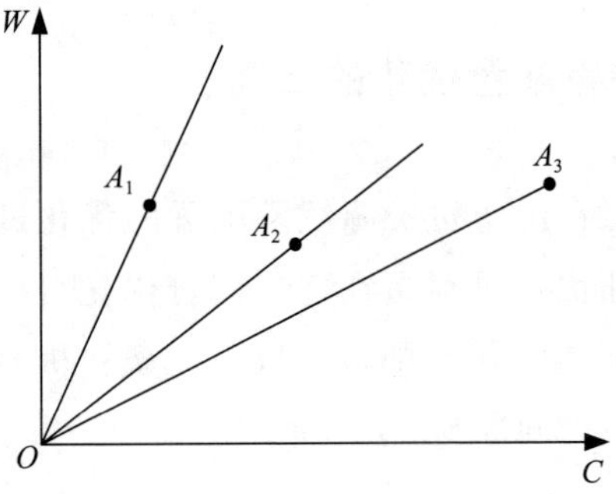

图 2.1　效费比最大准则原理图

由图 2.1 可知，横坐标 C 代表费用，纵坐标 W 代表效用。根据效费比定义，效费比函数公式记为：

$$A_i = \frac{W_i}{C_i},\ i = 1, 2, \cdots, n \tag{2.3.1}$$

显然，图 2.1 中各方案与原点 O 间的直线斜率就代表了该方案的效费比。按照效费比最大准则，即有

$$A^* \to \max \frac{W_i}{C_i} \tag{2.3.2}$$

方案 A_1、A_2、A_3之间的优先关系为 A_1优于 A_2，A_2优于 A_3。单一方案即使为效费比最大方案，也并不意味着在国防费资源统筹分配过程中需要将全部国防费资源投入到该方案之中。这是因为，单一方案相对于国防建设总体而言，尽管属于局部效费比最优，但由于武器装备边际效益递减规律的存在，重复进行该方案的投入，并不会得到总体效费比最高的结果。具体原因可以描述为图 2.2 的情形。

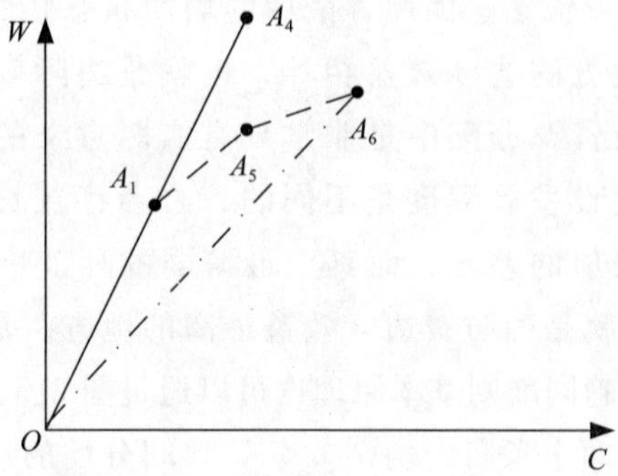

图 2.2　单一方案重复投入效果分析

如图 2.2 所示，对于方案 A_1 而言，若重复 A_1 的方案投入，则新追加的国防费投入并不会按照 A_1 原有的效费比关系，即图中原有直线延伸到方案 A_4，而是根据武器装备边际效益递减规律，沿着虚线方向以较小的斜率达到方案 A_5。显然，方案 A_5 的效益是低于预想方案 A_4 的。若再继续追加 A_1 方案的投入，则会从方案 A_5 沿着虚线以更小的斜率达到方案 A_6。因此，从 A_1 到 A_6 的过程，是斜率逐渐减小的过程，即国防费资源统筹配置的效费比是降低的，因而不是最优方案。这就说明，国防费资源统筹配置需要在不同的军事项目方案间进行合理安排，统筹调节，以追求效费比的最大化。边际效率递减规律在装备生产与维修过程中是普遍存在的现象，如没有航母的国家建造第一艘航母，与已经拥有 10 艘航母后再建造 1 艘航母的边际效益是完全不同的，

前者属于质的变化，而后者只是量变，前者的边际效益要远大于后者。再比如，通过装备维修提高装备性能，装备性能的提高并不与装备维修费的投入成正比关系，随着装备维修费的投入量增加，装备性能的提高速度是在不断下降的。当装备性能达到一定的物理极限时，无论投入再多的维修费用，也无法使装备性能进一步提高，此时的效费比趋于零。

2.3.3.3 边际效益趋同准则

边际效益趋同准则也是国防费资源统筹配置的一条重要准则。国防费资源的投量和投向分配是一个动态连续的过程，国防费资源具有流动特性，在资源配置过程中，国防费资源由边际效益低的地方向边际效益高的地方流动。在流动过程中，边际效益高的地方随着流入国防费数量的增加，根据2.3.3.2节的边际效益递减规律，会使得边际效益逐步降低，这样会导致国防费向着其他边际效益高的地方流动。因此，最后的均衡状态必然是国防费资源在投量投向上达到各个地方的边际效益相等，也就是边际效益趋同。边际效益趋同准则在国防建设资源分配中是非常具有实际意义的。因为国防建设的各个环节和链条的建设发展程度是不同的，总会存在长板和短板，存在战斗力强项和战斗力弱项的差异，而其中最薄弱的环节恰恰是制约军事效益提升的最短板，此处就是国防费边际效益最高的地方，是加强国防费投入的第一优选。边际效益趋同准则基本原理也可以通过图2.3，以国防费资源在两部门（也可以看成是两个项目、两个方案等）间分配的动态过程进行阐释和说明。

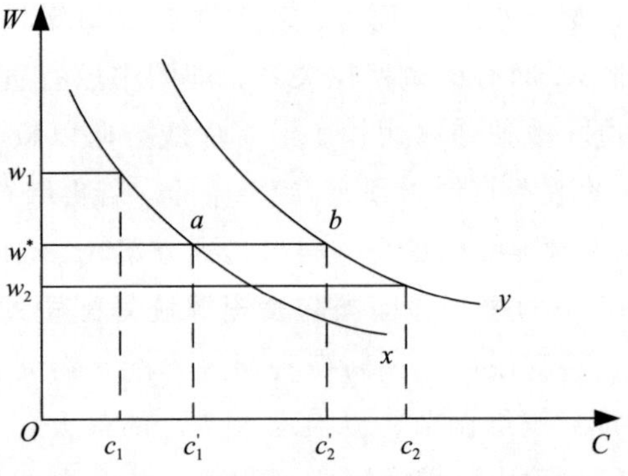

图2.3 两部门国防费资源动态优化原理

如图 2.3 所示，国防建设的两个部门 x 和 y，其对应的边际效益曲线是两条不同的曲线。c_1 和 c_2 分别代表调整前国防费在两部门的分配数额，对应的经费边际效益为 w_1 和 w_2。显然，$w_1 > w_2$。因此，该方案并不是最优方案，需要重新调整经费分配比例。国防费资源应当由边际收益低的地方向边际收益高的地方流动，于是国防费从部门 y 流向部门 x。流动过程中，必然存在某一点，使得当部门 x 的国防费由 c_1 增加为 c_1'，部门 y 的国防费由 c_2 减少为 c_2'，而对应的边际效益趋于相同的值 w^*，此时有 $w(c_1') = a = w^* = b = w(c_2')$，国防费资源在此刻得到了最优化配置。

2.4　国防费资源统筹配置中的确定性问题分析

研究国防费资源统筹配置问题，需要明确国防费资源统筹配置中国防费最优规模和结构是否存在，如不存在，则开展研究显得意义不足。如果存在，它们又是如何确定出来的。本节采用定量的理论分析方法，对国防费资源最优规模和最优结构的确定性进行证明。

2.4.1　国防费资源统筹规模的确定性

根据 2.1.2.4 节可知，影响国防费资源规模的主要因素是供给因素。国防费的直接供给来源于国家财政支出，根本上来源于国家的经济发展。因此，本节从国防费与国家经济发展的关系角度进行分析，来证明国防费资源的最优规模是确定存在的。

我们用 GFF 代表国防费，用 $CZZC$ 代表国家财政支出。考察 GFF 与 $CZZC$ 间的关系，由于 GFF 是 $CZZC$ 的一部分，因此二者关系用公式表述为：

$$GFF = CZZC \cdot f \tag{2.4.1}$$

式中，f 为国防费规模系数，表示国防费占国家财政支出的比例。

(2.4.1) 式两边分别对 f 求导数有：

$$\begin{aligned} dGFF/df &= d(CZZC \cdot f)/df \\ &= f(CZZC/f + dCZZC/df) \end{aligned} \tag{2.4.2}$$

（2.4.2）式的成立，有一个隐含的基本条件在里面：即认为国家财政支出 *CZZC* 是国防费规模系数 *f* 的函数，即将 *f* 视为自变量，*CZZC* 视为因变量，此时 *CZZC* 可记为 *CZZC*(*f*)。国防费规模系数的大小会反过来影响到国家财政支出，当 $f=0$ 时，国防功能为0，此时处于有国无防的状态，随时可能被别国侵略，国家财政收入无保障，更谈不上财政支出；当 $f=1$ 时，国家财政支出全部用于国防建设，国家没有任何多余资源投入经济建设，会导致后期国家财政支出的持续减少。因此，国家财政支出 *CZZC* 应当随着国防费规模系数 *f* 的增大，呈现出先增长而后下降的趋势。假设 *CZZC* 的增长过程是连续平滑的，则 *CZZC*(*f*) 的函数曲线应当是一条连续可导且开口向下的凸函数。根据导函数定义，当满足条件 $dGFF/df=0$ 时，*GFF* 为极大值。由于 $f\neq 0$，故：

$$CZZC/f+dCZZC/df=0$$

$$\Rightarrow dCZZC/df=-CZZC/f<0 \qquad (2.4.3)$$

由（2.4.3）式知以下结论：当国防费 *GFF* 达到极大值时，国家财政支出 *CZZC* 却不在极大值之处，由于导数为负数，说明此时国家财政支出正处于下降区间。

当满足条件 $dCZZC/df=0$ 时，*CZZC* 为极大值，此时可得：

$$dGFF/df=CZZC>0 \qquad (2.4.4)$$

由（2.4.4）式可以得到类似结论：当国家财政支出 CZZC 达到极大值时，国防费 GFF 还未达到极大值，仍处于上升区间。将所得结论如图2.4进行描述，可以得到国防费资源的合理性规模。

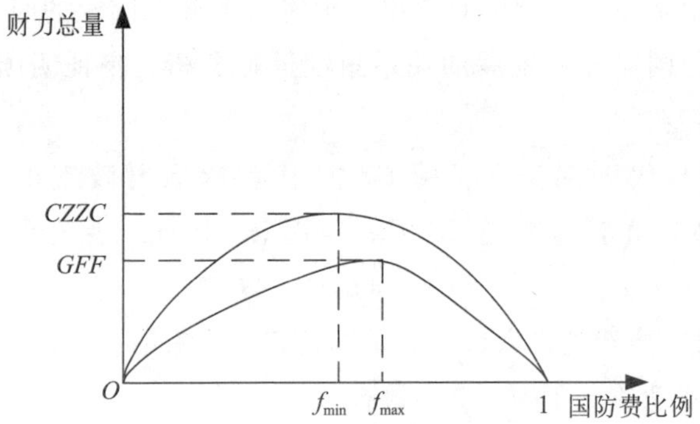

图2.4　国防费合理规模区间分析图

如图 2.4 所示，f_{min}表示国家财政支出达到极大值时所对应的国防费规模系数，f_{max}表示国防费达到极大值时所对应的国防费规模系数。显然，f_{min}和f_{max}将国防费规模系数的取值在 0 ~ 1 之间划分为三个区域，设f^*为最优国防费规模，分三种情况讨论：

(1) f^*处于区间$[0,f_{min})$中，此时 CZZC 和 GFF 均处于上升区间，进一步增大系数f^*，对于国家财政支出和国防费支出都会产生积极的作用，显然这里的国防费规模还未达到最优，需要进一步加大国防费投入。

(2) f^*处于区间$(f_{max},1]$中，此时 CZZC 和 GFF 均处于下降区间，进一步减少系数f^*，对于国家财政支出和国防费支出都会产生积极的作用，同样这里的国防费规模也还未达到最优，需要通过减少国防费投入来进行优化。

(3) f^*处于区间$[f_{min},f_{max}]$中，此时 CZZC 处于下降区间，而 GFF 处于上升区间，因而必然存在某一特定国防费规模，能够满足国家财政支出和国防费支出的整体效益要求，使得国防建设与经济增长具有相互促进的协调性。而f^*的具体取值，则应当根据国家对国防建设与经济建设的偏好，来进行权衡与决定，这就证明了国防费资源的最优规模是确定存在的。

2.4.2　国防费资源配置结构的确定性

国防费资源配置结构的确定性证明基于如下的基本假设展开：假设国防费资源只在两个军事项目间进行分配，国防费资源的总量是有限且固定的。将国防费资源配置结构的确定性问题转化为国防费资源的组合分配问题，基本原理如图 2.5 所示。

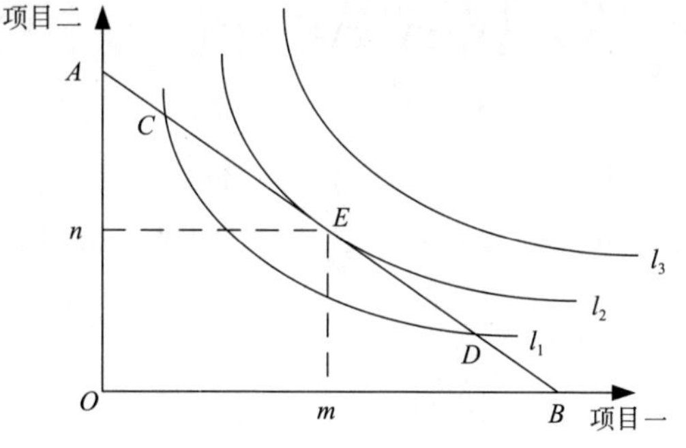

图 2.5　国防费资源配置结构的确定性原理图

图2.5中，横坐标代表项目一，纵坐标代表项目二，国防费资源在两个项目中的分配用线段AB表示，AB上的每一点均代表国防费在两个项目中的不同分配组合形式。三条曲线l_1, l_2和l_3分别代表效益由低到高的三条无差异曲线，效益$l_1 < l_2 < l_3$。无差异曲线l_1与线段AB相交于C、D两点，因此C、D两点的效益是相同的，而所对应的国防费资源分配组合形式是不同的，说明不同的资源分配组合形式能够产生相同的效益。随着资源分配的调整，当达到E点时，此时线段AB恰好与无差异曲线l_2相切，E恰好是此时的切点。由于效益上$l_2 > l_1$，所以资源在E点处效益要大于C、D两点。l_3虽然是效益更高的无差异曲线，但它与AB无交点，说明在现有资源总量规模下是无法达到l_3所代表的更高效益水平的。因此，E点所代表的国防费资源配置结构为最优结构，即项目一分配的资源数量为m，项目二分配的资源数量为n。这就证明，两个项目间的国防费资源配置的最优结构是确定存在的。

如果放宽约束条件，考察两个以上项目间的国防费资源配置结构问题，可以通过目标规划模型的形式进行描述。假设国家所有军事项目的总需求为X^R，第i项目的需求为$X_i^R (i = 1, 2, \cdots, n)$，国家的总供给国防费限额为$X^B$，通常情况下是存在供需矛盾的，有$X^B < X^R$。规定第$i$项目的资源数额分配下限为$X_i^L$，再假设各军事项目带来的效益函数为$P_i$，且$0 < P_i < 1$，据此建立模型如下：

$$\min P^-$$

$$\begin{cases} \sum_{i=1}^{n} P_i X_i + P^- = \sum_{i=1}^{n} P_i X_i^R \\ \sum_{i=1}^{n} X_i \leqslant X^B \\ X_i^L \leqslant X_i \leqslant X_i^R \\ X_i \geqslant 0 \end{cases} \tag{2.4.5}$$

上式中，$i = 1, 2, \cdots, n$，P^-为对应目标的负偏差变量。模型表明，国防费资源配置结构的最优解是确实存在的，当P^-取极小值时，对应的X_i即为最优结构方案。

2.5　本章小结

本章从国防费资源统筹配置的基础理论入手，首先，分析了国防费资源稀缺性、公有性、非竞争性和隐形效用性的特点，总结了国防费资源统筹配置在主体、方向和影响因素上的二重性特质。其次，对相关理论知识体系进行阐释。国防费资源统筹配置包括三个层级，层级越高，能量越大，所包含的国防费概念越广泛。国防费资源统筹配置分为统筹阶段和配置阶段，两个阶段是相互衔接和相互影响的。国防费资源统筹配置运行包括均衡状态、非均衡状态和失衡状态，国防费资源统筹配置最优化其实就是均衡状态的表现。国防费资源统筹配置分为最优化、次优化和欠优化三个层次，优化准则包括机会成本最小准则、效费比最大准则和边际效益趋同准则三种。最后，建立理论模型研究国防费资源统筹配置中的确定性问题，证明了国防费资源统筹配置中最优化的规模和结构都是确定存在的。国防费资源统筹配置理论研究的开展，为我国国防费资源统筹配置的实践应用和方法手段的展开，奠定了坚实的理论基础。

第3章 国防费资源统筹配置机制设计、对比、分析与启示

国防费资源统筹配置活动的有效开展，仅仅通晓其原理是不行的，需要将其转化为有效的工作机制，为国防费资源统筹配置提供实现载体，才能真正做到优化国防费资源统筹配置。世界各国都非常重视国防费资源统筹配置机制设计工作，通常采用中期基础预算模式[102]进行资源分配。中期基础预算模式按照配置机理不同又可以分为中期财政规划模式和PPBE模式。两种模式中，欧洲国家多采用中期财政规划模式，而PPBE模式为美军所首创。两者比较，PPBE模式在国防费资源统筹配置过程中作用发挥得更好，配置效率更高，属于中期基础预算模式的高级形式。因此，本章重点介绍美军的PPBE模式，分析其特点和优越性，并结合我国国防费资源统筹配置的现状和问题，为我国开展国防费资源统筹配置研究提供思路和方法借鉴。

3.1 美国的PPBE系统

3.1.1 PPBE系统的产生演进

20世纪50年代，兰德公司提出了著名的规划、计划与预算系统的基础概念，并由美国前国防部长Robert McNamara于1962年引入国防部，这就是PPBE系统的前身——“规划、计划与预算”系统，简称PPBS。该系统为国防部有效衔接规划、计划和预算环节之间关系提供了一种自上而下的方法，旨在以更理性、更系统的方式统筹配置国防费资源。在此之前，美国各军种

在准备预算时，几乎很少与国防部长协调。而 PPBS 的出现打破了原有的资源统筹配置格局，能够更直接地将军种的任务需求与国防部的任务和作用对接起来，因而大大提高了国防费资源统筹配置效率。

然而，自 2001 年美国“9·11”恐怖袭击事件后，美军防务规划模式向“基于能力”的战略方向转型升级。而 PPBS 作为半个世纪前的产物，已经不能很好适应战略转型升级而带来的新要求，国防费资源统筹配置已显露出反应迟钝、活性不足，面对复杂多变的安全环境适应能力不强的迹象凸显。在此情况下，美国国防部时任部长拉姆斯菲尔德于 2003 年 5 月对 PPBS 系统进行了改进和升级，于是形成了全新的“规划、计划、预算与执行”系统（Plan，Program，Budget and Execution），简称 PPBE，并于 2005 年正式实施。至此，美军开始采用 PPBE 系统统筹配置国防费资源，对美军国防和装备建设实行全系统、全寿命、全过程、全效益统筹管理，在近 13 年的实践过程[103-104]中收获了诸多成功的经验。

3.1.2　PPBE 系统的运行过程

PPBE 是一种根据国家军事战略和国防预算限额，用系统工程的理论和方法，从全局和长远角度出发，选择合适的军事项目纳入长期规划、中期计划和年度预算的国防管理体系中，并结合军事项目的优先级合理分配国防费资源在项目间的投入规模与结构，形成国防预算分配方案并对预算执行进行有效管理的综合方法。PPBE 系统实际运行过程较为复杂，运行原理如图 3.1 所示。

根据图 3.1 所示，PPBE 系统的运行过程依次经历四个阶段：规划阶段、计划阶段、预算阶段和执行阶段。PPBE 的规划阶段，主要是由分管政策的国防部副部长根据《国家安全战略》、《国家军事战略》、《四年防务评估》等拟制《联合计划指南》草案，并送国防规划与资源委员会审议，报国防部长批准颁布。PPBE 的计划与预算阶段，计划和预算是同时进行的，主要是制定建设发展计划，并形成国防部预算草案。PPBE 的执行阶段，主要是对计划和预算的执行情况进行监督与掌握，每个季度都要进行这项工作，以确保国防费资源配置效益得到充分发挥。PPBE 四个阶段是相互衔接、环环相扣的，国防费资源统筹配置效益的发挥得益于四个阶段的机制合力。

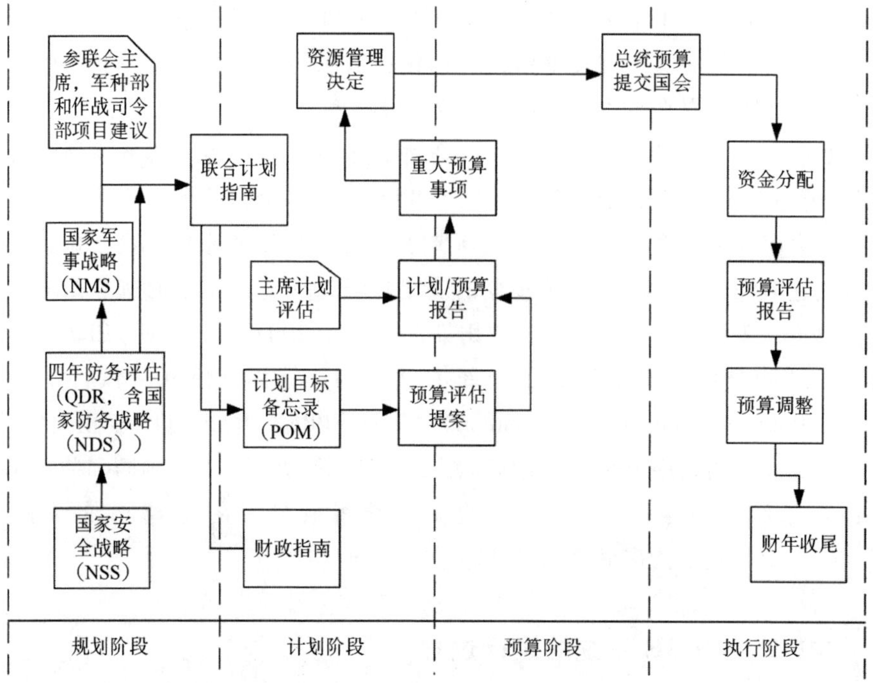

图 3.1　PPBE 系统运行原理图

3.1.2.1　规划阶段

PPBE 规划阶段的主要任务是确定作战能力需求，为下一阶段的国防政策选择和战略指导方针制定提供依据，通过明确作战所需的能力大小，作为进行国防费资源统筹配置的基础。规划阶段需要完成国防威胁评估、国防备选战略定义、国防安全变化条件分析、技术条件分析、经济评估等（见图 3.2）。

如图 3.2 所示，PPBE 系统在规划阶段的基本流程如下：

STEP 1：在总统领导下，国家安全委员会会同相关部门，综合各方情报，提出国家安全和外交政策方向、目标，制定国家安全政策，发布《国家安全战略》。

STEP 2：由参联会会同作战司令部和各军种，确定未来 2～7 年美国国家安全与外交政策相适应的军事战略，提出财政约束下的国家军事水平和建设方案，发布《国家军事战略》，并上报国防部长审查。

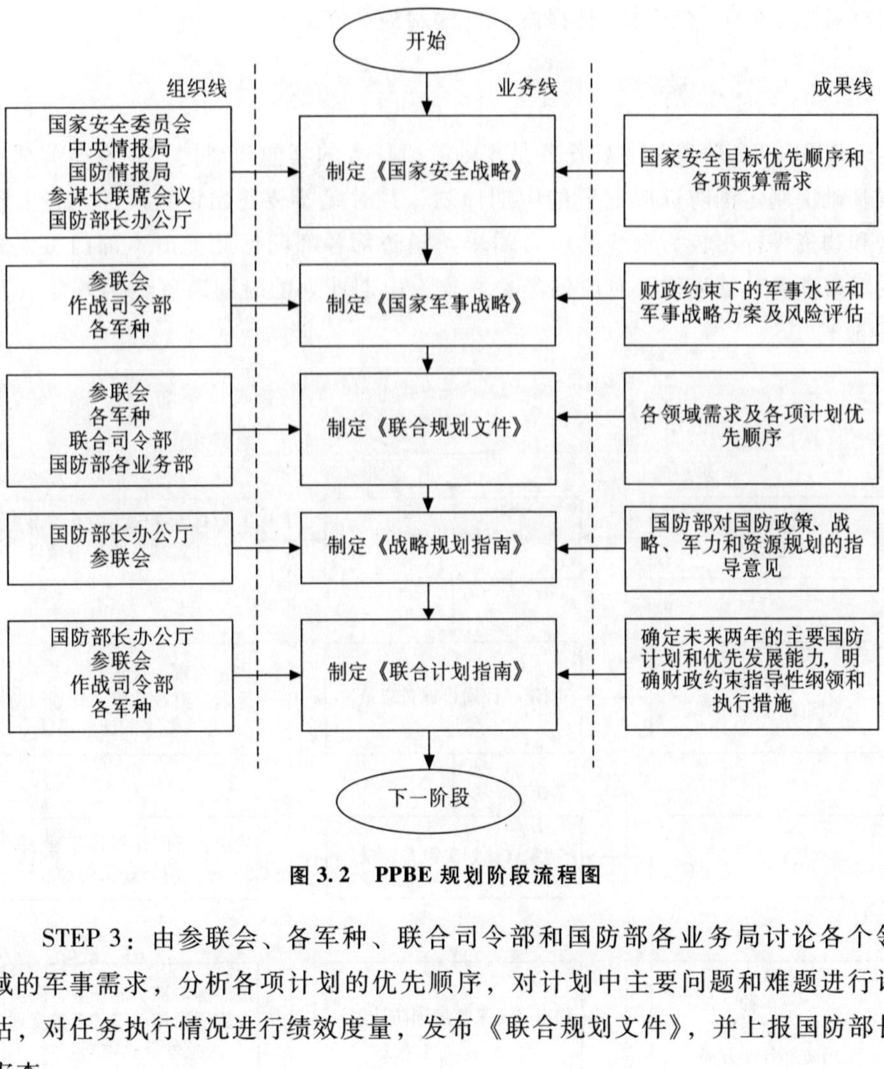

图 3.2　PPBE 规划阶段流程图

STEP 3：由参联会、各军种、联合司令部和国防部各业务局讨论各个领域的军事需求，分析各项计划的优先顺序，对计划中主要问题和难题进行评估，对任务执行情况进行绩效度量，发布《联合规划文件》，并上报国防部长审查。

STEP 4：国防部长办公厅会同参联会制定《战略规划指南》，提出国防政策、目标以及战略方针，确定未来防务规划的目标、政策，军力安排和资源配置的指导性意见，明确优先发展的计划和项目。与此同时，参联会对《联合规划文件》进行评审，提出《参联会主席计划建议》。

STEP 5：国防部长办公厅会同参联会、作战司令部、各军种等部门制定《联合计划指南》。《联合计划指南》是 PPBE 规划阶段的核心成果和指导性文件，用于确定美国未来主要国防计划和优先发展的能力，为计划阶段《计划目标备忘录》和《预算评估提案》的编制提供依据。

3.1.2.2　计划阶段

PPBE计划阶段的主要任务是规划阶段任务的延伸和细化，在遵循前期决策基础上制定国防资源配置的中期计划，并对武器装备建设发展的人员、经费和物资等提出较为系统的综合需求。国防部各部门据此提出本部门拟实施的军事项目计划建议及对应的经费需求，中期计划的时间跨度约为6年（见图3.3）。

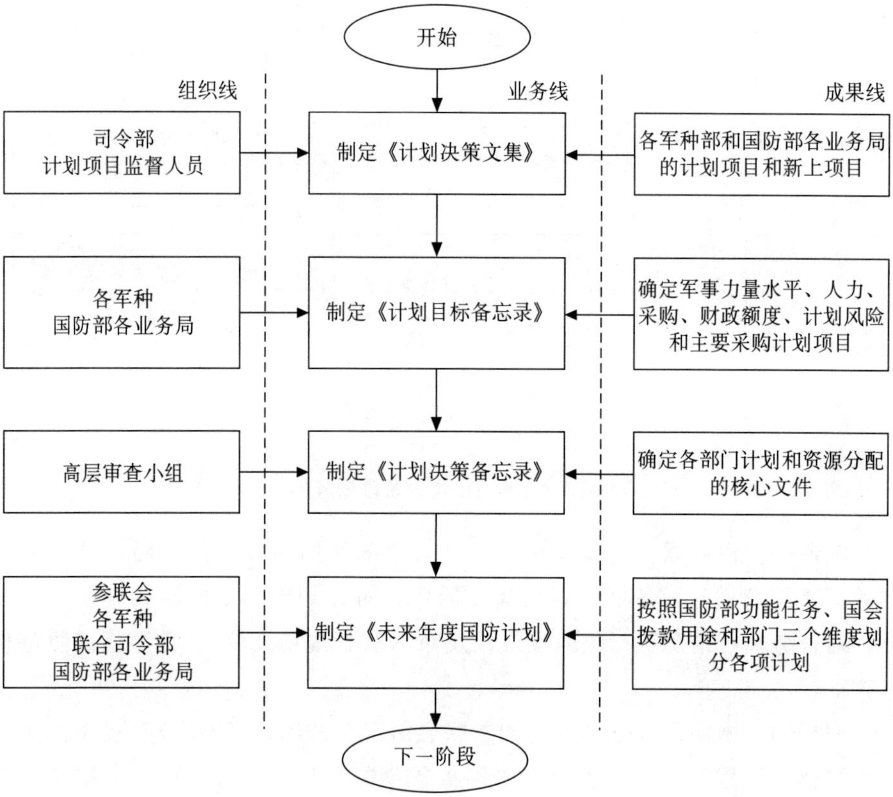

图3.3　PPBE计划阶段流程图

如图3.3所示，PPBE系统在计划阶段的基本流程如下：

STEP 1：各大司令部和计划项目监督人员根据《联合计划指南》中明确的各军种和国防部各业务局现有的计划项目和新上项目制定《计划决策文

集》，确定相关基准，经费额度、性能和进度标准值。

STEP 2：各军种、国防部各业务局、专业评审小组和计划评审委员会对《计划决策文集》进行审核修订，包括修改基准、项目计划重要性排序与审查、军种计划重要性排序与审查等。在对《计划决策文集》中的计划进行演示后最终确定计划取舍，提交军种参谋长和部长。在此基础上，由各军种和国防部各业务局联合制定符合《联合计划指南》中关于计划和资源分配方案的《计划目标备忘录》。

在收到《计划目标备忘录》后，联合参谋部和国防部长办公厅对其进行审查，形成《计划目标备忘录问题书》和《参联会主席计划评估》等书面材料。

STEP 3：由高层审查小组对《计划目标备忘录问题书》和《参联会主席计划评估》进行审查，并制定《计划决策备忘录》，这是计划阶段的核心文件，用于确定未来 6 年军事力量水平、人力、采购、财政额度、计划风险和主要采购计划项目。

STEP 4：一旦对 6 年计划作出决定，备忘录内容就将确定写入《未来年度国防计划》，并由国防部制定下一个财政周期的预算。

3.1.2.3　预算阶段

PPBE 预算阶段的主要任务是将计划项目的需求转化为确定的国防预算。预算工作由负责审计的国防部副部长主抓，各军种的年度预算制定依据来源于上一阶段的《计划决策备忘录》，由国防部长办公厅对各军种上报预算进行逐一审查。待国防部长办公厅对预算出具调整意见后，由国会授权进行拨款。具体流程如图 3.4 所示。

PPBE 预算阶段的具体工作，按照预算年和非预算年的不同，而有所差异。预算年为国防预算的偶数年，主要制定预算计划提案，并经国会审批形成最终国防预算方案；非预算年为国防预算的奇数年，主要结合实际运行情况来微调由预算年制定的国防预算方案，以适合国家安全形势的变化。下面重点介绍预算年的主要工作，主要步骤包括：

STEP 1：各军种和国防部各业务局按照《计划决策备忘录》的相关要求，结合自身单位情况，编制各自单位的《概算书》，内容包括研究、发展、试验与鉴定费、采购费、活动与维持费等。

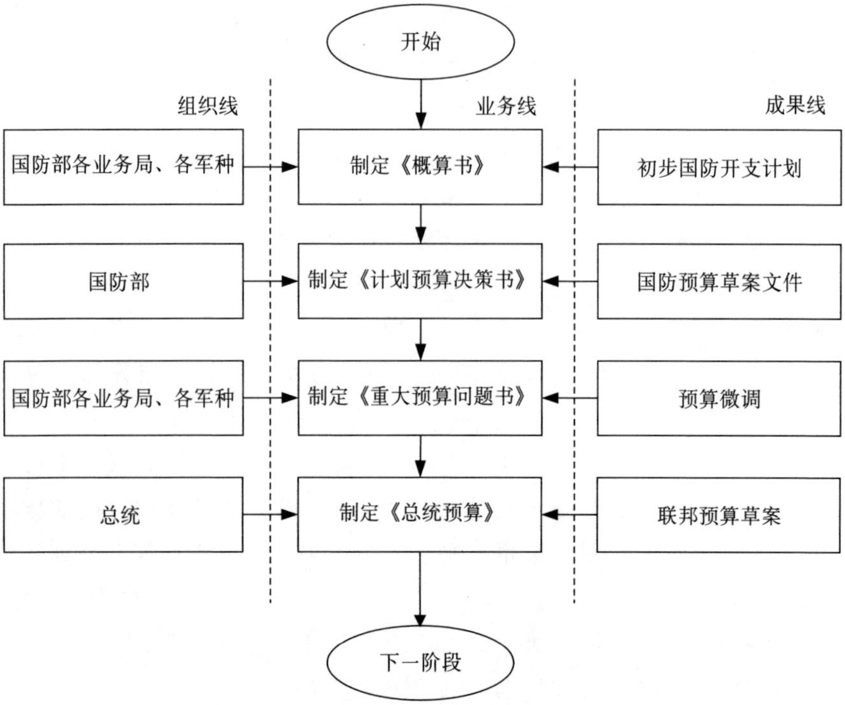

图 3.4 PPBE 预算阶段的流程原理图

STEP 2：主管财务工作的国防部副部长会同行政管理局召开听证会，审查《概算书》，之后发布《计划预算决策书》。

STEP 3：召开联席会议，会上各军种可以就《计划预算决策书》提出修改建议和测算依据，微调后形成《重大预算问题书》。

STEP 4：总统签字认可，将《重大预算问题书》提交国会审议，批准后即可划拨国防费。

3.1.2.4 执行阶段

PPBE 的执行阶段是最后一道工作，该阶段是对军队预算的执行情况进行评审，其目的是用绩效度量项目的完成情况，执行评审通过绩效度量分析计划和预算执行情况，评估产出效益，最终评估国防费资源是否得到合理配置。项目评估比率工具（Program Assessment Rating Tool，PART）、定期报告制度和挣值管理法（Earned Value Managemenmt，EVM）是美国军方常用的执行绩效管理方法，绩效评价结论对于国防部年度绩效报告的出台和下一轮 PPBE 的开展具有修正和反馈作用。

3.1.3　PPBE 系统的机制特点

PPBE 系统作为美国军方的国防费资源统筹配置手段和方法，其运行机制具有鲜明的特点，主要体现在以下几个方面：

（1）战略牵引

PPBE 系统的有效运行是以战略牵引作为基础的，在美国国家安全战略的牵引下，美军制定了实现国家安全战略所需的军事安全战略，在军事安全战略的牵引下，美军明确了与军事安全战略相适应的军事能力需求。近年来，美军非常强调的各军种的联合作战能力建设，也是与国防和军事战略目标相称的能力需求。在 PPBE 系统建立之前，美军的军事能力需求由“需求生成系统”进行管理，属于国防部下设机构联合需求监督委员会的职责范围。需求生成过程是按照“各军种提出能力建设需求，联合需求监督委员会审定”的组织形式开展的。这种先开发、后集成的“烟囱式”运行模式具有明显的弊端：一是各军种所提的军事能力需求都是从军种自身建设的角度出发，本位主义严重，需求目标只着眼于局部最优，而不是全局最优；二是参联会缺乏对军兵种军事能力需求合理性的审核标准，形成的总军事能力需求中资源重复配置与资源浪费问题和联合作战能力建设体系不够严密，存在资源覆盖的“缝隙”问题。究其原因，在于军事能力需求生成时与国家安全战略总目标的关联性不足，军事能力需求整体规划不足，不能贯彻和体现国家安全战略和军事战略的意志。PPBE 系统出现后，把“需求生成系统”改造成“联合能力集成与开发系统”，使得美军各军种、各作战司令部、国防部各直属局提出需求建议后，需要对各种各样的需求建议是否适应联合作战需要进行仔细分析。具体做法是，强调根据战略指导和联合作战理论，结合任务需要提出能力生成需求建议，进而通过一体化框架加以分析审查（主要包括作战审查、系统审查和技术标准审查），对各种需求建议进行综合集成，确保各项需求建议的兼容性和互操作性。

（2）需求主导

美军提出的基于多种作战能力的军队建设思想，要求强化国防部对作战能力需求的统筹管理，在统筹配置国防费资源时要更好地体现“作战能力”

需求，满足联合作战的需要。而 PPBE 突出体现了“需求主导”的要求，其重要内容之一就是发展“联合作战能力”，努力形成具有广泛性和灵活性、能够应对各种非预见性威胁的军事能力。PPBE 将军事需求同规划、计划和预算更加协调地融合为一体，通过规划、计划与预算过程把整个国防和军队建设工作的各个方面以需求联系起来，即以国家安全目标为依据提出军事任务，按军事任务确定部队需求，依据部队需求确定国防计划，然后根据国防计划编制预算。PPBE 的规划阶段主要是确定作战能力需求，工作主体是作战指挥系统的参谋长联席会议联合参谋部，形成《国家安全战略》、《联合规划文件》、《联合规划指南》、《参联会主席计划建议》、《联合计划指南》等系列法规性文件，从宏观到微观，从概略到具体，确定美军的作战任务，分析满足完成任务需求而存在的作战能力缺陷，提出弥补能力缺陷的国防和军队建设目标、政策以及根据轻重缓急排序的项目建设要求。在之后的计划、预算、执行各个阶段，联合参谋部均组织对所有工作进展和法规性文件进行联合作战需求“闸门式”审查，确保作战需求贯穿于 PPBE 全过程。

（3）全局统筹

20 世纪 60 年代之后，美军采用全局统筹思想，坚持国防预算制定过程中的集中性、统一性，着眼于国防建设全局将资源统筹配置的效益和效率发挥到极致，最大限度地减少资源浪费和重复配置。PPBE 将国防建设作为一个复杂大系统来对待，从国家利益与国防和军队建设的全局出发，着眼国家安全目标和军事战略需要，统筹各军种建设项目，把资源分配管理作为国防和军队建设宏观控制的主要手段，采用系统工程的方法进行系统分析和统筹安排，通过统一的规划、计划加强对各军种建设特别是跨军种建设的集中指导和总体协调，从全局和经济可承受性角度全面平衡各军种、各系统特别是联合项目的资源配置，综合确定各个项目的重要程度，平衡各个项目之间的资源分配，对各个项目的发展次序、规模和速度进行统筹规划，从而寻求资源配置全局而非局部的优化。PPBE 还将四个不同但却相互关联的阶段结合为一个整体，把远期、中期和近期的发展目标和计划项目有机结合起来，对军事战略、军事力量结构、武器装备发展与支撑它们的国防费资源进行综合考虑和统一协调。凡为完成同一类任务的不同计划项目，不论出自哪个军种的需求，均被置于同一类计划内，并根据每个计划项目在完成同一类任务中所能起到的作用，经综合平衡后决定是否发展该项目，后者确定该项目的重要程度和发展规模。由于类似项目被列在一起统筹考虑，有效防止了由于各军种分别安排项目而可能造成的重复建设。同时，跨军种的项目安排也得到及时有效的保证。

（4）动态调整

PPBE 采用独特的“两年一滚进”预算管理方式，既可以确保国防预算与国家长远目标的规划一致性，又能灵活适应国内外不断变化的安全防务形势。“两年一滚进”预算管理方式中，预算年和非预算年的程序性工作是不同的。其中，预算年为国防预算的偶数年，主要制定未来第二年和第三年的预算方案，比如 2016 年提出 2018 年和 2019 年预算方案，并经国会审批形成最终国防预算方案；非预算年为国防预算的奇数年，主要结合实际运行情况来微调未来第二年预算方案，比如 2017 年对 2019 年预算方案进行调整，以适合国家安全形势的变化。对任意一个军事项目，PPBE 都要对执行过程进行阶段性评估，用绩效度量原则评估项目的完成情况，对于实际进度与计划进度出现偏差的项目，适时采取纠偏措施，通过修订、平衡等方法，通过再评审查找偏差原因，加强项目的质量管控，控制和管理经费的流向流量，提高经费的使用效益，保证年度预算的波动与总体战略规划目标保持在合理范围内。同时，美军在 PPBE 中采用了“零基预算法”，即每年将原有正在进行的计划项目与新上项目等同对待并进行审查，以确定其必要性和可行性，完成情况与效益，并允许新上项目在平等的基础上同已有的在建项目竞争，并按照审查结论重新配置资源。

（5）全程监控

美军十分重视对国防费资源统筹规划和科学配置的评估、审计、监督和管控工作，注重对规划、计划、预算和执行的全过程进行严密的监督，对重点环节进行管控，以保证各个项目的建设高效、顺畅运行。一方面，以财政监督的形式来加强国防费统筹配置使用效益的全程监控，主要由政府预算管理机构负责。另一方面，以审计监督的形式来加强国防费统筹配置使用效益的全程监控。国防预算的审计监督的第一层次是国会的政府问责办公室，第二层次是国防部监督机构，第三层次是各军种部监督机构。其中，第一层次的政府问责办公室可以对国防预算进行全程审计，对编制、执行和决算等环节进行全方位的监督和审查。在第二层次，美军成立了以国防部第一副部长为主席的“财务管理高级监督委员会”，加强对军费管理中重大决策的监督；

国防部财会局从整体上对国防经费的运行情况进行监督；国防部长领导的监察长负责国防部国防预算执行的审计工作，在国防部内部实施跨部门的内部审计。此外，美军各军种部和国防部直属业务局均设有相应的审计机构，分别负责对各自的国防预算编制、执行和决算进行审计。

3.2 我国国防费资源统筹配置存在的问题

长期以来，我国在国防费资源统筹配置上，按照顾全大局、服从整体，保障重点、兼顾一般，统筹安排、综合平衡，厉行节约、讲求效益的要求，较好地保障了国防和军队建设及军事斗争准备需要。我国国防费资源统筹配置工作，整体上向着合理、优化的方向在发展，但与有效履行新世纪新阶段我军历史使命对军队重要资源战略管理的要求，实现统筹配置最优化目标，达到统筹配置理想均衡状态，还存在一些突出的矛盾和问题。

3.2.1 资源统筹配置的顶层规划设计不足

目前，我军在国防费资源统筹配置的顶层设计方面存在较为严重的规划不足。综合表现为国防费资源统筹配置与国家和军队建设的顶层战略规划结合不够紧密，存在资源统筹配置的职能缺位，资源统筹配置依据不充分，有效统管难度较大。资源统筹抓总不足，力度不够，资源分配比例不合理、不客观，资源调配过程中信息不对称现象严重，资源调配困难，难以实现集中控制与分散执行的有机统一。具体表现在以下方面：

一是规划、计划和预算、执行衔接不紧。按照现行国防预算编制程序，全军建设规划和编制国防费预算分别由各军兵种的不同部门完成，再进行数据归口汇总形成年度国防总预算。由于各军兵种受制于自身的局限，在测算国防费需求时无法站在国家和军队建设全局的角度来统筹考虑，对于国防费资源的覆盖范围、支撑程度等无法准确把握等，且由于信息化建设能力不足导致军队内部各部门的信息共享和资源协调渠道并不顺畅，容易造成国防费资源统筹规模测算失真，使国防预算与国防规划、计划发生较大战略偏差，影响国防费资源统筹配置的效益发挥。

二是国防费资源筹措渠道分散。军队内部多头向政府编报预算，政府多渠道向部队拨款，国防费资源配置条块分割、自成体系的问题较为突出，国防费资源筹措渠道过于分散，难以有效整合形成建设合力。中央军委战略规划办公室虽然能够在名义上对国防费资源进行宏观调控，但是国防费资源配置决策程序仍然不够严密，经费需求测算不准确，经费资源重复配置、多头配置，“关系经费”的现象依然存在。部队范围内，经费资源配置结构上长期存在经费短缺与经费富余并存的结构性失调现象。军队经费资源配置处于封闭环境中，军民融合程度不高，致使原本可以由社会承担的部分保障项目仍然由军队自行提供保障，占用了大量的不必要开支经费，比如军地通用装备维修、医疗卫生、军事物流供应和交通运输等保障性任务占用经费资源多，而装备建设、战备训练经费资源少。军队机关部门经费资源相对富余，而作战部队和一线单位经费资源相对紧张。固定设施占用经费资源多，而机动力量经费资源配置少等。

三是对国防费资源的适时调整反应偏慢。我国国防安全形势每时每刻都在发生着动态变化，因此国防和军队建设的规划、计划也需要适应安全形势变化而适时调整，进而影响到国防费资源统筹配置的分布格局，需要在不同军事任务和项目间进行综合平衡、系统调节，不断变化资源配置的结构比例。但目前国防费资源的统筹配置未能及时随之调整，缺乏灵活应对的弹性，存在一定的滞后性，其深层次原因也是由于资源统筹配置的顶层规划设计不足而导致国防费统筹配置对于国防战略调整缺乏足够的敏感性。

3.2.2　资源统筹配置的运行机制亟须健全

与美国 PPBE 系统相比，我国军队在国防费资源统筹配置上运行机制还不够健全，在资源分配的综合决策、论证审查、执行管理和监督评价等环节中仍然存在明显的短板和差距，这些都需要通过进一步加强相应的机制建设来弥补。

一是综合决策机制亟须健全。目前，我军在国防预算编制上已经按照零基预算的要求执行，但潜意识里传统经费管理“先定盘子，再找项目”的思想仍然根深蒂固，难以在短期内根除，使得零基预算流于形式。“盘子”规模的确定主要依据历史数据并适当调增的方法简单确定当年规模，“盘子”规模的合理性确定依据不够客观，“项目”的综合平衡与选择缺乏科学手段方法，主观色彩较为明显，决策程序不够科学规范，规划主导与计划调控作用发挥不够明显。集中统一的综合决策咨询制度还没有真正建立起来，重大决策事先、事中、事后缺乏科学的风险和效益评估。

二是论证审查机制亟须健全。长期以来，对于国防费资源统筹配置工作的重要性，我军存在认识上的偏差，没有产生足够的重视。国防费资源如何统筹配置，缺少独立权威专业的论证评审机构，论证审查程序不够严肃和严格。在必须开展资源统筹配置论证时，只能寻找专业化水平不高、权威性不强、指标体系缺乏、方法不够科学的临时性论证评审机构，论证审查出现问题后难以对决策当事人进行责任追究，很容易产生决策风险。而负责建设的领导机关或部门通常集决策、咨询评估、执行、监督职能于一身，多重身份的特殊性使其“既是运动员又是裁判员”，难以站在客观的角度进行科学论证审查，难以避免决策与论证审查相脱节现象。另外，我军在重要资源信息收集、传输、处理和分析等方面的信息化程度偏低，也制约了规划论证审查的实际效果。

三是执行管理机制亟须健全。主要存在于规划计划的遵循与经费的执行管理出现偏差，缺乏对规划计划执行情况的全过程动态管理。经费预算的法规约束性不强，有些单位片面强调执行政策法规的灵活性，而损害到经费使用的严肃性，给国家和军队建设造成损失。有些单位滥用行政权利，超职权范围使用和截留经费，变通经费开支，资金挪用、占用、乱用现象和资金使用铺张浪费的问题突出。

四是监督评价机制亟须健全。当前正值我军深化改革调整的关键时期，我军也审时度势成立了中央军委审计署，提高了审计的地位，强化了审计的职能，有效地增强了审计的独立性和公正性。但是，此项改革仍然处于摸索期，审计工作还处于调整和转型之中，其监督和评价功能的发挥还有待于进一步挖掘。其主要表现在：难以对国防预算的执行情况进行经常性、独立性、权威性的审计监督；对国防费资源的使用管理监督不力，缺乏全程监督、适时监督；没有形成完善、系统的监督体系，事后监督多，事前和事中监督少，监督活动缺乏连续性和有效性；没有建立完善的问责制度，没有形成系统的评价结论，对重要资源使用管理中的决策失误和违规行为缺乏必要的追究和惩处。

3.2.3　资源统筹配置的方法手段有待完善

长期以来，我国国防费资源统筹配置的方法手段过于单一和陈旧，已经不能够适应新军事变革时期的国防和军队建设新要求，需要立体式地进行丰富和完善，形成具有创新特点的方法手段体系。

一是要改变现有落后的“基数预算”配置经费的传统方法。在现阶段，虽然军委机关一直倡导在国防预算编制时采用“零基预算法”，但下面部队在实际预算编制过程中习惯于沿用传统的编制办法，即按照“基数预算”的思想进行实际的预算编报，而不愿意进行方法创新和改革。比如，某些单位上报的表格虽然表面上符合“零基预算”的格式要求，但其本质仍是按照“基数预算”的思想进行经费的分配和调剂，只是在往年经费分配方案的基础上，将本年度的上级划拨经费按照传统分配习惯在各部门间都分一分、匀一匀。这种方法割裂了规划、计划和预算间的内在联系，没有打破既有的利益格局，难以保障优先项目的需要。

二是科学先进的量化分析方法运用不足。目前，我军国防费资源统筹配置中进行定性分析多、定量分析少，没有充分利用资源数据库、信息化网络系统和数学模型对国防费资源进行系统分析和缜密筹划。量化分析方法通常结合管理学、运筹学和系统工程学的理论知识进行运用。量化分析方法的运用有利于实现对国防费资源统筹配置的精确管理和调节控制，改变经费统筹配置的粗放管理，提高资源统筹配置的严肃性、规范性，为改进资源配置实际工作提供有力的技术工具。

三是现代计量经济学分析方法运用不足。在传统资源统筹配置方法手段上，往往忽视了从现代计量经济学的角度来对问题进行深层次分析。不关注国防费的时间序列特征，不注重从数据自身特性上面寻找统计规律，缺乏对于数据规律特征的深入挖掘。对国防费资源的形成机理和分配机理研究不足或缺乏系统性思考，而造成国防费资源统筹配置研究中难以突破技术瓶颈。

3.3 我国国防费资源统筹配置矛盾根源的分析

由上节可知，我国国防费资源统筹配置中存在着诸多难以调和的矛盾和问题。这些矛盾和问题出现的深层次原因十分复杂，究其根源，我国国防费资源统筹配置存在的问题其实是各个利益主体争夺超出自身所需合理范围的经费资源的具象化表现。出现资源争夺的原因在于实际需求国防费资源的各利益主体（按照分类口径不同可以抽象为军队各军兵种，或是各个军事项目，或是各个部门）间，由于所处的地位、拥有的权利、履行的责任存在明显的差异性，为实现其自身利益最大化的缘故。在国防费资源争夺过程中，每个利益主体均符合经济学中“经济人”的基本假设，即只追求自身利益，不考虑整体利益，只追求短期利益，不考虑长期利益。为更好地追求自身利益，这些利益主体不惜通过寻租行为来追求自身利益最大化。这里的“寻租”一词是经济学中的重要概念，“租”为租金，引申为利益、好处等。该词经济学的本意指通过非生产性的行为实现对利益的寻求。后来，随着“寻租”一词外延超出了经济学本身范畴，扩展为泛指通过不正当手段谋求利益之意。因此，本书表述的寻租，指的是通过不正当手段谋求更多国防费资源的行为。寻租行为违背了国防费资源统筹配置的初衷，歪曲了国防费资源统筹配置的原本目标。如果从博弈论的角度来进行解释，则更容易理解。

3.3.1 非合作博弈理论基本原理

博弈论[105]（Game Theory），又称对策论，是研究决策主体的行为发生直接相互作用时的决策以及这种决策的均衡问题，分为合作博弈（Cooperative Game）与非合作博弈（Non - Cooperative Game）两种基本类别。在非合作博弈研究领域，Nash 于 1950 年提出了著名的“纳什均衡”理论，奠定了非合作博弈的理论基石。非合作博弈作为现代经济学的主流博弈论的主要内容，在现代经济理论体系中占据重要地位，构成了现代经济学的重要组成部分。本节后面所讲到的两方主体间博弈也指非合作博弈。

非合作博弈当中一个非常重要的概念叫做“均衡”，对于不同类型、不同主体、不同条件下的非合作博弈问题形成了特定的均衡概念。在非合作博弈中，以下几种均衡概念是比较常用的。

（1）占优均衡

当某一参与者独立进行策略选择时，其所选择策略与其他参与者不具有相关性，而即不考虑其他参与者如何进行策略选择，该参与者最优策略具有选择唯一性。在博弈 $G=[N,\{S_i\},\{P_i\}]$ 中，若每一个参与者 i 都存在一个策略 $s_i^* \in S_i$，$i \in N$，使得 s_i^* 占优于 $S_i \setminus \{s_i^*\}$ 中任何策略，那么策略组合 $s^*=(s_1^*, s_2^*, \cdots, s_n^*)$ 称为 G 的占优策略均衡，简称占优均衡。

（2）纯策略纳什均衡

在 n 个参与者标准式博弈中 $G=\{S_1, \cdots, S_n; u_1, \cdots, u_n\}$ 中，若对于每一个参与者 i，s_i^* 是针对其他 $n-1$ 个参与者所选策略 $(s_1^*, \cdots, s_{i-1}^*, s_{i+1}^*, \cdots, s_n^*)$ 的最佳策略，使得 $u_i(s_1^*, \cdots, s_{i-1}^*, s_i^*, s_{i+1}^*, \cdots, s_n^*) \geqslant u_i(s_1^*, \cdots, s_{i-1}^*, s_i, s_{i+1}^*, \cdots, s_n^*)$ 对于 S_i 中所有的 s_i 都成立，则称策略组合 $s^*=(s_1^*, \cdots, s_i^*, \cdots, s_n^*)$ 为标准式博弈 G 的一个“纯策略纳什均衡”。

（3）混合策略纳什均衡

在标准式博弈 $G=\{S_1, \cdots, S_n; u_1, \cdots, u_n\}$ 中，参与者的策略空间为 $S_i=\{s_{i1}, s_{i2}, \cdots, s_{ik}\}$，参与者 i 以概率分布 $p_i=(p_{i1}, p_{i2}, \cdots, p_{ik})$ 来实现 k 个策略的随机选择，此时形成的“策略”称为混合策略，有 $0 \leqslant p_{ij} \leqslant 1$，$j=1,2,\cdots,k$，且 $\sum p_{ij}=1$。当纯策略 s_{ij} 等价于混合策略 $p_{ij}=(0,\cdots,0,1,0,\cdots,0)$，意味着选择纯策略 p_{ij} 的概率为1，选择其他纯策略的概率为0。

（4）精炼子博弈纳什均衡

精炼子博弈纳什均衡属于动态博弈中均衡策略。对于完全信息动态博弈而言，精炼子博弈纳什均衡成立，应当满足两个基本条件：①参与者的某一个策略组合在整个动态博弈中构成纳什均衡；②参与者的某一个策略组合在它的所有子博弈中构成纳什均衡。

3.3.2　我国国防费资源统筹配置博弈模型

我国国防费资源统筹配置博弈模型，包括两个阶段的博弈分析。第一阶段的博弈分析，是由参与国家经济资源总分配活动的主体构成，分为政府部门（简称国家）国防部门（简称军队），该阶段确定国防费资源的统筹规模；第二阶段的博弈分析，是由参与国防费资源内部分配活动的主体构成，按照军兵种类别划分，可以分为陆军、海军、空军、火箭军、战略支援部队、联勤保障部队等，该阶段确定国防费资源的配置结构。

从本质上讲，两个阶段的博弈分析的基本矛盾是相同的。因此，本节只选取第一阶段来建立博弈模型，而不再对第二阶段建立模型分析。以下论述皆是以第一阶段的国防费资源统筹配置博弈模型为前提而展开的。

3.3.2.1　博弈模型假设

假设1：博弈的参与者为国家和军队，在博弈过程中国家与军队都具有有限理性或过程理性，双方各自追求自身利益的最大化，在作决策时会依据自身情况进行收益与成本的比较，追求以最小的成本获取最大的效益。

假设2：国家和军队均有两种策略。其中，国家可选择“监督”或“不监督”两种基本策略，军队可选择“寻租”或“不寻租”两种基本策略。

假设3：国家和军队在进行博弈时并不清楚对方的策略选择，而双方对对方的策略和收益是完全清楚的，该博弈属于完全信息静态博弈。

假设4：在国家的监督下，如果军队采取寻租行为，国家会给予军方相应的惩罚。同时，军队采取寻租行为来谋求更多的国防费资源，会降低其在国家及其他政府部门中外在形象，导致声誉受到损失。

3.3.2.2　博弈模型分析

国家和军队在不同策略选择下的收益矩阵如表3.1所示。

表3.1　国家、军队收益矩阵表

		国家	
		监督	不监督
军队	不寻租	S_2，$E-C_1$	S_2，E
	寻租	$S_2+S_1-C_2-C_4-F$，$-C_1-C_3+F$	$S_2+S_1-C_2$，$-C_3$

其中：

C_1——国家的监督成本；

C_2——军队的寻租成本；

C_3——军队寻租而给国家造成的经济损失；

C_4——国家监督下军队寻租造成的军方形象声誉等无形价值损失；

S_1——军队寻租带来的额外收益；

S_2——军队寻租前的正常国防费收益；

E——军队不寻租时，国家因正确资源配置而获得的额外军事经济效益；

F——国家监督下对军方寻租收缴的罚金。

（1）纯策略纳什均衡

当 $S_2 < S_2 + S_1 - C_2 - C_4 - F$ 时，军队寻租的收益大于不寻租时的收益，此时显然有 $S_2 < S_2 + S_1 - C_2 - C_4 - F < S_2 + S_1 - C_2$，所以军队的占优策略是“寻租”。考察国家的行动，可以分为两种情况：

若 $-C_1 - C_3 + F > -C_3$，即 $C_1 < F$ 时，此时可得到第①种纯策略纳什均衡（监督，寻租）；若 $-C_1 - C_3 + F < -C_3$，即 $C_1 > F$ 时，此时有第②种纯策略纳什均衡（不监督，寻租）。这种情况下，就算军队被发现存在寻租行为，但由于采取“寻租”策略时的收益和被监督受到的惩罚后的总和仍然大于不寻租后获得的收益，因此，无论国家监督是否，军队的最优选择都是“寻租”。

同样，当 $S_2 > S_2 + S_1 - C_2 - C_4 - F$ 时，又分两种情况：

若 S_2 足够大，有 $S_2 > S_2 + S_1 - C_2$，此时 $S_1 < C_2$，说明军队的寻租成本将高于寻租行为带来的收益，此时军队不存在寻租的主观动机，因此其占优策略为“不寻租”，此时由于 $E - C_1 > E$，国家必然选择策略“不监督”，此时有第③种纯策略纳什均衡（不监督，不寻租）；若 $S_2 < S_2 + S_1 - C_2$，此时 $S_1 > C_2$，考察国家行为，当 $-C_1 - C_3 + F < -C_3$，即 $C_1 > F$ 时，说明国家的监督成本将高于不监督带来的罚金收益，国家的占优策略是“不监督”，此时有第④种纯策略纳什均衡（不监督，寻租）。

（2）混合策略纳什均衡

下面考察当满足条件

$$\begin{cases} S_2 + S_1 - C_2 > S_2 > S_2 + S_1 - C_2 - C_4 - F \\ -C_1 - C_3 + F > -C_3 \end{cases}$$ 的逆向物流体系构建博弈问题。

此时显然博弈无纯策略纳什均衡。引入两个参数 α 和 β，其中 α 为国家采取“监督”策略的概率，β 为军队采取“不寻租”策略的概率。即有国家选择混合策略 $P = (\alpha, 1 - \alpha)$，军队选择混合策略 $Q = (\beta, 1 - \beta)$，且必然有 $0 \leqslant \alpha, \beta \leqslant 1$。

由收益矩阵知，国家的期望收益函数为：

$$U_G=(E-C_1)\alpha\beta+(-C_1-C_3+F)\alpha(1-\beta)+E(1-\alpha)\beta+(-C_3)(1-\alpha)(1-\beta) \quad (3.3.1)$$

军队的期望收益函数为：

$$U_J=S_2\alpha\beta+(S_2+S_1-C_2-C_4-F)\alpha(1-\beta)+S_2(1-\alpha)\beta+(S_2+S_1-C_2)(1-\alpha)(1-\beta) \quad (3.3.2)$$

混合策略的纳什均衡，即为多目标最优化问题，有：

$$\begin{cases}\max\limits_{\alpha\in P}U_G(\alpha,\beta^*)=\max\limits_{0\leqslant\alpha\leqslant1}[(E-C_1)\alpha\beta+(-C_1-C_3+F)\alpha(1-\beta)\\ \qquad +E(1-\alpha)\beta+(-C_3)(1-\alpha)(1-\beta)]\\ \max\limits_{\beta\in Q}U_J(\alpha^*,\beta)=\max\limits_{0\leqslant\beta\leqslant1}[S_2\alpha\beta+(S_2+S_1-C_2-C_4-F)\alpha(1-\beta)\\ \qquad +S_2(1-\alpha)\beta+(S_2+S_1-C_2)(1-\alpha)(1-\beta)]\end{cases} \quad (3.3.3)$$

最优化一阶微分方程条件满足：

$$\begin{cases}\dfrac{\partial U_G}{\partial\alpha}=0\\ \dfrac{\partial U_J}{\partial\beta}=0\end{cases} \quad (3.3.4)$$

$$\frac{\partial U_G}{\partial\alpha}=(E-C_1)\beta^*+(-C_1-C_3+F)(1-\beta^*)-E\beta^*+C_3(1-\beta^*)$$
$$=-C_1+F-F\beta^*=0 \quad (3.3.5)$$

$$\frac{\partial U_J}{\partial\beta}=S_2\alpha^*-(S_2+S_1-C_2-C_4-F)\alpha^*+S_2(1-\alpha^*)-(S_2+S_1-C_2)(1-\alpha^*)$$
$$=(C_4+F)\alpha^*-S_1+C_2=0 \quad (3.3.6)$$

可得：

$$\begin{cases}\alpha^*=\dfrac{S_1-C_2}{C_4+F}\\ \beta^*=\dfrac{F-C_1}{F}\end{cases} \quad (3.3.7)$$

此时得到该博弈的混合纳什均衡策略为：

$$\begin{cases}P^*=(\dfrac{S_1-C_2}{C_4+F},\dfrac{C_4+F-S_1+C_2}{C_4+F})\\ Q^*=(\dfrac{F-C_1}{F},\dfrac{C_1}{F})\end{cases} \quad (3.3.8)$$

对于国家而言，如果$\beta < \frac{F-C_1}{F}$，国家将会选择“监督”；反之，如果$\beta > \frac{F-C_1}{F}$，国家将会选择“不监督”。只有当$Q = Q^*$即（3.3.8）式成立时国家会选择混合战略，此时“监督”和“不监督”收益无差异，即在$\beta = \frac{F-C_1}{F}$时

$$U_G(\text{不监督},\beta^*) = U_G(\text{监督},\beta^*) \tag{3.3.9}$$

对于军队而言，如果$\alpha < \frac{S_1 - C_2}{C_4 + F}$，军队将会选择“寻租”，如果$\alpha > \frac{S_1 - C_2}{C_4 + F}$，军队将会选择“不寻租”。只有当$P = P^*$即公式（3.3.8）成立时军队会选择混合战略，此时“寻租”和“不寻租”收益无差异，即在$\alpha = \frac{S_1 - C_2}{C_4 + F}$时

$$U_J(\text{不寻租},\alpha^*) = U_C(\text{寻租},\alpha^*) \tag{3.3.10}$$

3.3.2.3 博弈结论总结

根据我国国防费资源统筹配置博弈模型的均衡条件，其帕累托最优化均衡结果应当是国家不监督，军队不寻租。但是军队作为理性的经济人，是否产生寻租行为并不是其所关注的重点，军队只追求自身利益是否能够达到最大化。因此，若要求在国防费资源统筹配置中军队不去寻租，则需要国家和军队通过一定的行为准则来调节各自的活动，从而使得该方案能够为双方所接受。基本结论如下：

（1）依据第①种、第②种纯策略纳什均衡结果，如果$S_2 < S_2 + S_1 - C_2 - C_4 - F$时军队具有占优策略为“寻租”，此时军队只会通过寻租行为来获取更多的国防费拨款。只有当国家采取一定的措施使得$S_2 > S_2 + S_1 - C_2 - C_4 - F$，即$S_1 - C_2 - C_4 - F < 0$时，此时军队因寻租行为遭受的损失（国家收取罚金、军队名誉损失）和军队寻租成本之和大于军队寻租而得到的现实收益，军队才具有不去寻租的主观意愿。为满足这一条件，博弈双方的行为准则要求：国家应当加大对军队寻租行为的罚金F，同时对于军队的寻租行为进行通报和批评，加大宣传力度，提高相关人员对于寻租行为危害性的认识，以此为戒（此举能够提高C_4）；加强对军队和国家政府部门工作人员的廉政教育，

对和军方进行寻租合谋的人员进行严厉惩罚，提高军队的寻租成本 C_2，加强国防费资源统筹配置的正规化管理，压缩军队寻租行为可获取收益的空间，降低 S_1；军队应当配合国家的相关工作，认识寻租的短视效应，加强对军队相关人员的教育，提高对寻租行为危害性的认识，自觉规范行为，减少寻租发生。

（2）依据第③种、第④种纯策略纳什均衡结果，如果 $S_2 > S_2 + S_1 - C_2$，军队具有占优策略“不寻租”。此时，军队作为理性经济人，必然会主动不去寻租。当然，国家也无须“监督”，这也是最优化最理想的一种博弈均衡结果。但是，由于现阶段我国在国防费资源统筹配置的管理体制、运行机制、手段方法等方面都存在明显的不足，无法通过良好的制度体系来自觉规范军队的寻租行为，军队寻租仍有很大的获利空间，即 $S_1 \geqslant C_2$，如不采取强制手段必然导致寻租行为大行其道，损害国家利益。此时必然要求国家采取“监督”措施，强制军队不去寻租。由于国家监督存在监督成本，因此若要维持国家长期有效的“监督”，则必须满足 $-C_1 - C_3 + F > -C_3$，即 $F > C_1$，要求国家进行监督的成本小于罚金的收益。博弈双方的行为准则要求：国家应当通过加大对军队惩罚力度来促进自身愿意去进行监督，军队应该认清国家政策形势，自觉减少寻租行为发生。

（3）依据混合策略纳什均衡结果，对军方而言，当 $\beta < \frac{F - C_1}{F}$，国家才会选择“监督”，意味着 $\frac{F - C_1}{F}$ 越大越好，$\frac{F - C_1}{F}$ 越大则国家采取监督措施的可能性就越大，因此可以通过增大 F 和减少 C_1 两种途径实现；对军队而言，当 $\alpha > \frac{S_1 - C_2}{C_4 + F}$，军队才会选择“不寻租”策略，意味着 $\frac{S_1 - C_2}{C_4 + F}$ 越小越好，因此可以通过增大 C_2、C_4、F 和减少 S_1 四种途径实现。博弈双方的行为准则要求：国家应当加大对军队寻租时的罚金，军队应该认清国家政策形势，自觉减少寻租行为发生。

（4）由第（3）条结论，我们发现罚金 F 其实是一把“双刃剑”，F 值过高或过低都会对博弈结果产生不利影响。换个思考角度，假设军队主动不去寻租时国家能够给予适当奖励 K，此时

$$\alpha^* = \frac{S_1 - C_2}{C_4 + F} \Rightarrow \alpha^{**} = \frac{S_1 - C_2}{C_4 + F + K} \tag{3.3.11}$$

显然 $\alpha^{*} > \alpha^{**}$，因此可以通过调控奖励大小来增加军队自觉减少寻租行为的积极性，说明引入奖励比单纯惩罚更有效。

3.4　对我国国防费资源统筹配置的启示

3.4.1　对资源统筹配置的研究思路的启发

由于受制于不同的国情和军情约束，在借鉴美国采用 PPBE 系统来统筹配置国防费资源的先进经验时，需要结合我国的现有国情、军情特点和国防建设体制进行分析。它山之石，可以攻玉。研究 PPBE 有利于我们重新整理思路，理顺资源统筹配置的主要矛盾关系，对于我国开展国防费资源统筹配置研究具有很好的思路启发。

我国国防费资源统筹配置研究应当遵循的指导思想是：以科学发展观习近平新时代中国特色社会主义思想为指导，以新时期军事战略方针为统揽，以提高国防费资源统筹配置军事经济效益为目标，按照“军事战略牵引军事能力需求，军事能力需求主导军事任务项目，军事任务项目生成资源配置方案”的总体思路，建立健全国防费资源统筹配置运行机制，选择科学合理的国防费资源规模测算与结构优化方法，调整机构、明确职责、理顺关系，加快构建以中国特色“规划、计划、预算和执行系统”为核心的资源统筹配置管理体系。

我国国防费资源统筹配置研究应当坚持的基本原则包括：

（1）集中统一，战略统筹

国防费资源统筹配置是一项十分复杂的系统工程，直接影响到我军使命任务的完成和核心军事能力的提高，必须实施高层统揽、战略统筹。要通过建立高度统一、权威高效的领导管理机构，配套相关法规制度，强化顶层设计和宏观调控，统筹好国防费资源的规模与结构，科学预测国防费资源的规模总量，控制国防费资源总体布局的投向与投量，实现对国防费资源统筹配置效益的最大化。

（2）战略牵引，需求主导

战略牵引和需求主导是PPBE系统的重要特点，也是我军在国防费资源统筹配置过程中需要学习借鉴的重要内容。根据我们国家和军队长远规划的战略方针目标，牵引我军军事能力需求生成，最大限度地发挥军事能力需求在国防费资源配置之间的主导作用（包括结合军事能力需求制定中期和年度计划，将计划分解为可执行的军事任务项目，以军事任务项目为基础进行国防预算分配），实现国防费资源从宏观到中观再到微观，从战略到战役再到战术，从规划到计划再到预算的形态转换，完成资源统筹配置的层级下沉和转化落地，确保资源统筹配置过程中各种关系、层级的内在一致性。

（3）突出重点，综合平衡

由于国防费资源的稀缺性特点，决定了我国国防费资源的供需矛盾是资源统筹配置的基本矛盾。为更好地实现资源统筹配置效益，则应当对部队建设的重点环节和一般环节，优势环节和薄弱环节，进行全面的梳理与考察。在资源统筹分配上，充分考虑人力、物力、技术、环境等其他要素的影响，突出军队建设的主要战略方向、重点建设工程和重点保障对象，对于经费投入和效益产出差别不大，军事经济效益存在较大替代性的重叠项目，则应通过综合平衡进行慎重选择，使有限的资源形成向战斗力聚焦的“拳头”。同时，在保障重点的基础上兼顾一般，确保国防费资源统筹配置能够突出重点、综合平衡。

（4）科学管理，注重效益

要着眼于国防费资源使用效益最大化，就要充分发挥系统工程理论在资源统筹配置过程中的引领作用，将经济学、管理学、运筹学、统计学和信息化技术工具进行系统融合，形成适合我国国情、军情特点的一整套国防费资源统筹配置管理理论与方法，有效开展对国防费资源统筹配置的综合筹划、科学决策、系统论证、全程监督。在规划计划阶段，要依托军民融合基础建设，加强军地资源一体化筹划和论证工作，把国防费资源统筹配置纳入科学化、标准化轨道，实现资源统筹配置由传统“投入约束型”向“效益导向型”转变；在预算执行阶段，加强国防费使用阶段的效益管理，加强使用监督，建立科学经费使用效益评估指标体系，规范经费使用效益评估方法和程序，提高对经费使用的过程管理。

3.4.2　资源统筹配置的研究切入点分析

在 3.2 节中，分析总结了当前我国国防费资源统筹配置存在矛盾和问题。在 3.3 节中，利用博弈模型解释了我国国防费资源统筹配置出现问题的深层次原因。关于如何解决资源统筹配置中出现的矛盾和问题，则是本节需要讨论的问题，其关键是切入点选择。

从我国国防费资源统筹配置问题的具体表现上看，顶层规划设计不足属于制度层面的问题，运行机制不够健全属于机制层面的问题，方法手段有待完善属于技术层面的问题。制度建设是前提，机制建立是条件，技术方法是核心。从目前情况看，虽然我国国防费资源统筹配置在制度建设、机制建立和技术方法三个层面均存在不足，但是随着当前军队改革的持续深入推进，现有的相关机构，如中央军委战略规划办公室和中央军委审计署，正在逐步解决国防费统筹配置制度建设和机制建立中的有关问题，并且随着时间的推移，相关制度和机制必将在实际工作中进一步完善。因此，技术方法问题就成为制约国防费资源统筹配置有效性的短板，开展针对国防资源统筹配置的技术方法研究显得尤为重要。基于以上分析，本书选择将如何设计科学合理的国防费资源统筹配置技术方法作为开展研究的切入点。

3.4.3　资源统筹配置的模型原理设计

我国国防费资源统筹配置模型采取分段设计思想，运用两段式模型来进行国防费资源统筹配置大系统的完整设计。具体的模型原理设计图如图 3.5 所示。

图 3.5 中，国防费资源统筹配置主模型分为两个阶段，一阶段为资源统筹阶段，二阶段为资源配置阶段。在统筹阶段，建立国防费规模决定子模型，通过国防费数据特征规律分析，建立组合预测模型来科学预测国防费的最优规模，并结合影响因素分析来动态研究国防费在受到影响因素干扰时的发展趋势和状态变化；在配置阶段，建立国防费结构决定子模型，通过确立合适的目标函数与约束条件，计算最优的配置方案，明确国防费配置结构中经费的投量、投向，科学确定各部分之间的比例关系，确保目标函数最大化。在

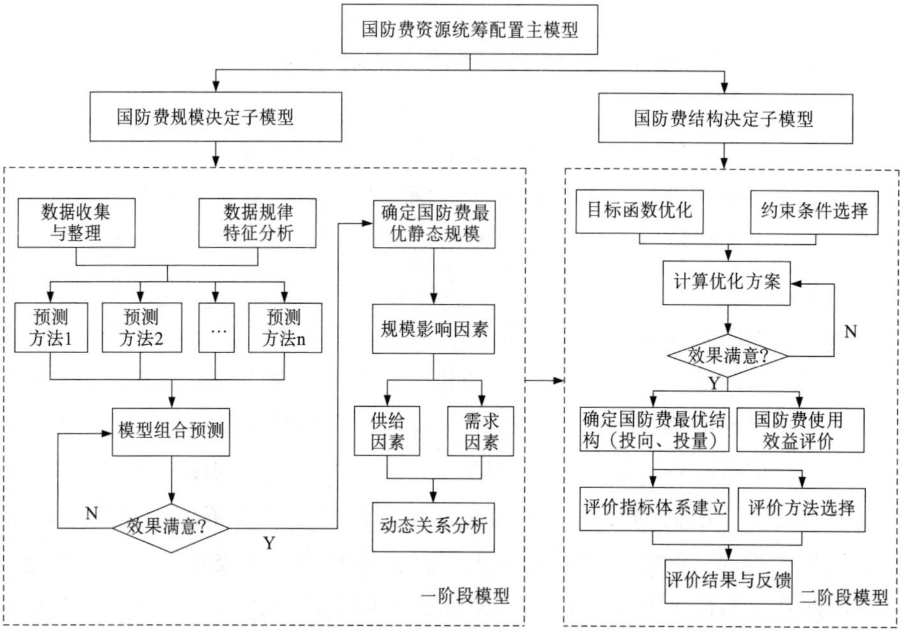

图 3.5　国防费资源统筹配置模型原理设计图

此基础上，对国防费配置方案的经费使用情况进行绩效评价，给出有益的结论与反馈，形成系统闭环。

3.5　本章小结

本章通过研究美国国防费资源统筹配置机制——PPBE 系统的运行全过程，分析其在资源配置过程中的机制特点，针对我国国防费资源统筹配置的现有问题，结合博弈理论剖析了我国国防费资源统筹配置问题由来的深层次原因，进而对我国国防费资源统筹配置产生有益的启示。

首先，详细阐释了美国 PPBE 系统的由来和演进过程，按照规划阶段、计划阶段、预算阶段、执行阶段的具体任务要求，分析了各阶段的主要工作和文件成果。其次，总结了 PPBE 系统所具有的战略牵引、需求主导、全局统筹、动态调整、全程监控等机制优点，对比我国国防费资源配置当下存在的顶层设计规划不足、运行机制亟须健全、方法手段有待完善等矛盾问题，明确了资源统筹配置改进方向。接着，基于非合作博弈理论，建立国防费资源统筹配置博弈模型，分析了我国国防费资源统筹配置问题产生的深层次经济理论根源。最后，提出了关于改进我国国防费资源统筹配置的应当遵循的指导思想和基本原则，选择了将设计科学合理的国防费资源统筹配置技术方法作为研究切入点，并绘制了资源统筹配置主模型结构原理图，确立了研究的方向、步骤和环节。

本章属于承前启后的章节，本章前面重点研究理论，本章后面重点研究方法，从而实现理论与实践的统一。

第 4 章 我国国防费资源统筹规模的静态预测

国防费资源统筹配置的第一个阶段是统筹阶段，重点解决当前学术研究中国防费资源统筹规模预测与变化研究不够深入的问题。该阶段的主要任务是采用科学的方法，分析历年来我国国防费资源数据变化总体趋势，准确预测我国未来年份国防费资源的统筹规模总量。本节研究基于以下假设进行展开：国防费资源规模的增长变化只受到自身时间序列趋势性的影响，其他外界影响因素对国防费资源规模总量影响有限忽略不计，或其他外界影响因素在较长时间内影响作用均衡且相对稳定，其影响作用已经体现在国防费资源规模序列的趋势性之中，因此只需通过研究国防费时间序列的趋势特征即可得到科学的规模预测。这也是本章标题中“静态”一词的真实含义。

纵观新中国成立以来的历年国防费统计数据，不难发现，我国国防费资源规模总量的整体趋势是在不断增长的，具体情形如图 4.1 所示。

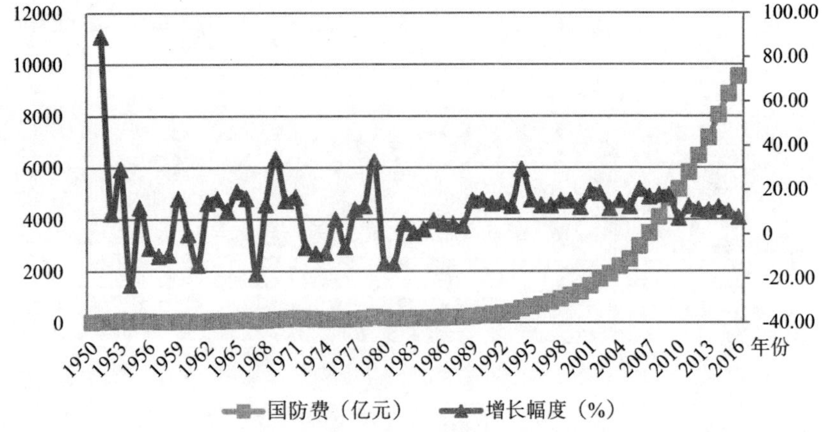

图 4.1 1950～2016 年我国国防费规模总量与增长幅度折线图

图 4.1 反映了我国国防费的年度支出情况。显然，自 20 世纪 90 年代开始，我国国防费规模得到快速增长，特别是 2000 年之后，国防费每年的绝对增长量呈现近似直线的上升趋势。与此同时，我国国防费规模的增长幅度相对稳定，仅在 1994 年达到近 30 年的最大值 29%，其他年份我国国防费增长幅度均在 10% 左右浮动，这与之前年份的数据规律有着很大的差别。由此可见，我国国防费的规律特征是在不断动态变化的，需要认真对待、分析和总结。如何准确把握我国国防费的内在规律，科学预判国防费未来的规模发展趋势，是本章所要回答的问题。

4.1　国防费数据的经济学特征与模型选择

4.1.1　经济时序特征

国防费是军队建设资源的总分配器，是军队保障力、战斗力得以生成和维系的源泉。国防费资源规模通常以年度国防费支出（或国防支出）的形式体现，而国防费作为国家财政支出的一项主要的非生产性支出，属于宏观经济数据范畴，与国家经济发展水平密切相关。

在复杂经济系统当中，时间序列下的经济数据容易受到外界噪声影响，而呈现出非平稳性、随机性等复杂特征。自 20 世纪 70 年代以来，现代计量经济学发展迅速，计量模型的出现，为准确预测、刻画经济数据的变化特征提供了有效手段。按照这一理论，将复杂经济系统中具有时序性特征的国防费支出作为国防经济研究领域的重要经济变量，容易受到环境噪声的随机扰动而呈现出非平稳非线性的数据信息特征，使得古典假设条件失效，并引发数据观测失真和预测误差放大等负面效应。为有效消除这些负面效应，通常需要结合协整检验、参数诊断与波动模型[106]等理论工具进行国防费经济数据动态特征追踪与描述。在此基础上，可以结合现代计量经济模型[107-110]和组合预测理论，实现对国防费规模的科学预测。

4.1.2 国防费预测模型选择

显然，预测模型的选择应当以适合国防费数据经济时序特征为前提。鉴于此，本章提出采用具有适合饱和状态单峰或 S 形序列的非线性小样本残差 G－Verhulst 计量组合预测模型，以国防费为研究对象，对非线性小样本残差时间序列的预测精度方法进行改进。与此同时，选择带有精英策略且广泛应用于函数组合优化、人工智能控制等领域的改进遗传算法[111]，对小样本非线性残差 G－Verhulst 计量组合预测模型进行动态赋权，进一步提高模型整体预测精度。在对比传统建模预测方法的基础上，进行实证研究并给出满意的预测结论。

4.2 非线性残差 G－Verhulst 模型的建立

Verhulst 模型[112]德国生物数学家 Verhulst 于 1837 年提出的一种生物生长模型，是在 Malthusian 线性模型基础上叠加制约项后，而逐渐演变成的非线性模型，该模型对于数据分布特征要求较高，具有一定的使用局限性。基于灰色系统理论和 Verhulst 模型结合而产生的 G－Verhulst 模型，则通过放宽使用条件，极大地提高了模型稳定性，广泛地应用于经济、社会和科学技术等众多领域的预测，特别是针对非平稳多变量非线性系统结构进行预测时，与传统 $GM(1,1)$ 和 $GM(1,N)$ 模型相比数据规律描述更准确，建模误差小，优越性明显。随着组合预测理论的发展，为追求更高精度预测效果，预测研究的重点转向残差分析领域。基于此，构建与现实复杂经济系统特征高度吻合的非线性残差 G－Verhulst 模型，利用灰色系统预测贫信息、小样本的优势，挖掘残差隐藏信息，能够进一步提高预测精度，增强模型稳定性与延展性。

4.2.1 模型定义

定义 1 设 $Y=(y(1),y(2),\cdots,y(n))$ 是一个非平稳时间序列，将该非平

稳时间序列记为 $Y=\{y(t),t=1,2,\cdots,n\}$，$\forall y(t)\in y\Rightarrow t\in T=\{1,2,\cdots,n\}$，若存在 $t^{*}\in T$，有 $y(t^{*})>y(t)$，$t\in\{1,\cdots,t^{*}-1\}\cup\{t^{*}+1,\cdots,n\}$，则称 Y 为以 $y(t^{*})$ 为峰点的非平稳单峰序列。

定义 2　令 $Y^{(0)}$ 为符合定义 1 的原始序列观测值，有 $Y^{(0)}=[y^{(0)}(1),y^{(0)}(2),\cdots,y^{(0)}(n)]$，$\widehat{Y}^{(0)}$ 为某计量模型预测值，有 $\varepsilon^{(0)}=Y^{(0)}-\widehat{Y}^{(0)}$ 为非线性残差序列。$\exists\,\varepsilon^{(0)}(t^{*})<\varepsilon^{(0)}(t)$，$t\in\{1,\cdots,t^{*}-1\}\cup\{t^{*}+1,\cdots,n\}$，有 $\varepsilon_{\min}^{(0)}=\varepsilon^{(0)}(t^{*})$，记 $\eta^{(0)}(t)=\varepsilon^{(0)}(t)+|\varepsilon_{\min}^{(0)}|$。由灰色理论知识，有 $\eta^{(1)}=AGO\eta^{(0)}$，$Z^{(1)}=MEAN\eta^{(1)}$，即：

$$\eta^{(0)}=(\eta^{(0)}(1),\eta^{(0)}(2),\cdots,\eta^{(0)}(n))$$

$$\eta^{(1)}=(\eta^{(1)}(1),\eta^{(1)}(2),\cdots,\eta^{(1)}(n))$$

$$Z^{(1)}=(z^{(1)}(1),z^{(1)}(2),\cdots,z^{(1)}(n))$$

称模型 $\eta^{(0)}(t)+az^{(1)}(t)=b\,[z^{(1)}(t)]^{\alpha}$ 为非线性残差灰色幂模型，记为 $GM(1,1,\alpha)$；特殊的，当 $\alpha=2$ 时，称 $\eta^{(0)}(t)+az^{(1)}(t)=b\,[z^{(1)}(t)]^{2}$ 为非线性残差 G－Verhulst 模型，其中 a 为发展系数，b 为灰色作用量。

4.2.2　模型求解与参数估计

定理 1　对于非线性残差 G－Verhulst 模型 $\eta^{(0)}(t)+az^{(1)}(t)=b\,[z^{(1)}(t)]^{2}$，有白化模型为 $\frac{d\eta^{(1)}}{dt}+a\eta^{(1)}=b\,(\eta^{(1)})^{2}$，白化响应式为 $\widehat{\eta}^{(1)}(t+1)=\dfrac{\frac{a}{b}}{1+\left[\frac{a}{b\eta^{(0)}(1)}-1\right]e^{at}}$。

证明　由灰色理论知识，仿照 $GM(1,1)$ 的白化模型与定义型关系，容易得到非线性残差 G－Verhuls 白化模型与定义式的关系。下面重点证明非线性残差 G－Verhulst 模型白化响应式。

由
$$\frac{d\eta^{(1)}}{dt}+a\eta^{(1)}=b\,(\eta^{(1)})^{2}\Rightarrow\frac{d\eta^{(1)}}{b\,(\eta^{(1)})^{2}-a\eta^{(1)}}=dt,$$

两边取积分：

$$-\int_{\eta^{(1)}(t_0)}^{\eta^{(1)}(t)}\frac{d\eta^{(1)}(t)}{a\eta^{(1)}(t)-b\,[\eta^{(1)}(t)]^{2}}=\int_{t_0}^{t}dt=t-t_0,$$

左边按部分分式分解，得：

$$-\int_{\eta^{(1)}(t_0)}^{\eta^{(1)}(t)}\frac{d\eta^{(1)}(t)}{a\eta^{(1)}(t)-b[\eta^{(1)}(t)]^2}=-\frac{1}{a}\int_{\eta^{(1)}(t_0)}^{\eta^{(1)}(t)}(\frac{1}{\eta^{(1)}(t)}+\frac{b}{a-b\eta^{(1)}(t)})d\eta^{(1)}(t)$$

$$=-\frac{1}{a}\int_{\eta^{(1)}(t_0)}^{\eta^{(1)}(t)}\frac{d\eta^{(1)}(t)}{\eta^{(1)}(t)}-\frac{1}{a}\int_{\eta^{(1)}(t_0)}^{\eta^{(1)}(t)}\frac{d(\frac{a}{b}-\eta^{(1)}(t))}{(\frac{a}{b}-\eta^{(1)}(t))}=-\frac{1}{\mathrm{a}}\left[\ln\frac{\eta^{(1)}(t)}{\eta^{(1)}(t_0)}-\ln\frac{\frac{a}{b}-\eta^{(1)}(t)}{\frac{a}{b}-\eta^{(1)}(t_0)}\right]$$

$$=-\frac{1}{a}\left\{\ln\frac{\eta^{(1)}(t)}{\eta^{(1)}(t_0)}\left[\frac{\frac{a}{b}-\eta^{(1)}(t_0)}{\frac{a}{b}-\eta^{(1)}(t)}\right]\right\}=t-t_0,$$

故有：

$$\frac{\eta^{(1)}(t)}{\eta^{(1)}(t_0)}\left[\frac{\frac{a}{b}-\eta^{(1)}(t_0)}{\frac{a}{b}-\eta^{(1)}(t)}\right]=e^{-a(t-t_0)},$$

$$\frac{a}{b}\eta^{(1)}(t)-\eta^{(1)}(t)\eta^{(1)}(t_0)=[\frac{a}{b}\eta^{(1)}(t_0)-\eta^{(1)}(t)\eta^{(1)}(t_0)]e^{-a(t-t_0)},$$

$$\eta^{(1)}(t)\left[\frac{a}{b}-\eta^{(1)}(t_0)+\eta^{(1)}(t_0)e^{-a(t-t_0)}\right]=(\frac{a}{b})\eta^{(1)}(t_0)e^{-a(t-t_0)},$$

将 $\eta^{(1)}(t)$ 记为 $\widehat{\eta}^{(1)}(t)$ 有：

$$\widehat{\eta}^{(1)}(t)=\frac{\frac{a}{b}\eta^{(1)}(t_0)e^{-a(t-t_0)}}{\frac{a}{b}-\eta^{(1)}(t_0)+\eta^{(1)}(t_0)e^{-a(t-t_0)}}=\frac{\frac{a}{b}}{\frac{\frac{a}{b}-\eta^{(1)}(t_0)}{\eta^{(1)}(t_0)e^{-a(t-t_0)}}+1}$$

$$=\frac{\frac{a}{b}}{\left[\frac{a}{b\eta^{(1)}(t_0)}-1\right]e^{-a(t-t_0)}+1}$$

取 $t_0=1,t=t'+1$，有 $\widehat{\eta}^{(1)}(t'+1)=\dfrac{\frac{a}{b}}{1+\left[\frac{a}{b\eta^{(0)}(1)}-1\right]e^{at'}}$，证毕。

定理 2 令标准化后非负残差序列 $\eta^{(0)}$ 为近似非平稳单峰型序列，有 $\eta^{(1)}=AGO\eta^{(0)}$，$z^{(1)}=MEAN\eta^{(1)}$，$\eta^{(0)}=[\eta^{(0)}(1),\eta^{(0)}(2),\cdots,\eta^{(0)}(n)]$，

$\eta^{(1)}=[\eta^{(1)}(1),\eta^{(1)}(2),\cdots,\eta^{(1)}(n)]$，$Z^{(1)}=[z^{(1)}(1),z^{(1)}(2),\cdots,z^{(1)}(n)]$，有关于 $\eta^{(0)}$ 的 G－Verhulst 模型 $\eta^{(0)}(t)+az^{(1)}(t)=b[z^{(1)}(t)]^2$ 的参数估计向量 $P=(a,b)=(A,B,C,D,E)$，$a=\frac{AE-DB}{CD-A^2},b=\frac{CE-AB}{CD-A^2}$。其中，$A=\sum_{t=2}^{n}z^{(1)}(t)^3$，$B=\sum_{t=2}^{n}z^{(1)}(t)\eta^{(0)}(t)$，$C=\sum_{t=2}^{n}z^{(1)}(t)^2$，$D=\sum_{t=2}^{n}z^{(1)}(t)^4$，$E=\sum_{t=2}^{n}z^{(1)}(t)^2\eta^{(0)}(t)$。

证明　G－Verhulst 模型定义式 $\eta^{(0)}(t)+az^{(1)}(t)=b[z^{(1)}(t)]^2$，以 $t=2$，$3\cdots,n$ 中的 $\eta^{(0)}(t),z^{(1)}(t)$ 代入有：

$$\eta^{(0)}(2)+az^{(1)}(2)=b[z^{(1)}(2)]^2,$$
$$\eta^{(0)}(3)+az^{(1)}(3)=b[z^{(1)}(3)]^2,$$
$$\vdots$$
$$\eta^{(0)}(n)+az^{(1)}(n)=b[z^{(1)}(n)]^2,$$

上式整理后有：

$$\eta^*=GP$$

$$G=\begin{bmatrix}-z^{(1)}(2) & z^{(1)}(2)^2\\ -z^{(1)}(3) & z^{(1)}(3)^2\\ \vdots & \vdots\\ -z^{(1)}(n) & z^{(1)}(n)^2\end{bmatrix},\ \eta^*=\begin{bmatrix}\eta^{(0)}(2)\\ \eta^{(0)}(3)\\ \vdots\\ \eta^{(0)}(n)\end{bmatrix},\ P=\begin{bmatrix}a\\ b\end{bmatrix},$$

由最小二乘准则得：

$$P=(G^TG)^{-1}G^T\eta^*$$

$$G^TG=\begin{bmatrix}-z^{(1)}(2) & -z^{(1)}(3) & \cdots & -z^{(1)}(n)\\ z^{(1)}(2)^2 & z^{(1)}(3)^2 & \cdots & z^{(1)}(n)^2\end{bmatrix}\cdot\begin{bmatrix}-z^{(1)}(2) & z^{(1)}(2)^2\\ -z^{(1)}(3) & z^{(1)}(3)^2\\ \vdots & \vdots\\ -z^{(1)}(n) & z^{(1)}(n)^2\end{bmatrix}$$

$$=\begin{bmatrix}\sum_{t=2}^{n}z^{(1)}(t)^2 & -\sum_{t=2}^{n}z^{(1)}(t)^3\\ -\sum_{t=2}^{n}z^{(1)}(t)^3 & \sum_{t=2}^{n}z^{(1)}(t)^4\end{bmatrix}$$

$$\therefore (G^TG)^{-1}=\begin{bmatrix}C & -A\\ -A & D\end{bmatrix}^{-1}=\frac{1}{CD-A^2}\begin{bmatrix}D & A\\ A & C\end{bmatrix}$$

又 $G^T\eta^* = \begin{bmatrix} -z^{(1)}(2) & -z^{(1)}(3) & \cdots & -z^{(1)}(n) \\ z^{(1)}(2)^2 & z^{(1)}(3)^2 & \cdots & z^{(1)}(n)^2 \end{bmatrix} \cdot \begin{bmatrix} \eta^{(0)}(2) \\ \eta^{(0)}(3) \\ \vdots \\ \eta^{(0)}(n) \end{bmatrix}$

$$= \begin{bmatrix} -\sum_{t=2}^{n} z^{(1)}(t)\eta^{(0)}(t) \\ -\sum_{t=2}^{n} z^{(1)}(t)^2\eta^{(0)}(t) \end{bmatrix} = \begin{bmatrix} -B \\ E \end{bmatrix},$$

$\therefore P = \begin{bmatrix} a \\ b \end{bmatrix} = (G^TG)^{-1}G^T\eta^* = \dfrac{1}{CD - A^2}\begin{bmatrix} D & A \\ A & C \end{bmatrix}\begin{bmatrix} -B \\ E \end{bmatrix} = \begin{bmatrix} \dfrac{AE - DB}{CD - A^2} \\ \dfrac{CE - AB}{CD - A^2} \end{bmatrix}$，证毕。

4.3 EGA 算法与计量组合预测

4.3.1 国防费计量组合预测问题的数学描述

假设国防费规模预测问题可用 m 种不同的计量模型进行预测。由定义 1 知 $Y = \{y(t), t = 1, 2, \cdots, n\}$ 为 n 维实际观测值，令 $f_i(t)$ 为由第 i 种计量模型预测得到的第 t 个预测值，σ_i 为第 i 种计量模型的权重，$E_i(t) = y(t) - f_i(t)$ 为第 i 种计量模型预测得到的第 t 个预测值的残差。由 m 种计量模型构成的计量组合预测模型为：

$$y(t) = \sum_{i=1}^{m} \sigma_i f_i(t) + E(t)\ (t = 1, 2, \cdots, n; i = 1, 2, \cdots, m) \tag{4.3.1}$$

公式（4.3.1）中，$E(t)$ 为 m 种计量模型组合预测得到的第 t 个预测值的残差。

4.3.2　用 EGA 确定组合权系数

应用精英遗传算法（Elitist Genetic Algorithm，即 EGA）求出组合权系数 σ_i 的最优值，可得到最优组合预测模型。设 $\hat{\sigma}_i$ 为权系数的估计值，$\hat{y}(t)$ 为组合预测值。则：

$$\hat{y}(t) = \sum_{i=1}^{m} \hat{\sigma}_i f_i(t) \tag{4.3.2}$$

为确定最优组合权系数 $\hat{\sigma}_i$，通常利用某种组合预测评价准则，常用的有：

准则 1　均方误差（mean square error，即 MSE）最小准则，即确定参数 $\hat{\sigma}_1, \hat{\sigma}_2, \cdots, \hat{\sigma}_m$ 使下面函数最小。

$$\begin{aligned} S_1 &= \frac{1}{n} \sum_{t=1}^{n} [y(t) - \hat{y}(t)]^2 \\ &= \frac{1}{n} \sum_{t=1}^{n} \{y(t) - [\hat{\sigma}_1 f_1(t) + \hat{\sigma}_2 f_2(t) + \cdots + \hat{\sigma}_m f_m(t)]\}^2 \end{aligned} \tag{4.3.3}$$

准则 2　平均绝对误差（mean absolute error，即 MAE）最小准则，即确定参数 $\hat{\sigma}_1, \hat{\sigma}_2, \cdots, \hat{\sigma}_m$ 使下面函数最小。

$$S_2 = \frac{1}{n} \sum_{t=1}^{n} |y(t) - \hat{y}(t)| = \frac{1}{n} \sum_{t=1}^{n} |y(t) - [\hat{\sigma}_1 f_1(t) + \hat{\sigma}_2 f_2(t) + \cdots + \hat{\sigma}_m f_m(t)]| \tag{4.3.4}$$

准则 3　平均绝对相对误差（mean absolute percent error，即 MAPE）最小准则，即确定参数 $\hat{\sigma}_1, \hat{\sigma}_2, \cdots, \hat{\sigma}_m$ 使下面函数最小。

$$S_3 = \frac{1}{n} \sum_{t=1}^{n} \left| \frac{y(t) - \hat{y}(t)}{y(t)} \right| = \frac{1}{n} \sum_{t=1}^{n} \left| \frac{y(t) - [\hat{\sigma}_1 f_1(t) + \hat{\sigma}_2 f_2(t) + \cdots + \hat{\sigma}_m f_m(t)]}{y(t)} \right| \tag{4.3.5}$$

准则 4　泰尔（THEIL）系数最小准则，Theil 系数总是介于 0 ~ 1 之间，泰尔系数越小，表明拟合值与实际值的差异越小，预测的精度越高，即确定参数 $\hat{\sigma}_1, \hat{\sigma}_2, \cdots, \hat{\sigma}_m$ 使下面函数最小。

$$S_4 = \frac{\sqrt{n^{-1} \sum_{t=1}^{n} [y(t) - \hat{y}(t)]^2}}{\sqrt{n^{-1} \sum_{t=1}^{n} y(t)^2} \sqrt{n^{-1} \sum_{t=1}^{n} \hat{y}(t)^2}}$$

$$= \frac{\sqrt{n^{-1}\sum_{t=1}^{n}\{y(t)-[\hat{\sigma}_1 f_1(t)+\hat{\sigma}_2 f_2(t)+\cdots+\hat{\sigma}_m f_m(t)]\}^2}}{\sqrt{n^{-1}\sum_{t=1}^{n}y(t)^2}\sqrt{n^{-1}\sum_{t=1}^{n}[\hat{\sigma}_1 f_1(t)+\hat{\sigma}_2 f_2(t)+\cdots+\hat{\sigma}_m f_m(t)]^2}} \tag{4.3.6}$$

实际决策时采用多种准则组合的方式进行精英遗传算法赋权，由于各准则标准不同，故属于典型 NP 完全问题，对 NP 完全问题进行组合预测研究，可转化为：

$$\begin{aligned} &\min\varphi = \varphi(S_1, S_2, \cdots, S_4) \\ &\text{s. t.} \ \sum_{i=1}^{m}\sigma_i = 1 \\ &1 \geqslant \sigma_i \geqslant 0 \\ &i = 1, 2, \cdots, m \end{aligned} \tag{4.3.7}$$

其中，$\varphi(S_1, S_2, \cdots, S_4)$为目标函数，$S_1, S_2, \cdots, S_4$ 分别代表准则 1 ~ 准则 4。由于负权系数的实际意义不够明确，故权系数 σ_i 要求必须为正数。

4.3.3 EGA 优化算法程序设计

精英遗传算法（EGA）[113-114]是一种将标准遗传算法（SGA）与精英选择策略有机结合而形成的新型改进智能算法。研究表明[115]，SGA 的交叉、选择算子对高阶长距模式具有不可逆转的破坏作用，容易使最优个体发生丢失，并随着进化迭代而反复出现，将导致 SGA 不具有全局收敛性。而 EGA 具有全局收敛性，精英选择策略能够有效克服 SGA 由于最优个体丢失而导致的计算收敛缓慢问题，防止因陷入局部最优陷阱而出现遗传早熟现象。EGA 算法实现步骤详见图 4.2。

STEP 1：程序初始化。设定主要初始参数有种群规模 Q，精英库种群规模 Q^*，普通库种群规模 $Q-Q^*$，种群进化代数阈值 $gen_{\max}$，遗传概率 p_r，交叉概率 p_c 和变异概率 p_n。

STEP 2：产生初始种群 $P(0)$。从$[0,1]$中随机地选取 Q 个点，记作 $\sigma_i(q,0), q=1,2,\cdots,Q$，再从$[0,1-\sigma_i(q,0)]$中随机地选取 $m-1$ 个点代表组合权重初始值，记作 $\sigma_i(q,0), i=1,2,\cdots,m-1$。补充第 m 个点，令：

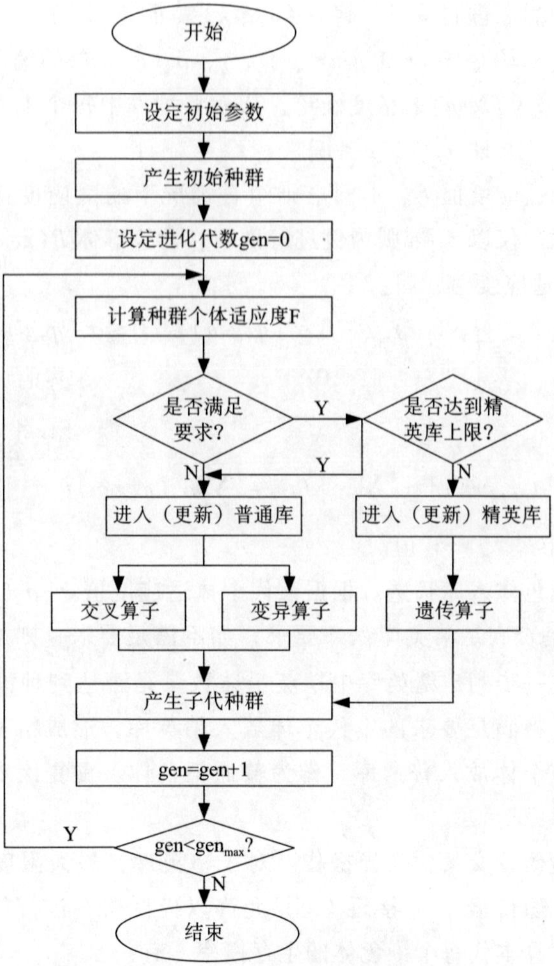

图 4.2　EGA 算法完整迭代流程图

$$\sigma_m(q,0)=1-\sum_{i=1}^{m-1}\sigma_i(q,0) \tag{4.3.8}$$

则由这些点组成初始种群 $P(0)$ 为 $Q\times m$ 矩阵，表示每代有 Q 个染色体，每个染色体有 m 个基因片段，即：

$$P(0)=\begin{bmatrix}\sigma_1(1,0) & \sigma_2(1,0) & \cdots & \sigma_m(1,0)\\ \sigma_1(2,0) & \sigma_2(2,0) & \cdots & \sigma_m(2,0)\\ \vdots & \vdots & \cdots & \vdots\\ \sigma_1(Q,0) & \sigma_2(Q,0) & \cdots & \sigma_m(Q,0)\end{bmatrix} \tag{4.3.9}$$

STEP 3：种群二进制编码。将 $\sigma_i(q,gen)$ 表示为一个二进制串，其中 gen 表示进化代数（初始令 $gen=0, gen\leqslant gen_{max}$），$\sigma_i(q,gen)$ 的编码可由 x 位二进制串构成，x 由 $\sigma_i(q,gen)$ 的精度确定，从而将种群中每个染色体的基因片段用二进制串表示，共计 m 个二进制串。

STEP 4：求适应度值 F。不同准则组合情况下的适应度计算公式有所差异，为简化处理，仅以 S_1 准则为例进行说明。计算群体 $P(gen)$ 中的每个染色体 $\sigma_i(q,gen)$ 的适应度值，即：

$$F[\sigma_i(q,gen)]=\begin{cases}\varphi(S_1)_{max}-f[\sigma_i(q,gen)] & 0\leqslant\sigma_i(q,gen)\leqslant 1\\ 0 & \text{其他}\end{cases} \tag{4.3.10}$$

其中，$F[\sigma_i(q,gen)]=\sum_{t=1}^{n}[y(t)-\sum_{i=1}^{m}\sigma_i(q,gen)f_i(t)]^2$，$\varphi(S_1)_{max}$ 为本式中 S_1 准则下最大 MSE 值。

STEP 5：染色体入库筛选。根据该代个体适应度值 $F[\sigma_i(q,gen)]$，判定 $F[\sigma_i(q,gen)]$ 是否满足精英库入库要求，如不满足要求，则放入普通库。如满足要求，则进一步判定精英库中精英个体数量是否达到种群规模 Q^* 上限，如未达到上限，将满足要求的本代个体放入精英库，形成精英染色体；如已达到上限，将该个体放入普通库，作为普通染色体。重复该步骤，直至全部染色体分拣入库完毕。

STEP 6：遗传、交叉、变异操作。对于精英库，最大限度保留父代染色体的优良特性，遗传概率 p_r 接近 1，只允许以极低概率进行单点变异。对于普通库，首先计算本代每个染色体的生存概率，有：

$$p_i^{(gen)}=\frac{F[\sigma_i(q,gen)]}{\sum_{j=1}^{Q}F[\sigma_i(j,gen)]} \tag{4.3.11}$$

采用“轮盘赌”方式选择生存染色体，确保每个个体被选到的概率为 $p_i^{(gen)}$。然后运用交叉算子 p_c 和变异算子 p_n 来进行计算迭代，最后合并操作后的精英库，产生子代种群 $P(gen+1)$。

STEP 7：迭代操作与进化终止条件。程序反复执行 STEP 4 ~ STEP 6 子步骤，并依据适应度值 F 由大到小排序，循环更新精英库及普通库。每生成子代种群，修正种群代数参数 $gen=gen+1$，当进化代数达到规定阈值 gen_{max} 时，程序终止。此时，精英库中适应度值最大的染色体即为最优组合权系数。

4.4　整体建模设计思路

在建立非线性残差 G－Verhulst 模型和基于 EGA 策略组合赋权的基础上，针对小样本非线性残差特征进行修正，给出本书整体建模设计思路。基于 EGA 策略的小样本非线性残差 G－Verhulst 计量组合预测模型的完整建模步骤详见图 4.3。

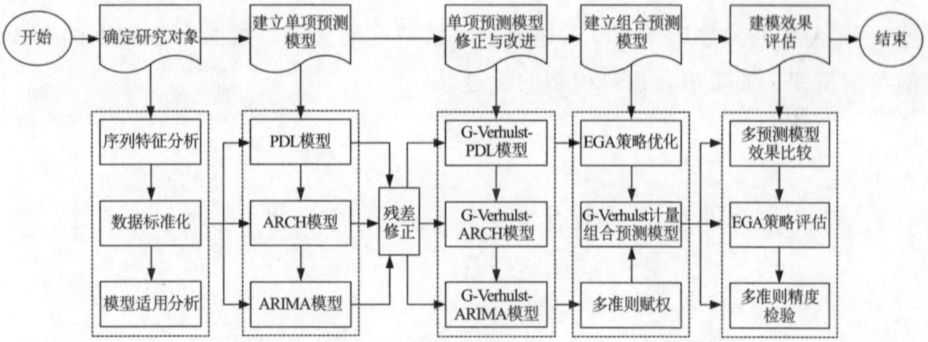

图 4.3　基于 EGA 算法的小样本非线性残差 G－Verhulst 计量组合预测建模思路

STEP 1：确定研究对象。选择待研究小样本时间序列，利用计量统计方法对其进行特征分析，包括序列的趋势性、自相关性、异方差性等，完成数据标准化工作，结合分析结论选取适用模型。

STEP 2：建立单项预测模型。按照序列表现的多形态信息特征，分别建立 PDL 模型、ARCH 模型和 ARIMA 模型等计量预测模型进行特征描述。

STEP 3：单项预测模型修正与改进。对单项预测模型进行残差分析，构建适合小样本非线性残差特点的 G－Verhulst－PDL 模型、G－Verhulst－ARCH 模型和 G－Verhulst－ARIMA 模型。基本形式为：

$$\begin{cases} G\_Verhulst\_PDL = PDL + (\varepsilon_t\_PDL) \\ G\_Verhulst\_ARCH = ARCH + (\varepsilon_t\_ARCH) \\ G\_Verhulst\_PDL = PDL + (\varepsilon_t\_PDL) \end{cases} \quad (4.4.1)$$

式中，ε_t_PDL、ε_t_ARCH 和 ε_t_PDL 为对应残差模型。

STEP 4：建立组合预测模型。采用 MSE、MAE、MAPE、THEIL 准则进行目标函数设计，构建 G－Verhulst 计量组合预测模型，运用 EGA 策略进行组合权重优化，缩短收敛时间，进一步提高预测精度。基本形式为：

$$\begin{cases} G\_Verhulst = \sigma_1 \cdot (G\_Verhulst\_PDL) + \sigma_2 \cdot (G\_Verhulst\_ARCH) \\ \qquad + \sigma_3 (G\_Verhulst\_ARIMA) \\ \sigma_1 + \sigma_2 + \sigma_3 = 1 \\ \sigma_i \geqslant 0, i = 1,2,3 \end{cases} \tag{4.4.2}$$

STEP 5：建模效果评估。比较单项预测模型与组合预测模型的预测精度，分析 EGA 策略参数选择与收敛速度、收敛精度的关系，检验多准则下的各模型预测精度，证明组合预测模型的优越性。

4.5 实证研究

4.5.1 数据来源和研究样本

本书采用我国 1978～2016 年的国防费支出作为研究样本，全部数据来源于国家统计局官方网站。为防止数据信息损失并增强数据平滑性，将原始数据进行自然对数处理，处理后得到数据样本 39 个，具有典型小样本特征。

4.5.2 实证分析

将国防费支出样本数据分为两组，1978～2011 年 32 个数据作为拟合样本，2012～2016 年 5 个数据作为预测样本。对国防费支出数据样本进行分析，考察序列的趋势性、自相关性、异方差性、波动集群性等特征，分别建立 PDL 模型、ARCH 模型和 ARIMA 模型进行单项预测。各模型表达形式及相关参数如表 4.1 所示。

表 4.1 单特征计量经济预测模型及参数估计

预测模型	参数形式	表达公式	AIC	SC	L - Statistic
PDL	$PDL(3,2)$	$\ln gff_t = -0.018 + 1.581\ln gff_{t-1} - 0.700\ln gff_{t-2} + 0.133\ln gff_{t-3} + \varepsilon_t$	-2.984	-2.799	50.25
ARCH	$ARCH(1)$	$\begin{cases} \ln gff_t = 1.339\ln gff_{t-1} - 0.327\ln gff_{t-2} + \varepsilon_t \\ \sigma_t^2 = 0.002 + 0.399\varepsilon_{t-1}^2 \end{cases}$	-2.714	-2.531	47.42
ARIMA	$ARIMA(2,1,2)$	$\begin{cases} (1-0.707L-0.048L^2)d\ln gff_t \\ = 0.147 + (1-0.871L-0.104L^2)\varepsilon_t \\ d\ln gff_t = \ln gff_t - \ln gff_{t-1} \end{cases}$	-3.433	-3.201	58.21

结果显示，各单特征计量预测模型 AIC 值和 SC 值均较小而 L - Statistic 值足够大，证明模型参数形式正确，参数估值合理。对各预测模型残差进行线性假设检验，建立残差线性方程，检验结果如表 4.2 所示。

表 4.2 残差方程与线性假设检验

残差方程	R^2	$\bar{R}^2$	t - statistic		F - statistic
			$Variable_c$	$Variable_t$	
ε_t_PDL	0.602%	-2.826%	-0.379 (0.707)	0.419 (0.678)	0.176 (0.678)
ε_t_ARCH	13.251%	10.359%	-2.427 (0.021)	2.141 (0.041)	4.583 (0.041)
ε_t_ARIMA	0.004%	-3.44%	0.085 (0.933)	0.036 (0.972)	0.001 (0.972)

由检验结果知，各残差方程的拟合优度检验均未通过，可决系数 R^2 与 $\bar{R}^2$ 均非常小，方程 ε_t_PDL、ε_t_ARIMA 基本参数检验和整体检验结论均为不显著。因此，拒绝原假设，认为各单一特征计量预测模型残差表现为非线性特征。建立非线性残差 G - Verhulst 模型，对原预测模型进行修正，相关结论见表 4.3。

表 4.3　　非线性残差 G – Verhulst 模型参数估计与误差修正

修正模型	一级参数		二级参数					修正前总误差	修正后总误差
	a	b	A	B	C	D	E		
G – Verhulst – PDL	–0.129	–0.110	10.683	0.549	13.378	9.007	0.386	1.051	0.905
G – Verhulst – ARCH	–0.119	–0.080	34.042	0.941	30.978	38.921	0.912	1.404	1.343
G – Verhulst – ARIMA	–0.102	–0.089	4.457	0.351	7.357	2.882	0.196	0.838	0.500

用 1978 ~2011 年的数据样本进行分析，表 4.3 给出了 G – Verhulst 模型白化型预测公式的基本参数，其修正后总误差分别为 0.905、1.343 和 0.5，均小于对应的单项预测误差，说明模型修正后的预测精度得到有效提高。综合考察 G – Verhulst – PDL 模型、G – Verhulst – ARCH 模型和 G – Verhulst – ARIMA 模型，利用 EGA 优化算法，选取 1978 ~2011 年数据作为训练样本，构建 G – Verhulst 计量组合预测模型，并优化模型参数。采用滚动验证方式，分别将 2012 ~2016 年数据作为测试样本，检验最终预测效果。EGA 算法的主要参数设定如下：种群规模 $Q=100$，精英库种群规模 $Q^*=10$，种群进化代数阈值 $gen_{\max}=200$，遗传概率 $p_r=0.99$，交叉概率 $p_c=0.8$，变异概率 $p_n=0.2$，适应度函数值偏差阈值为 1×10^{-100}。EGA 算法运行环境如下：软件 MATLAB R2014a，操作系统 Windows7，Intel（R）Core CPU P8700，主频 2.53G 赫兹，内存 2.99G。结合上述设定，当目标函数为 $\varphi_1=S_1$ 时，计算得到最佳个体值 $\sigma_1=0.113, \sigma_2=0.231, \sigma_3=0.656$，最佳适应度值 7.049×10^{-4}。计算过程中最佳适应度迭代情况及个体距离散点分布情况等如图 4.4 ~ 图 4.7 所示。

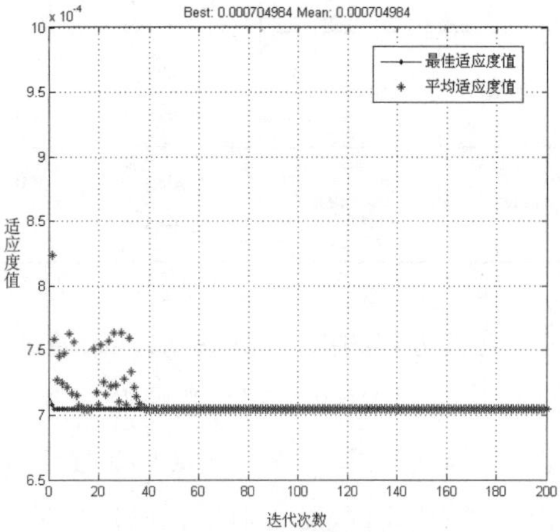

图 4.4　收敛散点图

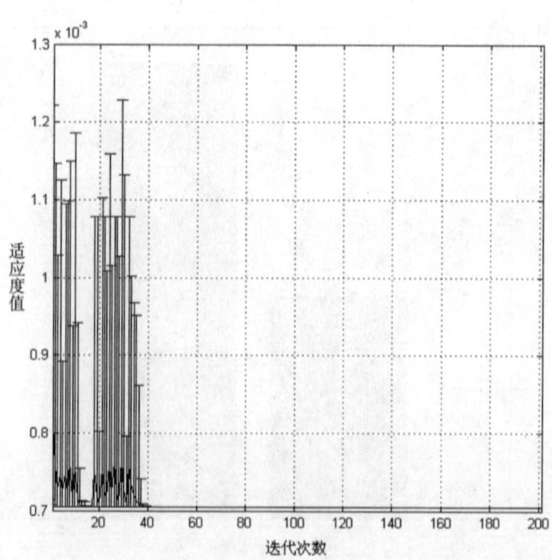

图 4.5 同代最佳个体与最差个体适应度值比较

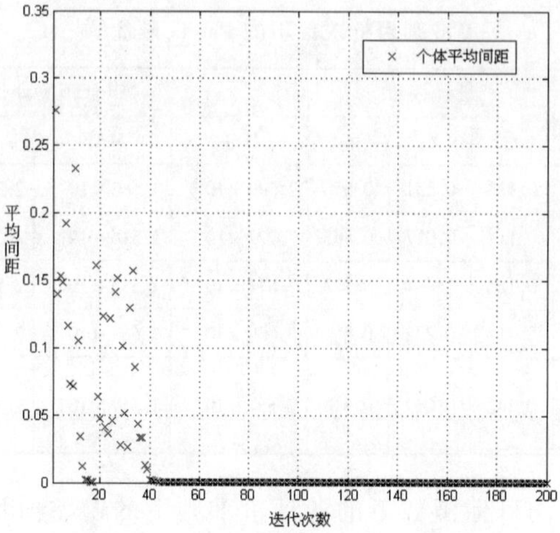

图 4.6　种群个体平均间距散点图

可以看出，种群最佳适应度值随着进化代数增加而迅速收敛，种群个体间距不断缩小，说明种群整体基因得到有效改善。大约经过 40 代后得到较为满意的结果，算法整体运行时间较短，拟合结果相当精确。同理按照 $\varphi_2 = S_2$，$\varphi_3 = S_3$，$\varphi_4 = S_4$，$\varphi_5 = S_1 + S_2 + S_3 + S_4$ 等目标函数进行权重分配，则对于多准则目标决策属于 NP 完全问题而言，必然得到一组 Pareto 最优解，计算结果如表 4.4 所示。

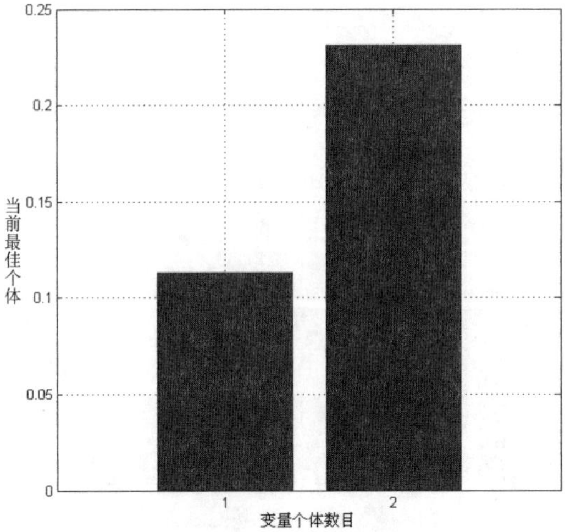

图 4.7 最佳个体值（进化 200 代后）

表 4.4　　多准则目标决策下的 Pareto 最优解

序号	目标函数	最优权重			组合预测评价准则			
		σ_1	σ_2	σ_3	MSE	MAE	MAPE	THEIL
①	$\varphi_1=S_1$	0.113	0.231	0.656	7.049×10^{-4}	1.660×10^{-2}	2.739×10^{-3}	1.526×10^{-3}
②	$\varphi_2=S_2$	0.118	0.017	0.865	7.723×10^{-4}	1.516×10^{-2}	2.505×10^{-3}	1.598×10^{-3}
③	$\varphi_3=S_3$	0.128	—	0.872	7.811×10^{-4}	1.516×10^{-2}	2.505×10^{-3}	1.607×10^{-3}
④	$\varphi_4=S_4$	0.114	0.232	0.654	7.050×10^{-4}	1.661×10^{-2}	2.741×10^{-3}	1.526×10^{-3}
⑤	$\varphi_5=S_1+S_2+S_3+S_4$	0.142	0.042	0.816	7.531×10^{-4}	1.517×10^{-2}	2.513×10^{-3}	1.578×10^{-3}

不难发现，不同目标函数下的各评价准则下的误差值均较小，各权重值相对稳定，说明 G－Verhulst 计量组合预测模型已经满足预期要求，模型拟合效果优良，具有良好的稳定性。

4.5.3　算法比较与预测效果评估

图 4.8、图 4.9 显示，传统 SGA 算法在进化至 80 代左右才显著收敛于最优值，收敛速度仅为 EGA 算法的一半。精确度方面，SGA 算法的均方误差值达到 7.060×10^{-4}，因而收敛性能也不如 EGA 算法优秀，这说明 EGA 算法综

合性能更为优越。

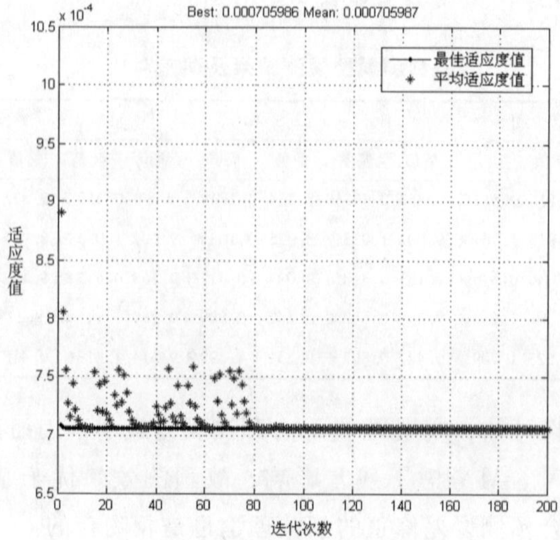

图 4.8　SGA 算法收敛散点图

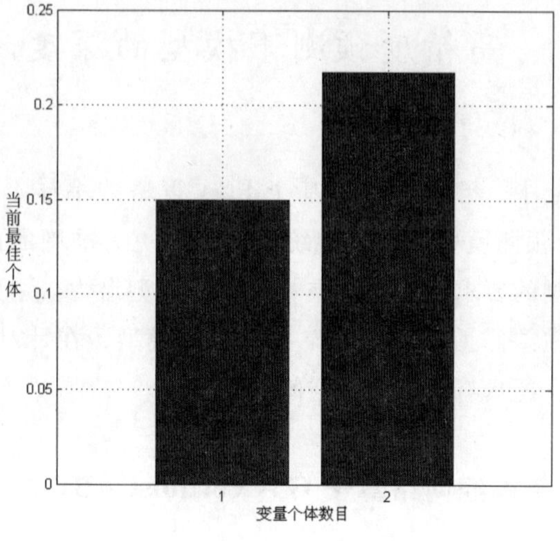

图 4.9 最佳个体值（SGA 算法进化 200 代后）

选择综合评价效果最好的 G－Verhulst 计量组合预测模型形式——⑤，比较各预测模型的预测效果。其中，Ⅰ代表 PDL 模型，Ⅱ代表 ARCH 模型，Ⅲ代表 ARIMA 模型，Ⅳ代表 G－Verhulst－PDL 模型，Ⅴ代表 G－Verhulst－ARCH 模型，Ⅵ代表 G－Verhulst－ARIMA 模型，Ⅶ代表 EGA 算法改进的非线性残差 G - Verhulst 计量组合预测模型。预测样本为国防支出 2012 ~ 2016 年五组数据（对数化），预测结果如表 4.5 所示。

表 4.5　各预测模型预测结果及误差对比

年份	Ⅰ		Ⅱ		Ⅲ		Ⅳ		Ⅴ		Ⅵ		Ⅶ	
	估值	误差	估值	误差	估值	误差	估值	误差	估值	误差	估值	误差	估值	误差
2012	8.859	0.568%	8.854	0.511%	8.853	0.499%	8.834	0.284%	8.84	0.352%	8.825	0.182%	8.82	0.125%
2013	8.949	0.438%	9.014	1.167%	9.002	1.033%	8.925	0.168%	9.002	1.033%	8.974	0.718%	8.968	0.651%
2014	9.053	-0.756%	9.18	0.636%	9.151	0.318%	9.084	-0.417%	9.169	0.515%	9.122	0.000%	9.111	-0.121%
2015	9.173	-0.682%	9.35	1.234%	9.299	0.682%	9.152	-0.909%	9.339	1.115%	9.27	0.368%	9.256	0.217%
2016	9.214	-1.591%	9.523	1.709%	9.447	0.897%	9.232	-1.399%	9.514	1.613%	9.418	0.587%	9.391	0.299%

由表 4.5 结果可知，模型Ⅶ 的综合预测误差最小，因而该预测模型最优。同时，模型Ⅳ、Ⅴ、Ⅵ考虑了残差影响，故预测效果优于基本预测模型Ⅰ、Ⅱ、Ⅲ，这与组合预测误差修正的相关理论也是相吻合的。

4.6　高精度预测下模型的深度改进

尽管 4.5.3 节中，已经证明了基于 EGA 策略的小样本非线性残差 G - Verhulst 计量组合预测模型能够较传统模型得到更为准确的预测结果。但是，在追求高精度预测的要求下，仍需进一步挖掘模型潜力。主要改进方向在于：原模型所选择的残差修正形式——G - Verhulst 模型，在针对基础预测模型的残差修正效果上，还具有改进提升空间。

4.6.1　灰色神经网络算子 G - Verhulst - BP 的引入

灰色神经网络算子由灰色理论[116]与人工神经网络理论[117-118]交叉结合产生，该算子旨在通过灰色理论方法弱化时间序列数据随机性来组织建模过程[119-121]，而 BP 神经网络[122-124]作为多层前馈神经网络的经典代表，蕴含了神经网络最精华、最完美的核心内容，能够利用非线性映射处理不规则、混沌特征的数据序列，从而解决单纯灰色模型建模过程中数据自适应能力偏弱，自主学习能力较低的问题。两者算法结合优势互补，能够解决诸多实际问题。本节采用的灰色神经网络算子具有比 G－Verhulst 模型更强的非线性适应性，即 G－Verhulst－BP 算子。

4.6.2　补充定义与补充定理

引入 G－Verhulst－BP 算子后，需要重新完善相关定义和定理。为防止产生歧义，将补充定义与补充定理顺延 4.2 节的编号，具体陈述如下：

定义 3　将定义 2 中序列 $\eta^{(0)}$ 的前 $s(1\leqslant s\leqslant n)$ 个数据记为 $(G-Verhulst)_s$，若要求建立非线性残差 G－Verhulst 模型的数据下限个数为 $m(m\leqslant n)$，则可建立的模型个数为 $n-m+1$ 个，分别记为 $(G-Verhulst)_m$，$(G-Verhulst)_{m+1}$，…，$(G-Verhulst)_n$，其共同构成的模型组称为 $(G-Verhulst)_{m\sim n}$ 模型组。

定义 4 以 $(G-Verhulst)_{m\sim n}$ 模型组对同一时间点数据 $\eta^{(0)}(t)$ 进行拟合，有拟合值 $\hat{\eta}_m^{(0)}(t)$，$\hat{\eta}_{m+1}^{(0)}(t)$，…，$\hat{\eta}_n^{(0)}(t)$ 共同构成向量 $x_{BP}^{(0)}(t)$，即 $x_{BP}^{(0)}(t)=\{\hat{x}_m^{(0)}(t),\hat{x}_{m+1}^{(0)}(t),\cdots,\hat{x}_n^{(0)}(t)\}$。当 $1\leqslant t\leqslant n$ 时，称向量 $x_{BP}^{(0)}(t)$ 为拟合向量，$t\geqslant n$ 时，称之为预测向量。

定理 3　对于任何在闭区间内一个连续函数都可以用单隐层的 BP 网络逼近，故一个三层 BP 网络可以任意精度逼近任何一个非线性映射（该定理详见文献[125]，证明略）。

4.6.3　G－Verhulst－BP 分系统设计与实现

将 G－Verhulst－BP 算子嵌入原模型，替换原有的 G－Verhulst 模型部分，则可将 4.4 节中的整体建模原理改进为图 4.10 的形式，改进后的模型称为基于 EGA 算法的小样本非线性残差 G－Verhulst－BP 算子组合预测模型。

与图 4.3 相比，本图将灰色神经网络算子和精英遗传算法分别作为分系统一和分系统二，嵌入到整个流程设计过程中，能够更加直观地反映模型建模过程。由于精英遗传算法部分和前文相同，不再赘述。这里只针对改进的灰色神经网络算子设计与实现步骤进行说明。灰色神经网络算子的设计思想旨在构建一种 S 型非线性序列特征灰色神经网络算子，即 G－Verhulst－BP 算子。该算子吸收灰色理论与神经网络的优点，进行优势互补，具有自主学习

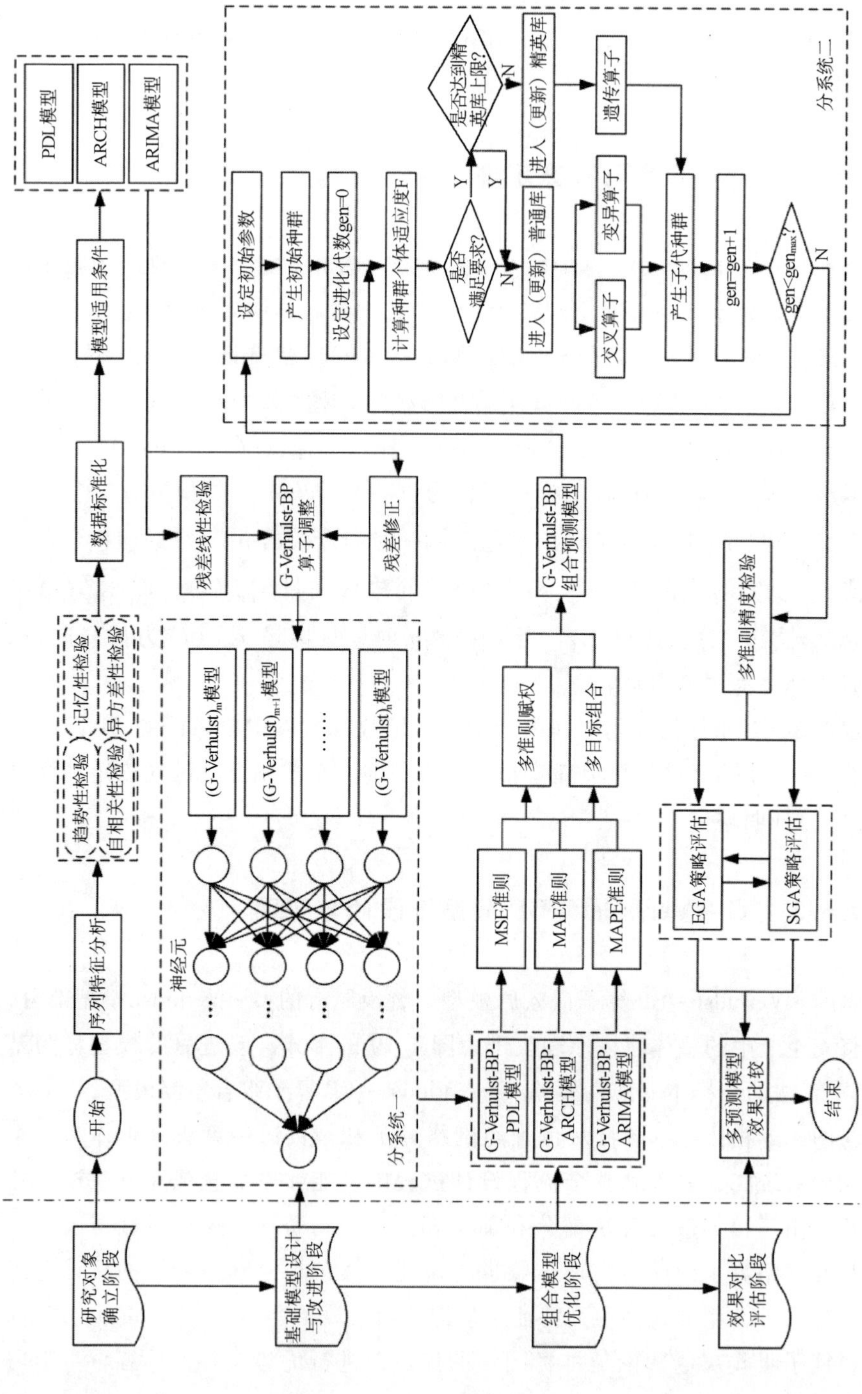

图 4.10　基于 EGA 算法的小样本非线性残差 G－Verhulst－BP 算子组合预测模型完整流程图

能力强，计算量小，预测精度高，误差可控等突出特点。G－Verhulst－BP 算子实现步骤如下：

STEP 1：程序初始化。导入原始数据序列 $\eta^{(0)}=[\eta^{(0)}(1),\eta^{(0)}(2),\cdots,\eta^{(0)}(n)]$，设定建立 G－Verhulst 模型所需数据下限值 m。

STEP 2：建立 $\eta^{(0)}$ 的 $(G-Verhulst)_{m\sim n}$ 模型组。按照定义 3，分别建立 $(G-Verhulst)_m$，$(G-Verhulst)_{m+1}$，…，$(G-Verhulst)_n$ 模型，组成 $(G-Verhulst)_{m\sim n}$ 模型组。计算模型组中各模型关于 $\eta^{(0)}$ 的拟合值 $\hat{\eta}_m^{(0)}(t),\hat{\eta}_{m+1}^{(0)}(t),\cdots,\hat{\eta}_n^{(0)}(t)$，构成拟合向量 $x_{BP}^{(0)}(t)$。

STEP 3：算子启动设置。令 $t=1,2,\cdots,n$，以向量 $x_{BP}^{(0)}(t)$ 作为 BP 神经网络输入层样本值，以原始数据 $\eta^{(0)}(t)$ 作为输出层目标值。由定理 3 知可建立含单隐层的三级 BP 神经网络模型，设置训练精度后进行自适应学习，不断修正神经元数量与阈值，直至达到训练精度要求后停止，即 G－Verhulst －BP 算子启动设置工作全部完成。

STEP 4：算子使用与预测。对于 $t>n$ 的情形，将 $(G-Verhulst)_{m\sim n}$ 模型组的预测向量 $x_{BP}^{(0)}(t)$ 耦合成 BP 网络输入值，使用 STEP 3 中 G－Verhulst－BP 算子进行仿真计算，由输出层得出原始数据 $\eta^{(0)}$ 的预测值。

具体的模型应用将结合书中第 7 章的仿真部分进行阐述。

4.7　本章小结

本章以国防费资源规模统筹为研究内容，为更科学、更准确地预测我国国防费规模发展趋势和未来规模总量，针对国防费时间序列的小样本和非平稳特征，提出了一种小样本非线性残差 G－Verhulst 计量组合预测模型，设计了基于 EGA 算法优化的多准则目标决策的实施步骤与方法。

采用本章所提方法，筛选我国 1978～2016 年间国防费支出样本数据，对国防费时间序列进行了实证检验，并估计出 G－Verhulst 计量组合预测模型基本参数及形式。在此基础上，构建国防费组合预测模型，选择 MSE、MAE、MAPE 和 THEIL 作为目标准则，对比 SGA 算法与 EGA 算法的收敛速度与收敛性能，证明了 EGA 算法更为优越。与其他预测方法相比，基于 EGA 算法优化的小样本非线性残差 G－Verhulst 计量组合预测模型预测误差更小，预测精度更高，效果更好。

在考虑高精度预测的条件下，对原模型优化算法进一步优化。结合灰色神经网络理论，引入 G－Verhulst－BP 算子，设计 G－Verhulst－BP 分系统，明确了改进后的算法实现步骤，能够持续地提高国防费规模预测精度。

第 5 章　影响我国国防费资源统筹规模的动态关系

在第 4 章中，重点研究了国防费资源规模的静态预测方法，通过建立 EGA 策略下的小样本非线性残差 G - Verhulst 模型，能够得出较为满意的结论。

本章立足于静态预测的基础上，将假设条件适当放宽，即不再认为国防费资源统筹规模变化只与自身趋势性相关，而是受到包括自身趋势在内各种供需因素的综合影响而发生变化。因此，本章将系统梳理我国国防费资源统筹规模的影响因素有哪些，研究影响因素和国防费之间的动态关系，重点考察当影响因素发生较大变化时，对我国国防费资源统筹规模总量将产生何种性质、何种程度的定量化的改变，对国防费资源未来增长变化的趋势有什么定量化的影响等。

5.1　国防费资源统筹规模的影响因素与影响机理

5.1.1　影响因素的分类

国防费资源统筹规模反映了一个国家在国防建设领域投入水平的经济表征，体现国防政策的基本走向。近年来，我国国家与周边安全形势日趋复杂，国家战略利益不断向海外拓展和延伸，国民经济发展中各种风险与机遇并存，越来越多不确定性因素的大量出现，都会影响到国防费资源总量规模的稳定，导致规模总量产生一些变数，这也对我国国防建设提出了更高要求。

我国国防费资源统筹规模受到诸多因素影响，影响机理复杂，按照不同的分类口径，可以将影响因素划分为不同的种类。按照影响因素的来源，可以将影响因素分为国内影响因素和国际影响因素；按照影响因素的领域，可以将影响因素分为政治影响因素、经济影响因素、军事影响因素、外交影响因素和其他影响因素；按照影响因素的效果，可以将影响因素分为强影响因素、一般影响因素和弱影响因素；按照影响因素的特殊性，可以将影响因素分为常规影响因素和非常规影响因素。

为保持行文前后的论述口径一致，避免混淆和产生歧义，本节采用2.1.2.4节中的划分方式，即按照影响因素的性质，将影响因素划分为供给影响因素和需求影响因素。按照叙述习惯，简称为“供给因素”和“需求因素”。

5.1.2 供需因素下的影响机理分析

供给和需求是宏微观经济学中一对经常同时出现的概念，只有当供给和需求达到均衡时，才能够形成确定的商品价格。类似地，国防费资源统筹规模的确定也是供给因素和需求因素达到均衡的结果。常见的供给因素包括：经济规模、财政收入、其他公共支出和居民消费；常见的需求因素包括：军事战略、外部威胁和社会支援。下面具体分析各因素对于国防费资源统筹规模的影响机理。

(1) 供给因素影响机理分析

① 经济规模。经济规模又称国家经济总体规模，是一个反映国家经济总量的概念。国防费规模与经济规模密切相关，经济规模体现国家经济的可承受能力，国防费规模的大小依赖于国家经济规模的大小。通常，用于反映国家经济规模的宏观指标包括国内生产总值（GDP）和国民生产总值（GNP）。GDP与GNP在指标核算标准上存在一些差异，GDP是一个属地概念，指一定时期内（通常是一年）某一国家境内所产出的全部最终产品和服务的价值总和；GNP是一个属人概念，指一定时期（通常是一年）某一国家国民所拥有的生产要素产出的全部最终产品和服务的价值总和。以我国GDP为例，来说明经济规模与国防费规模的关系，如表5.1和图5.1所示，数据来源于国家统计局。

表 5.1　　　1985～2015 年 GDP 与国防费数据对比（每隔 5 年）

年度	1985	1990	1995	2000	2005	2010	2015
GDP（亿元）	9099	18873	61340	100280	187319	413030	689052
国防费（亿元）	192	290	637	1208	2475	5333	9088
国防费/GDP	2.11%	1.54%	1.04%	1.20%	1.32%	1.29%	1.32%

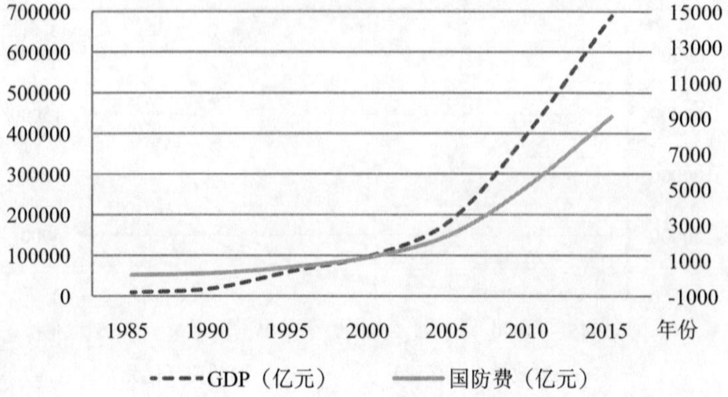

图 5.1　1985～2015 年 GDP 与国防费数据（每隔 5 年）对比折线图

由上面图表分析，我国 30 年间国防费与 GDP 均呈现快速增长趋势，GDP 在 30 年间翻了 75.7 倍，国防费在 30 年间翻了 47.3 倍。增速方面，国防费的增速略滞后于 GDP 的增速，但相对比例稳定，国防费占 GDP 的同期比重基本保持在 1.3%～1.5%。以上数据分析说明，经济规模与国防费之间存在一定程度的影响作用，经济规模越大，GDP 值越高，国防费规模自然也越大；反之，经济规模越小，GDP 值越低，国防费规模自然也越小。

② 财政收入。从直接构成上看，国家财政收入的一部分通过再分配形式形成国防费，国防费来源于国家财政，其规模大小受到国家财政收入水平的直接制约。因此，财政收入与国防费之间也存在着较为强烈的影响作用。一般而言，当国家财政收入较为宽裕时，能够承受较大的国防费开支；而当国家财政收入比较拮据时，只能够承受较小的国防费开支。我国财政收入与国防费间的关系如表 5.2 和图 5.2 所示，数据来源于国家统计局。

从上面图表中不难发现，30 年间我国财政收入由 1985 年的 2004 亿元增长到 2015 年的 175577 亿元，国防费规模也随着财政收入增长而水涨船高。在增速方面，财政收入的增幅略大于国防费增幅，因此国防费占财政收入的比重从 9.58% 降至 5.17%，但是由于国防费总量已达到较大规模，尽管比重下降也能够基本满足国防建设需要。

表 5.2　　1985～2015 年财政收入与国防费数据对比（每隔 5 年）

年度	1985	1990	1995	2000	2005	2010	2015
财政收入（亿元）	2004	3084	6824	15887	33930	89874	175877
国防费（亿元）	192	290	637	1208	2475	5333	9088
国防费/GDP	9.58%	9.40%	9.33%	7.60%	7.29%	5.93%	5.17%

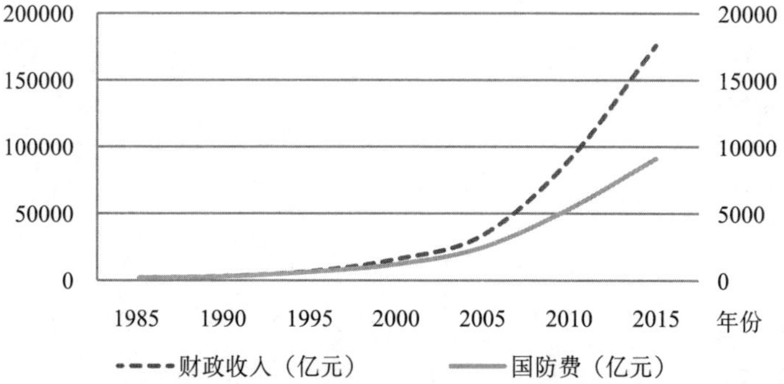

图 2　1985～2015 年财政收入与国防费数据（每隔 5 年）对比折线图

③ 其他公共支出。所谓公共支出，就是公共财政的支出，是政府为市场提供公共服务所安排的支出。按照政府行政职能进行划分，可以将公共支出分为经济建设费用、科教文卫费用、行政管理费用、国防费用等。我们把除去国防费用以外的公共支出，称为其他公共支出。显然，其他公共支出与国防支出的来源相同，均来源于国家财政收入，是财政支出的另外的一个大的方向。其他公共支出与国防费用之间存在直接的资源竞争关系，由于财政收入总盘子规模有限，必然是此消彼长的。但是，如果仔细分析近 30 年来的其他公共支出与国防费用的变化关系，我们可以得到更多结论，见表 5.3，数据来源于国家统计局。

表 5.3　　1985～2015 年国防支出、科教文卫支出、经济建设支出、行政管理支出对比（每隔 5 年）

年度	相对于财政收入				GDP 占比			
	国防	科教文卫	经济建设	行政管理	国防	科教文卫	经济建设	行政管理
1985	9.56%	15.80%	56.26%	8.53%	2.10%	3.47%	12.36%	1.87%
1990	9.41%	20.02%	44.36%	13.44%	1.53%	3.26%	7.23%	2.19%
1995	9.33%	21.50%	41.85%	14.60%	1.05%	2.43%	4.73%	1.65%

续表

年度	相对于财政收入				GDP 占比			
	国防	科教文卫	经济建设	行政管理	国防	科教文卫	经济建设	行政管理
2000	7.60%	17.23%	36.18%	17.42%	1.22%	2.76%	5.80%	2.79%
2005	7.29%	17.99%	27.46%	19.19%	1.33%	3.28%	5.01%	3.50%
2010	5.93%	21.03%	23.18%	10.39%	1.30%	4.59%	5.07%	2.27%
2015	5.17%	23.48%	20.84%	7.70%	1.32%	6.02%	5.34%	1.97%

由表 5.3 分析，30 年间我国不同领域的财政投入是不均衡的，以 2015 年为例，财政投入占比由大到小的领域依次为科教文卫（23.48%）>经济建设（20.84%）>行政管理（7.70%）>国防费（5.17%）。从比例变化关系看，30 年间科教文卫领域的投入的基本趋势是比重逐渐增加，经济建设领域、行政管理领域和国防建设领域的投入比重是逐步下降的。从其他公共支出与国防费的总量规律来看，虽然两者总规模都在增长，但是随着总规模的扩大，国防费所占比例稳中有降，其他公共支出所占比例稳重有升。

④ 居民消费。居民消费通常以国民经济统计中的居民平均消费水平指标进行体现，从宏观角度来讲，指一国居民在一年内平均享用的生活消费产品与劳务的数量与质量，或全体消费者按人均达到的物质与文化需要而获得满足的程度。从微观角度讲，指某一消费者用于满足自身日常生活需要的各项消费开支总和。从理论上讲，居民消费与国防费之间是存在一定联系的。这是因为，居民消费的提升依赖于国家经济的发展，国家经济发展水平越高，则人民能够得到的经济发展红利越多，人民生活越幸福，购买力越强，消费水平越高。而消费水平的提高，反过来能够为国家经济发展提供更多动力，这就为国防费的提高带来了可以预见的增长空间。国防费的增长，可以提高国防建设水平，为居民消费提供安全的外在环境，因而在理论上也会对居民消费产生积极影响。从另一个方面来看，居民消费水平属于私人消费，是财政收入之外的部分。因此，国家在合理安排经济资源结构时，居民消费与财政收入是存在一定资源竞争关系的，而国防费属于财政收入的一部分，势必也存在着相互制约的关系。

（2）需求因素影响机理分析

① 军事战略。军事战略体现了一个国家国防建设的整体规划和宏观构想，军事战略的基础是国家利益，一个国家奉行什么样的军事战略，就需要与之

对应的国防建设需要和军事能力需求，进而转化为具体的国防费规模需求。军事战略主要包括扩张型、自卫型、联盟型和中立型四种类型，不同军事战略决定着不同水平的国防费资源统筹规模需求总量。奉行扩张型军事战略的典型代表如美国，一直在致力于追求全球范围内的军事霸权，在“冷战”时期争夺霸权的过程中拖垮了苏联而一家独大，拥有全球最多的航空母舰，其海军、陆军、空军的建设水平均位于世界首位，因此需要一笔非常庞大的国防费来支撑起军事战略的实施。军事联盟型国家中，处于主导地位的强国，通常为了争夺军事利益而需要保持较高的国防费水平，而处于从属地位的弱国，由于其利益目标相对较低，因此国防费水平往往较低。中立型国家一般国防费水平也不会很高，这是由于其奉行中立态度的立国政策所决定的。我国的基本军事战略是积极防御型的，尽管中国人民爱好和平，但是后发制人的军事反击能力是必须要具备的，因此国防费规模“稳中求进”。

② 外部威胁。国防费绝对规模的增长与国家面临的外部威胁息息相关。我国的周边环境形势非常复杂，拥有 1.8 万公里的海岸线和 2.2 万公里的陆界线，陆海邻国 22 个，边界冲突与海上利益争端不断，且有愈演愈烈之势。我国主要外部威胁来源于东北、东南、西南等几个战略方向，与美国、日本、韩国、印度之间存在较为复杂的海洋和陆地利益争端。中美在西太平洋的战略博弈在“贸易战”背景之下逐渐升级，中日围绕我国钓鱼岛主权问题的争端悬而未决，中韩自“萨德”部署事件以来关系持续恶化，中印由于藏南地区的领土主权问题而长期呈现对立状态，加之一些非传统领域的安全问题，如东突、藏独、疆独恐怖主义，信息安全威胁、空间战略危机、防间保密安全等问题，使我国的国防安全面临前所未有的严峻考验。因此，外部威胁越大，国家周边安全形势越错综复杂，则军事建设的压力越大，需要的国防费规模就越大。

③ 社会支援。在战时，军队的使命任务是打赢战争；在平时，军队的使命任务是开展社会支援，主要就是应对各种自然灾害，保卫人民生命财产安全。我国军队是人民的军队，全心全意为人民服务是我军永恒不变的宗旨。如 1998 年的长江抗洪，2008 年的汶川抗震救灾，我军官兵将士不畏艰难、不怕牺牲，谱写了一曲曲壮丽的英雄赞歌。然而，这些具有非战争军事行动性质的社会支援，同样需要大量的人力、物力和财力保障，这些构成了国防费支出的一部分，也会对国防费资源总量规模产生一定的影响。

5.1.3　供需因素的研究筛选

在 5.1.2 节中，对常见的供给因素和需求因素进行了初步的分析，对其与国防费规模间的影响关系结合我国实际情况和历史数据进行了较为简单、直观的两两分析。供给因素中，经济规模、财政支出和其他公共支出在指标性质上面存在部分重叠，经济规模是国防费的根本来源，其他公共支出则与国防费同属财政支出的直接领域，因此可选其中一项作为代表进行研究，而居民消费则是独立于财政支出外的部分，能够从相对独立的角度反映问题本质，也在选择之列。需求因素中，军事战略的影响比较难以用量化的形式描述，且军事战略的制定与安全威胁关系较为紧密，社会支援具有一定的偶然性，属于很小的一部分非战争军事行动，对于国防费总量规模的影响很小可以忽略不计，因而研究重点应当放在安全威胁上面，特别是与我国国家安全相关程度较高的美国、日本、韩国、印度四个国家的国防费支出进行重点分析。

基于以上分析，在下文进行动态关系实证分析当中，供给因素选择经济规模和居民消费，需求因素选择外部威胁是比较合理的，具体指标的选取在后文进行阐述。

5.2　供给因素与国防费资源统筹规模的动态关系

本节重点研究供给因素与国防费资源统筹规模的动态关系问题，即经济规模、居民消费与国防费之间的动态关系。采用实证分析作为主要研究方法，为合理确定国防费规模，提高国民经济运行效益提供参考。

5.2.1　指标选取

考虑到国际上的统计习惯，GDP 较 GNP 适用范围较为广泛，故经济规模指标选取 GDP，用来反映国民经济运行的总量特征，属于宏观经济指标；居民消费选取居民平均消费水平指标，反映国民经济运行的个量特性，属于微观经济指标。事实上，在传统研究习惯中大多数学者更关注国防费与国民经济运行的宏观状态（即反映经济规模的 GDP、GNP 或 GNI 指标）的相互作用，而忽视了国防费规模变化与居民个体层面直接感受的相互关系，忽略了微观层面对个人消费水平的影响，笔者认为是不全面的、不系统的，其结论具有一定的局限性。同时，诸多文献中关于国防费与经济规模的关系问题呈现出多样性的结论，究其原因在于不同学者研究选取理论模型时，受到适用条件、数据时间范围以及国情状况等时空因素限制与干扰，难以完全解释各变量间的理论逻辑关系，导致结论虽具有一定合理性却不具有普适性。因而，本书尝试采用非结构化建模思想，弱化变量间的经济理论联系，强化数据统计性质特征信息，避免传统线性回归分析带来的“伪回归”现象，从而建立动态均衡关系模型进行研究。

5.2.2 数据处理与检验

样本数据选择我国 1978 ~ 2016 年的截面数据，数据来源于国家统计局官方网站。国防费指标记为 *gff*，经济规模由国内生产总值反映并记为 *gdp*，居民消费由人均消费水平反映并记为 *xfsp*。

5.2.2.1 数据对数化处理

考虑 *gff*、*gdp* 和 *xfsp* 间的数据量级的差异化，通过对数化处理能够不改变原有的序列平稳特征与序列间协整关系，并能使序列趋势线性化和平滑化，有效消除异方差和自相关扰动，故对原各序列进行对数化处理。本书取自然对数，处理后的序列分别记为 ln*gff*、ln*gdp* 和 ln*xfsp*。

5.2.2.2 数据平稳性检验

按照一般检验顺序，常用方法有直接观察法、自相关函数判别法和 ADF 单位根检验法[126-128]。图 5.3、图 5.4 反映了 ln*gff*、ln*gdp* 和 ln*xfsp* 的时间序列变化趋势，根据图像观察结果，我们初步认定这三个序列均不是平稳序列，各序列随时间推移存在稳定增长趋势。

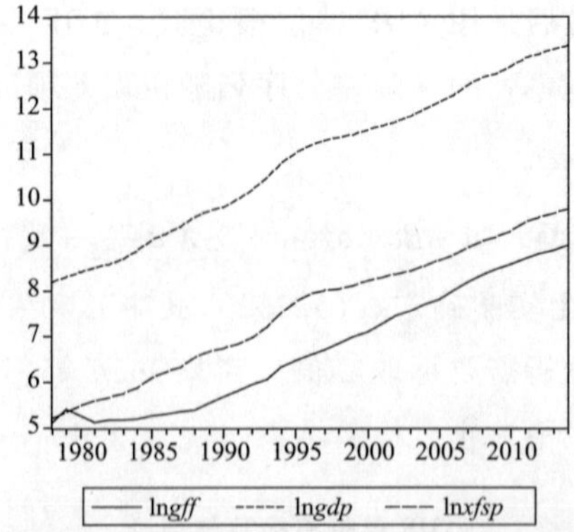

图 5.3　*gff*、*gdp* 和 *xfsp* 的对数序列图

Autocorrelation	Partial Correlation		AC	PAC	Q-Stat	Prob
		1	0.934	0.934	34.954	0.000
		2	0.871	-0.005	66.258	0.000
		3	0.801	-0.094	93.490	0.000
		4	0.723	-0.102	116.36	0.000
		5	0.644	-0.058	135.04	0.000
		6	0.561	-0.070	149.69	0.000
		7	0.477	-0.060	160.62	0.000
		8	0.393	-0.049	168.32	0.000
		9	0.312	-0.044	173.33	0.000
		10	0.232	-0.041	176.21	0.000
		11	0.152	-0.067	177.50	0.000
		12	0.076	-0.043	177.83	0.000
		13	0.003	-0.051	177.83	0.000
		14	-0.066	-0.035	178.11	0.000
		15	-0.129	-0.028	179.19	0.000
		16	-0.189	-0.054	181.64	0.000

图 5.4 ln*gff* 自相关函数检验图

接下来采用自相关函数判别法来进一步检验序列的非平稳结论。一般地，有样本自相关函数：

$$\widehat{\rho}_k = \frac{\sum_{t=1}^{T-k}(y_t - \bar{y})(y_{t+k} - \bar{y})}{\sum_{t=1}^{T}(y_t - \bar{y})^2} \tag{5.2.1}$$

若 k 增大时伴随着 $\widehat{\rho}_k$ 的迅速衰减，则认为该序列是平稳的；若 $\widehat{\rho}_k$ 衰减速度缓慢，则认为该序列为非平稳的。以 ln*gff* 为例，观察其自相关函数图。显然，图 5.4 中 ln*gff* 序列直到滞后第 9 期才落入随机区间，$\widehat{\rho}_k$ 并没有很快地趋于零。此时 $Q=173.33$，概率值 p 显然小于 5% 的显著性水平，因此可以进一步确认 ln*gff* 是不平稳的。对 ln*gdp* 和 ln*xfsp* 进行分析，也有类似结论，说明这三者均是不平稳的。最后采用 ADF 单位根检验，ADF 单位根检验由 DF 检验扩展而来，适用于观测序列的一阶差分序列随机误差项 u_t 存在自相关的情形。一般表达式为：

$$\Delta y_t = \mu + \beta t + \delta y_{t-1} + \sum_{j=1}^{P} \lambda_j \Delta y_{t-j} + u_t \qquad (5.2.2)$$

其中 $p=1,2,3$ 或由实验确定。（5.2.2）式中 μ 和 β 分别代表常数项和时间趋势项系数，根据分析需要可取零值。考察 ln*gff* 等三序列及其一阶、二阶差分序列，直到序列平稳为止，检验结束（见表 5.4）。

表 5.4　　ADF 单位根检验与结论

序列	检验形式	ADF 值	1% 临界值	5% 临界值	10% 临界值	概率值	检验结果
$\ln gff$	$(c,t,0)$	2.037	-3.627	-2.946	-2.612	0.9998	不平稳
$\Delta\ln gff$	$(0,0,1)$	-1.089	-2.635	-1.951	-1.611	0.2445	不平稳
$\Delta^2\ln gff$	$(0,0,0)$	-10.606	-2.635	-1.951	-1.611	0.0000	平稳
$\ln gdp$	$(c,t,4)$	-0.953	-4.273	-3.558	-3.212	0.9368	不平稳
$\Delta\ln gdp$	$(c,0,3)$	-3.586	-3.654	-2.957	-2.617	0.0118	不平稳
$\Delta^2\ln gdp$	$(0,0,3)$	-3.902	-2.642	-1.952	-1.610	0.0003	平稳
$\ln xfsp$	$(c,t,1)$	-2.545	-4.244	-3.544	-3.205	0.3061	不平稳
$\Delta\ln xfsp$	$(c,t,1)$	-3.752	-4.253	-3.548	-3.207	0.0321	不平稳
$\Delta^2\ln xfsp$	$(0,0,1)$	-5.386	-2.637	-1.951	-1.611	0.0000	平稳

为便于理解，需要对相关符号进行说明。表 5.4 中，Δ 表示原水平序列的一阶差分序列，Δ^2 表示原水平序列的二阶差分序列。检验形式的参数选择，采用 SC 准则确定滞后长度。如 ln*gdp*，按照 SC 准则，最优滞后阶数为 4，且截距项和趋势项非零，有检验形式为 $(c,t,4)$。可知，在检验水平为 1% 的临界值下，$\Delta^2\ln gff$ 序列拒绝含有单位根的原假设，认为是平稳序列，说明原序列 ln*gff* 是二阶单整的，记为 $\ln gff \sim I(2)$。同理，$\Delta^2\ln gdp$ 和 $\Delta\ln xfsp$ 均认为平稳序列，ln*gdp* 是二阶单整序列，记为 $\ln gdp \sim I(2)$；ln*xfsp* 是二阶单整序列，记为 $\ln xfsp \sim I(2)$。这说明，ln*gff*、ln*gdp* 和 ln*xfsp* 序列均为同阶单整序列，满足协整检验条件。

5.2.2.3　Johansen 协整检验

协整意味着变量之间存在长期的均衡关系。假如有两个序列 y_{1t} 和 y_{2t} 满足以下条件：（1）y_{1t} 和 y_{2t} 序列是 d 阶单整的[129]，即 $y_{1t} \sim I(d), y_{2t} \sim I(d)$；（2）存在非零向量 $\alpha = (\alpha_1, \alpha_2)$，使得 $\alpha_1 y_{1t} + \alpha_2 y_{2t} \sim I(d-b)$，其中 $0 < b < d$。则称这两个序列是 (d,b) 阶协整的，且称向量 $\alpha = (\alpha_1, \alpha_2)$ 为协整向量。协整检验根据协整对象可分为基于模型回归残差的协整检验和 Johansen 协整检验。当协整检验的变量序列个数超过 2 个时，通常采用 Johansen 协整检验[130]来获取相关变量序列的协整关系（见表 5.5）。

表 5.5　　Johansen 协整检验与结论

原假设	特征值	trace 统计值	临界值（1%）	e－g 统计值	临界值（1%）	滞后长度
None	0.575998	44.41852	35.65	29.17256	25.52	3
At most 1	0.323171	15.24596	20.04	13.27146	18.63	3
At most 2	0.056419	1.974500	6.65	1.974500	6.65	3

从表 5.5 中可知，根据 trace 统计量检验结果，考察原假设“None”表示“存在零个协整关系”，由于 44.41852 ＞ 35.65，即 trace 统计值大于 1% 临界值，拒绝原假设，表明 ln*gff*、ln*gdp* 和 ln*xfsp* 三者间至少存在 1 个协整关系。再考察原假设“At most 1”表示“最多存在 1 个协整关系”，显然有 15.24596＜20.04，说明无法拒绝该原假设。因此有如下结论，ln*gff*、ln*gdp* 和 ln*xfsp* 三者间在 1% 的检验显著水平下必然存在 1 个协整关系。利用 e－g 统计量检验结果，得到的结论具有一致性。

5.2.2.4　Granger 因果检验

Granger 因果检验[131]的实质是反映不同变量序列间是否存在时间上的因果关系。一般地，Granger 因果检验要求估计以下回归表达式：

$$y_t = \sum_{i=1}^{q} \alpha_i x_{t-i} + \sum_{j=1}^{q} \beta_j x_{t-j} + u_t \qquad (5.2.3)$$

其中 u_t 为白噪声。格兰杰检验的零假设 $H_0: \alpha_1 = \alpha_2 = \cdots = \alpha_q = 0$。若检验结果显著不为零，则拒绝零假设 H_0，认为 x 是引起 y 的格兰杰原因（见表 5.6）。

表 5.6　　格兰杰因果检验与结论

检验原假设	滞后长度	F 统计值	概率值	结论
ln*gdp* does not Granger Cause ln*gff*	2	28.7815	1.1E－07	拒绝
ln*gff* does not Granger Cause ln*gdp*	2	0.19840	0.82111	接受

续表

检验原假设	滞后长度	F 统计值	概率值	结论
ln*gdp* does not Granger Cause ln*gff*	3	6.60863	0.00171	拒绝
ln*gff* does not Granger Cause ln*gdp*	3	0.88187	0.46285	接受
ln*gdp* does not Granger Cause ln*gff*	4	2.42389	0.07591	拒绝
ln*gff* does not Granger Cause ln*gdp*	4	2.16481	0.10371	接受
ln*xfsp* does not Granger Cause ln*gff*	2	23.6804	6.7E-07	拒绝
ln*gff* does not Granger Cause ln*xfsp*	2	0.53566	0.59078	接受
ln*xfsp* does not Granger Cause ln*gff*	3	5.46850	0.00455	拒绝
ln*gff* does not Granger Cause ln*xfsp*	3	0.83600	0.48592	接受
ln*xfsp* does not Granger Cause ln*gff*	4	2.21718	0.09734	拒绝
ln*gff* does not Granger Cause ln*xfsp*	4	1.11522	0.37245	接受

由表5.6可知，当滞后长度取2-3时，在1%的检验显著程度下ln*gdp*和ln*xfsp*都是ln*gff*的Granger原因，当滞后长度取4时，在10%的检验显著程度下ln*gdp*和ln*xfsp*都是ln*gff*的Granger原因。无论滞后长度如何取值，ln*gff*既不是ln*gdp*的Granger原因，也不是ln*xfsp*的Granger原因。根据分析结果，可以认为存在从ln*gdp*、ln*xfsp*分别到ln*gff*的Granger单向因果关系，而不存在由ln*gff*到ln*gdp*、ln*xfsp*的双向因果关系。这说明，经济规模增长能够促进国防费规模的增长，居民消费水平提高也对国防费规模增长产生一定的促进作用，其影响时间大约持续3个周期，而国防费规模增长却不是经济规模增长和居民消费水平提高的直接原因，对于二者的影响并不显著。

5.2.3　无约束VAR模型建立与分析

在宏观经济分析中，国防支出受到诸多不确定性因素的影响和相互作用，且与经济增长和居民消费水平变量间作用机理复杂，从而使模型估计及推论变得相当困难，仅依靠现有的经济理论难以完全推导出模型的正确结构。解决此类问题的方法通常是直接利用数据的统计性质，构建与实际相吻合的非结构化模型[132-133]。无约束向量自回归模型（VAR）就是这样一种非结构化的模型，其一般形式有：

$$Y_t = A_1 Y_{t-1} + A_2 Y_{t-2} + \cdots + A_p Y_{t-p} + B_0 X_t + \cdots + B_r X_{t-r} + \varepsilon_t,\ t = 1, 2, \cdots, n \tag{5.2.4}$$

这里，$Y_{t-i}=[\ln gff \quad \ln gdp \quad \ln xfsp]_{t-i}^{T}$，$(i=1,2,\cdots,p)$代表由lngff、lngdp和lnxfsp构成的3维内生变量向量和3维滞后内生变量向量，A_i为3×3维待估参数矩阵，p为内生变量滞后阶数，按照AIC和SC准则，此时$p=2$。由于本例中没有外生变量，故B_i、X_{t-i}均为0。

表5.7　无约束VAR模型参数估计结果

Index	lngff	lngdp	lnxfsp
lngff (-1)	0.798989 (0.11222) [7.11990]	-0.042435 (0.10364) [-0.40944]	-0.035322 (0.09425) [-0.37479]
lngff (-2)	0.032461 (0.09751) [0.33289]	-0.005036 (0.09006) [-0.05591]	0.005402 (0.08189) [0.06597]
lngdp (-1)	0.813041 (0.26916) [3.02060]	2.545491 (0.24859) [10.2397]	1.203445 (0.22605) [5.32371]
lngdp (-2)	-0.634846 (0.38337) [-1.65596]	-1.049908 (0.35407) [-2.96527]	-0.661132 (0.32197) [-2.05340]
lnxfsp (-1)	-0.617034 (0.31367) [-1.96712]	-1.327072 (0.28970) [-4.58087]	0.173323 (0.26343) [0.65793]
lnxfsp (-2)	0.601395 (0.30102) [1.99786]	0.785724 (0.27801) [2.82624]	0.216633 (0.25281) [0.85691]
C	-0.594508 (0.55315) [-1.07477]	-0.864949 (0.51087) [-1.69310]	-1.001603 (0.46455) [-2.15606]

表5.7显示了无约束VAR模型的参数估计值，且大部分参数估计值t统计量检验显著。根据输出结果，得到无约束VAR模型的估计结果有：

$$\begin{bmatrix}\ln gff\\ \ln gdp\\ \ln xfsp\end{bmatrix}_t=\begin{bmatrix}-0.595\\ -0.865\\ -1.002\end{bmatrix}+\begin{bmatrix}0.799 & 0.813 & -0.617\\ -0.042 & 2.545 & -1.327\\ -0.035 & 1.203 & 0.173\end{bmatrix}\begin{bmatrix}\ln gff\\ \ln gdp\\ \ln xfsp\end{bmatrix}_{t-1}$$

$$+\begin{bmatrix} 0.032 & -0.635 & 0.601 \\ -0.005 & -1.05 & 0.786 \\ 0.005 & -0.661 & 0.217 \end{bmatrix}\begin{bmatrix} \ln gff \\ \ln gdp \\ \ln xfsp \end{bmatrix}_{t-2} + \begin{bmatrix} \varepsilon_1 \\ \varepsilon_2 \\ \varepsilon_3 \end{bmatrix}_t \quad (5.2.5)$$

5.2.3.1 VAR 模型稳定性检验

无约束 VAR 模型的使用条件要求该模型必须具有稳定性特征，否则模型是无效的。因此，利用单位圆进行模型稳定性检验（见图 5.5）。

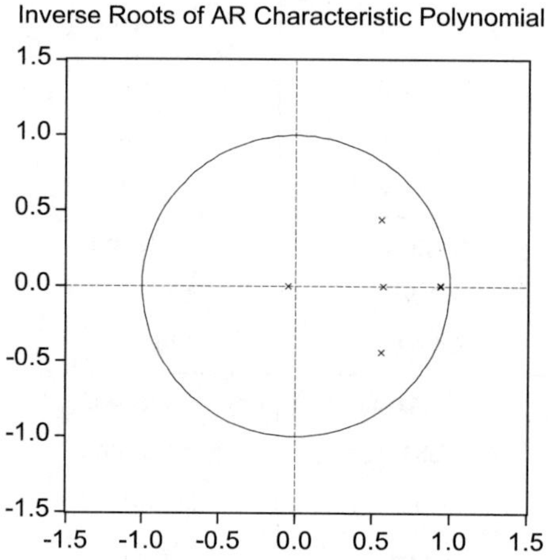

图 5.5 单位圆检验

图 5.5 显示结果表明，VAR 模型中所有根的倒数的模均小于 1，说明 VAR 模型是稳定的。观察 VAR 模型中的 ln*gff* 方程式，可知影响第 t 期国防支出的主要因素包括第 $t-1$ 期、第 $t-2$ 期的国防费、国内生产总值和人均消费水平消费因素，影响作用较大的因素有第 $t-1$ 期的国防费和第 $t-1$ 期国内生产总值，且同期的国内生产总值与人均消费水平对于国防费的影响效用是相反的。另由 ln*gdp* 和 ln*xfsp* 方程式，显然同期的国防费对于国内生产总值和人均消费水平的影响远小于其自身因素的影响，甚至可以忽略不计。这一结论与 Granger 因果检验得到的单向因果结论是相一致的。

5.2.3.2 VAR 模型的脉冲响应函数

通常用脉冲响应函数和方差分解来研究 VAR 模型的动态特征，重点分析单个内生变量对自身和其他变量扰动的反应程度（见表 5.8）。

表 5.8　　　　VAR 模型残差系数矩阵

	lngff	lngdp	lnxfsp
lngff	1	0.1760	-0.0330
lngdp	0.1760	1	0.7879

表 5.8 给出的 VAR 模型残差系数矩阵显示，lngff 方程与其他两个方程的残差间相关度较弱，而 lngdp 方程和 lnxfsp 方程间相关度较强，故选择 lngff 方程为分析对象比较合适（见图 5.6）。

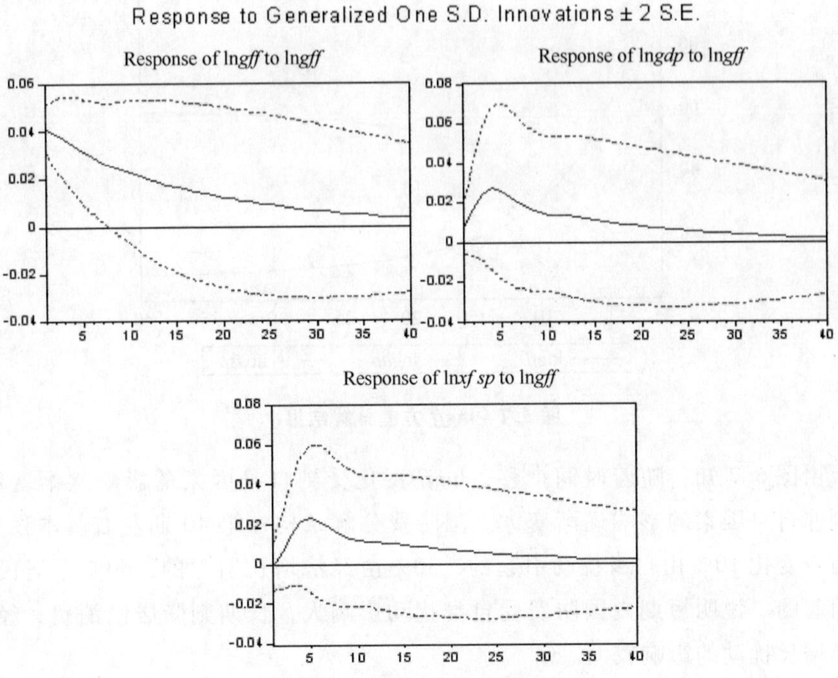

图 5.6　内生变量对 lngff 扰动的脉冲响应

脉冲响应函数用于衡量内生变量 lngff 随机扰动项的一个脉冲（标准差冲击）对 lngff、lngdp 和 lnxfsp 的当前值与未来值的影响。选择 Cholesky 因子的一个标准差新息脉冲，脉冲来自于 lngff 方程，冲击次序依次为 lngff、lngdp、lnxfsp，然后观察图 5.6 的脉冲响应作用效果。lngff 对其自身的标准差新息脉冲立即做出响应，结果为正且当期达到最大，经 40 个周期的缓慢衰减后稳定趋于零，说明国防费对于自身具有较为持久的强正向作用；lngdp 受到冲击的响应结果为正且在第 4 期达到最大，说明国防费对于经济规模增长存在滞后的弱正向作用；ln*xfsp* 受到冲击的响应结果滞后 1 期出现，响应结果同样为正且在第 5 期达到最大，说明国防费对于居民消费同样存在滞后的弱正向作用。

5.2.3.3 VAR 模型的方差分解

方差分解用于分析 ln*gff*、ln*gdp*、ln*xfsp* 均存在扰动时，对于 ln*gff* 变化的贡献度（见图 5.7）。

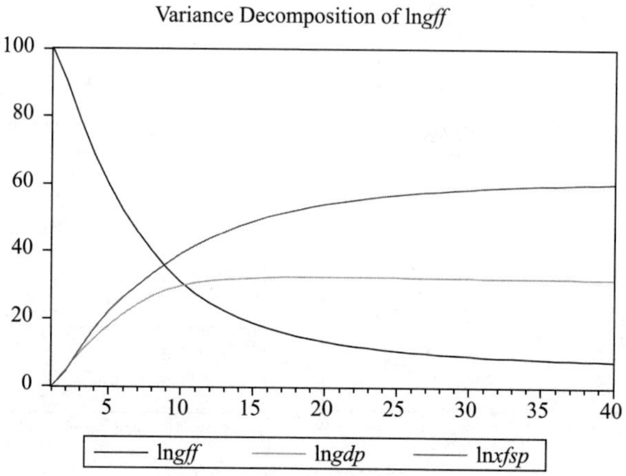

图 5.7 ln*gff* 方差分解结果

由图 5.7 知，随着时间推移，ln*gff* 变化受到自身因素的影响逐渐变小，受到非自身因素的影响逐渐变大。国防费分解结构在第 40 期左右基本稳定，国防费变化 10% 由自身扰动引起的，30% 由经济增长引起的，60% 由居民消费引起的。说明短期内国防费受自身扰动影响大，长期则受居民消费、经济规模增长扰动的影响较大。

5.2.4 长期均衡下的 VEC 模型建立与分析

由 Johansen 协整检验结论，国防费与经济规模、居民消费存在协整约束关系。据此，国防费与经济规模、居民消费必然存在稳定的长期均衡关系。本节利用误差修正模型[134]（VEC）讨论这一关系。VEC 模型的基本形式有：

$$\Delta Y_t = \alpha ECM_{t-1} + \sum_{i=1}^{p-1} \Gamma_i \Delta Y_{t-i} + \varepsilon_t \qquad (5.2.6)$$

其中，$ECM_{t-1} = \beta' Y_t$，称之为误差修正项；α 为误差修正项系数，反映短期偏离调整到长期均衡状态的速度；Γ_i 为解释变量滞后差分系数，反映短期波动的影响；Y_t 含义同 VAR 模型，表示 ln*gff*、ln*gdp*、ln*xfsp* 构成的序列向量。VEC 模型的主要参数和检验结果如表 5.9 所示。

表 5.9　　VEC 模型参数估计与检验结果

Error Correction:	D (ln*gff*)	D (ln*gdp*)	D (ln*xfsp*)
CointEq1	-0.145384	0.022975	0.028805
	(0.01743)	(0.01718)	(0.01595)
	[-8.33931]	[1.33762]	[1.80633]
D (ln*gff* (-1))	-0.036016	0.012843	0.025433
	(0.09150)	(0.09015)	(0.08370)
	[-0.39361]	[0.14246]	[0.30386]
D (ln*gdp* (-1))	0.783892	1.573033	1.188566
	(0.25827)	(0.25446)	(0.23625)
	[3.03511]	[6.18191]	[5.03098]
D (ln*xfsp* (-1))	-0.670342	-1.037946	-0.482514
	(0.26127)	(0.25740)	(0.23899)
	[-2.56574]	[-4.03235]	[-2.01901]
	0.078423	0.047359	0.013386
C	(0.01958)	(0.01929)	(0.01791)
	[4.00467]	[2.45465]	[0.74728]
R - squared	0.779646	0.629238	0.656398
Adj. R - squared	0.750266	0.579803	0.610584
Sum sq. resids	0.047620	0.046223	0.039845
S. E. equation	0.039842	0.039253	0.036444
F - statistic	26.53616	12.72862	14.32757
log likelihood	65.83435	66.35551	68.95409
Akaike AIC	-3.476249	-3.506029	-3.654520
Schwarz SC	-3.254056	-3.283837	-3.432327
Mean dependent	0.102625	0.144367	0.126973
S. D. dependent	0.079725	0.060554	0.058401
Determinant Residual Covariance		1.03E-09	
log Likelihood		221.2667	
log Likelihood (d. f. adjusted)		213.1738	
Akaike Information Criteria		-11.15279	
Schwarz Criteria		-10.35290	

由于文中重点关注对 ln*gff* 的误差修正影响，仅给出相关的 VEC 模型的估计结果：

$$\Delta \ln gff_t = 0.078 - 0.036\Delta \ln gff_{t-1} + 0.784\Delta \ln gdp_{t-1} - 0.67\Delta \ln xfsp_{t-1} - 0.145ECM_{t-1} \quad (5.2.7)$$

（5.2.7）式中，SC 准则和 AIC 准则分别为 -3.254 和 -3.476，均较小，误差修正系数为 -0.145，符合反向修正机制，故满足模型有效性。该 VEC 模型反映国防费等三者的长期均衡关系对于短期波动具有一定的修正作用，即误差修正项将以 0.145 的力度对 lngff 的非均衡状态拉回到长期均衡状态（见图 5.8）。

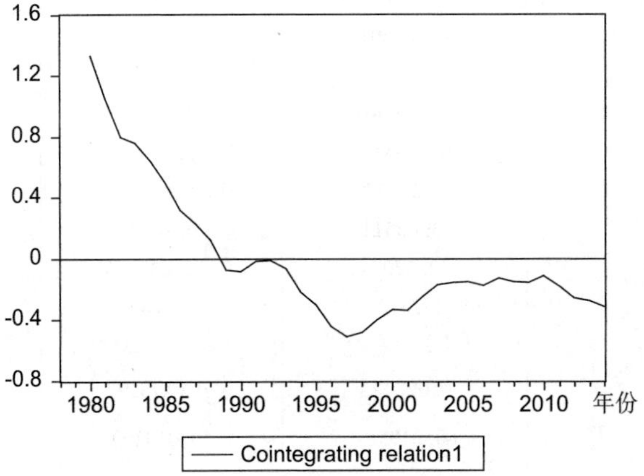

图 5.8　VEC 模型的误差修正曲线

图 5.8 中，零值均线代表了变量之间稳定的长期均衡关系。在 1980 年，误差修正项的绝对值比较大，表明该时期国防费的短期波动较大幅度偏离了长期均衡点，经过大约 10 年时间的调整，即在 1990 年左右回到长期均衡稳定状态。之后，国防费呈现反向短期波动，但绝对值较小，表明该时期国防费的短期波动偏离了长期均衡点的幅度较小。这还表明，近年来的国防费与经济规模、居民消费保持着较好的长期均衡稳定关系，国防费规模变化趋势是较为合理的。

5.3　供需因素与国防费资源统筹规模的动态关系

对 5.2 节的动态关系研究假设条件进行放宽，在供给因素影响下，加入需求因素对于国防费的影响，综合考察供需因素同时影响下的国防费资源统筹规模变化趋势和规律，能够得到更具有普适性的结论。

5.3.1　指标补充与数据检验

引入需求因素后，补充相应的研究指标。根据 5.1.3 中的分析知，应当选择外部威胁作为需求因素的研究对象，且重点考察与我国国家安全联系紧密的美国、日本、韩国、印度四个主要国家的国防费规模与我国国防费规模的动态关系。

样本数据的时间范围选择是一个技术问题，选择范围不合适，反而容易掩盖数据间的真实影响规律。由于我国 20 世纪 90 年代中期之前，一直强调以经济建设为中心，坚持“韬光养晦”的军事发展策略，因而与美、日、韩、印四国国家利益冲突相对较少，可以认为在 1996 年之前我国国防费与美、日、韩、印等国家国防费之间的相关程度不高；1996 年“台海”危机后，我国逐渐重视国防建设，别有目的的西方国家开始鼓吹“中国威胁论”，中国每年的国防费预算开始受到美国等西方国家的关注，美国加强了针对中国的在亚太地区的军事力量投入，并拉拢日本、韩国、印度等国家对中国进行战略包围，可以认为 1996 年之后我国国防费与美、日、韩、印等国家国防费之间的关系程度较高。

基于以上考虑，补充的样本数据选择 1996 ~ 2016 年美、日、韩、印四国的国防费，数据来源于斯德哥尔摩官方网站。美、日、韩、印的国防费分别表示为 gff_1、gff_2、gff_3 和 gff_4，原有的我国国防费、经济规模和居民消费指标仍然与上节表述形式一致，为 *gff*、*gdp* 和 *xfsp*。数据处理过程与 5.2 节略有不同，需要注意对不同国家的货币进行汇率换算，然后再进行对数化处理，记对数化处理后的美、日、韩、印四国国防费的时间序列分别记为 $\ln gff_1$、$\ln gff_2$、$\ln gff_3$ 和 $\ln gff_4$。数据检验过程同 5.2 节，检验原理和基本方法不再赘述，只给出检验的程序与结果。

（1）数据平稳性检验

数据平稳性检验方法同 5.2.2 节，按照检验精确度顺序依次进行直接观察法、自相关函数法和 ADF 单位根检验法。

① 直接观察法。直接观察法的结论如图 5.9 所示。

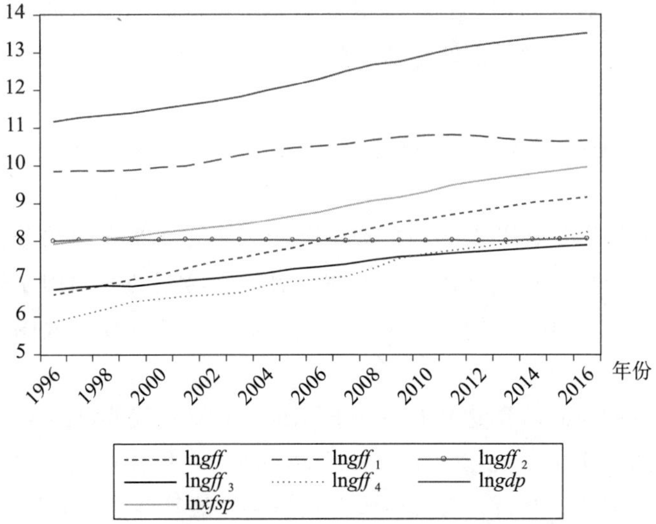

图 5.9　***gff***、***gff***$_1$、***gff***$_2$、***gff***$_3$、***gff***$_4$、***gdp*** 和 ***xfsp*** 的对数序列图

根据图像观察结果，我们初步认定这 7 个序列中，只有 lngff_2 看上去比较符合平稳序列的特征，其余序列均不是平稳序列，各序列随时间推移而存在着较为明显的增长趋势。

② 自相关函数法。接下来，采用自相关函数法来对数据平稳性进行进阶检验。文章篇幅所限，这里只给出需求因素中的美、日、韩、印四国国防费数据的自相关函数检验数据（详见图 5.10～图 5.13），其余指标不再进行赘述，结论同 5.2.2.2 节。

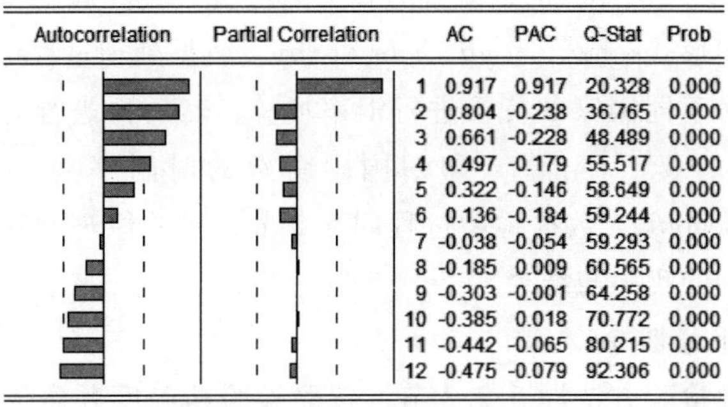

图 5.10　**ln*gff*$_1$ 自相关函数检验**

Autocorrelation	Partial Correlation		AC	PAC	Q-Stat	Prob
		1	0.582	0.582	8.1703	0.004
		2	0.251	-0.133	9.7671	0.008
		3	0.062	-0.039	9.8716	0.020
		4	-0.028	-0.030	9.8944	0.042
		5	-0.107	-0.092	10.243	0.069
		6	-0.258	-0.224	12.393	0.054
		7	-0.376	-0.179	17.269	0.016
		8	-0.453	-0.221	24.907	0.002
		9	-0.436	-0.160	32.571	0.000
		10	-0.240	0.070	35.097	0.000
		11	-0.070	-0.009	35.332	0.000
		12	0.005	-0.074	35.333	0.000

图 5.11 lngff_2 自相关函数检验

Autocorrelation	Partial Correlation		AC	PAC	Q-Stat	Prob
		1	0.879	0.879	18.676	0.000
		2	0.756	-0.076	33.208	0.000
		3	0.628	-0.089	43.806	0.000
		4	0.483	-0.157	50.441	0.000
		5	0.341	-0.085	53.949	0.000
		6	0.202	-0.091	55.257	0.000
		7	0.066	-0.094	55.407	0.000
		8	-0.067	-0.114	55.571	0.000
		9	-0.183	-0.068	56.919	0.000
		10	-0.271	-0.008	60.133	0.000
		11	-0.344	-0.065	65.858	0.000
		12	-0.404	-0.075	74.623	0.000

图 5.12 lngff_3 自相关函数检验

Autocorrelation	Partial Correlation		AC	PAC	Q-Stat	Prob
		1	0.851	0.851	17.509	0.000
		2	0.711	-0.053	30.342	0.000
		3	0.573	-0.068	39.159	0.000
		4	0.452	-0.029	44.959	0.000
		5	0.329	-0.087	48.226	0.000
		6	0.202	-0.106	49.546	0.000
		7	0.072	-0.116	49.727	0.000
		8	-0.056	-0.115	49.842	0.000
		9	-0.148	0.001	50.722	0.000
		10	-0.219	-0.033	52.835	0.000
		11	-0.290	-0.102	56.910	0.000
		12	-0.360	-0.103	63.873	0.000

图 5.13 lngff_4 自相关函数检验

由图 5.10 ~ 图 5.13，观察四国国防费数据的自相关函数图。lngff_1、lngff_3 和 lngff_4 序列直到滞后第 5 期才落入随机区间，且 $\hat{\rho}_k$ 并没有很快地趋于零。此时 Q 值分别为 58.649，53.949 和 48.220，概率值 p 小于 5% 的显著性水平，因此可以进一步确认 $\ln gff_1$、$\ln gff_3$ 和 $\ln gff_4$ 是不平稳的。对于序列 $\ln gff_2$，我们发现该序列在滞后第 2 期即落入随机区间，对应的概率值为 0.008，小于 5% 的显著性水平。这说明，$\ln gff_2$ 序列应当是不平稳序列。

③ ADF 单位根检验法。利用 ADF 单位根检验法，来最终确定各序列的平稳性。表 5.10 只给出需求因素下的新增四国国防费对数序列 $\ln gff_1 \sim \ln gff_4$ 的检验结果，其余结果同 5.2.2.2 节。

表 5.10　ADF 单位根检验与结论

序列	检验形式	ADF 值	1% 临界值	5% 临界值	10% 临界值	概率值	检验结果
$\ln gff_1$	$(c,t,1)$	-2.225	-4.533	-3.674	-3.277	0.4508	不平稳
$\Delta\ln gff_1$	(0,0,0)	-1.228	-2.692	-1.960	-1.607	0.1932	不平稳
$\Delta^2\ln gff_1$	(0,0,0)	-3.573	-2.699	-1.961	-1.607	0.0013	平稳
$\ln gff_2$	(0,0,0)	0.892	-2.686	-1.959	-1.607	0.8932	不平稳
$\Delta\ln gff_2$	(0,0,0)	-4.243	-2.692	-1.960	-1.607	0.0002	平稳
$\ln gff_3$	$(c,t,4)$	-1.951	-4.668	-3.733	-3.310	0.5824	不平稳
$\Delta\ln gff_3$	$(c,t,2)$	-2.503	-4.616	-3.710	-3.298	0.3225	不平稳
$\Delta^2\ln gff_3$	$(c,t,1)$	-8.316	-4.616	-3.710	-3.297	0.0000	平稳
$\ln gff_4$	$(c,t,1)$	-2.982	-4.533	-3.674	-3.277	0.1620	不平稳
$\Delta\ln gff_4$	$(c,0,0)$	-3.075	-3.851	-3.030	-2.655	0.0458	不平稳
$\Delta^2\ln gff_4$	(0,0,1)	-4.146	-2.708	-1.963	-1.606	0.0004	平稳

同样，表 5.10 中还是采用 SC 准则确定滞后长度。如 $\ln gff_1$，按照 SC 准则，最优滞后阶数为 1，且截距项和趋势项非零，有检验形式为 $(c,t,1)$。可知，在检验水平为 1% 的临界值下，$\Delta^2\ln gff_1$ 序列拒绝含有单位根的原假设，认为是平稳序列，说明原序列 $\ln gff_1$ 是二阶单整的，记为 $\ln gff_1 \sim I(2)$。同理，$\Delta^2\ln gff_3$ 认为平稳序列，$\ln gff_3$ 是二阶单整序列，记为 $\ln gff_3 \sim I(2)$；$\ln gff_4$ 是二阶单整序列，记为 $\ln gff_4 \sim I(2)$。而 $\ln gff_2$ 的一阶差分序列 $\Delta\ln gff_2$ 即为平稳序列，说明 $\ln gff_2$ 是一阶单整的，记为 $\ln gff_2 \sim I(1)$。因此，日本国防费序列与中国、美国、韩国、印度国防费序列不是同阶的，不满足协整条件。结合 5.2.2.2 的结果，$\ln gff$、$\ln gff_1$、$\ln gff_3$、$\ln gff_4$、$\ln gdp$ 和 $\ln xfsp$ 六个序列均为二阶单整序列，满足协整检验条件。

(2) Johansen 协整检验

检验原理同 5.2.2.3 节，检验过程数据如表 5.11 所示。

表 5.11　Johansen 协整检验

原假设	特征值	trace 统计值	临界值（1%）	e-g 统计值	临界值（1%）	滞后长度
None	0.971	155.209	104.961	71.002	45.868	2
At most 1	0.798	84.207	77.818	32.025	39.370	2
At most 2	0.666	52.182	54.681	21.956	32.715	2
At most 3	0.539	30.225	35.458	15.516	25.861	2
At most 4	0.436	14.709	19.937	11.477	18.520	2
At most 5	0.149	3.232	6.634	3.232	6.634	2

根据表 5.11 分析，trace 统计量检验结果和 e-g 统计量检验结果略有不同，按照依次检验顺序，trace 统计量接受原假设“At most 2”，而 e-g 统计量接受原假设“At most 1”。综合考虑得到可接受结论，认为 $\ln gff$、$\ln gff_1$、$\ln gff_3$、$\ln gff_4$、$\ln gdp$ 和 $\ln xfsp$ 六者间在 1% 的检验显著水平下必然存在 1 个协整关系。

5.3.2　模型重建与分析

模型重建阶段，通过引入需求因素指标对原有模型进行扩展重建。由于 $\ln gff_2$ 与其他变量间不具有协整关系，故模型扩建过程中不讨论日本国防费。建模基本原理与分析步骤同 5.2.3 和 5.2.4 两节，具体阐述如下。

首先，引入变量 $\ln gff_1$、$\ln gff_3$、$\ln gff_4$，对原有 VAR 模型进行扩展，相关参数省略，得到估计结果较好地 VAR 模型包括一阶 VAR 模型和二阶 VAR 模型两种形式。进一步比较两种模型的有效性，利用单位圆进行模型稳定性检验，如图 5.14、图 5.15 所示。

比较图 5.14 和图 5.15，显示结果表明，一阶 VAR 模型中所有根的倒数的模均小于 1，说明一阶 VAR 模型是稳定的；二阶 VAR 模型中有两个根在单位圆之外，说明一阶 VAR 模型是不稳定的。因此，选择一阶 VAR 模型作为研究对象，具体形式为：

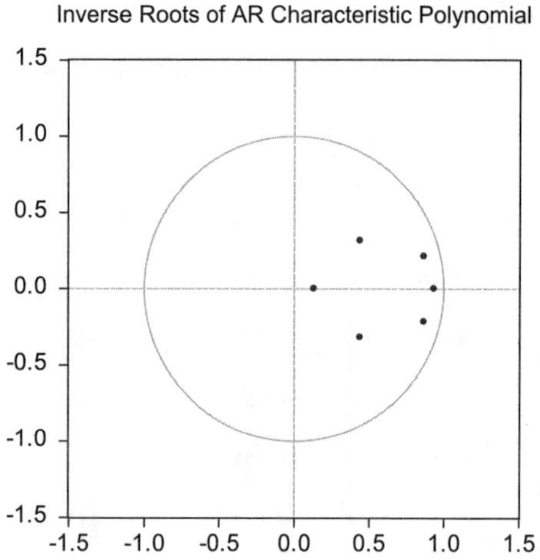

图 5.14　一阶 VAR 模型单位根分布

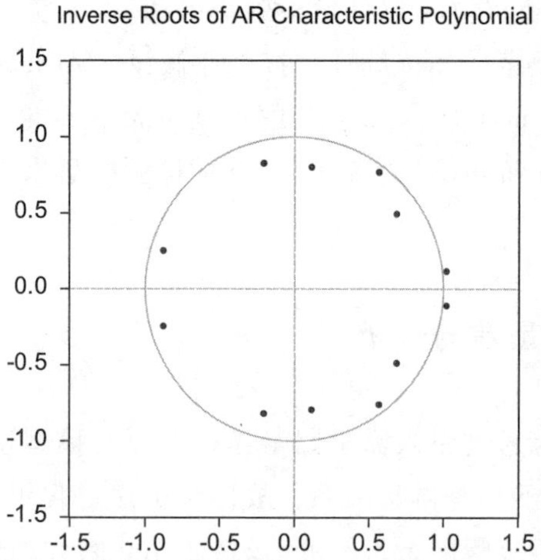

图 5.15 二阶 VAR 模型单位根分布

$$\begin{bmatrix} \ln gff \\ \ln gff_1 \\ \ln gff_3 \\ \ln gff_4 \\ \ln gdp \\ \ln xfsp \end{bmatrix}_t = \begin{bmatrix} 0.488 \\ 4.389 \\ 1.505 \\ -1.268 \\ 0.092 \\ -0.212 \end{bmatrix} + \begin{bmatrix} 1.083 & -0.071 & -0.069 & -0.054 & 0.354 & -0.424 \\ 0.754 & 0.717 & -0.126 & -0.221 & -0.095 & -0.424 \\ 0.272 & 0.132 & 0.050 & -0.132 & 0.184 & 0.071 \\ 0.008 & -0.295 & 0.313 & 0.586 & 0.951 & -0.755 \\ 0.223 & 0.191 & -0.035 & -0.057 & 0.751 & -0.001 \\ 0.011 & 0.028 & -0.208 & 0.107 & 0.420 & 0.495 \end{bmatrix}$$

$$\begin{bmatrix} \ln gff \\ \ln gff_1 \\ \ln gff_3 \\ \ln gff_4 \\ \ln gdp \\ \ln xfsp \end{bmatrix}_{t-1} + \begin{bmatrix} \varepsilon_1 \\ \varepsilon_2 \\ \varepsilon_3 \\ \varepsilon_4 \\ \varepsilon_5 \\ \varepsilon_6 \end{bmatrix}_t \tag{5.3.1}$$

观察（5.3.1）式中 VAR 模型中的 ln*gff* 方程式，可知影响第 t 期国防费的主要因素包括第 $t-1$ 期的国防费、国内生产总值和居民消费水平等供给因素和第 $t-1$ 期的美国、韩国、印度国防费等需求因素。其中，影响作用较大的因素除自身外，还包括第 $t-1$ 期国内生产总值和居民消费水平，均为供给因素；影响作用较小的因素包括第 $t-1$ 期美国、韩国、印度国防费，均为需求因素。

其次，利用脉冲响应函数对 VAR 模型的动态关系进行分析，重点分析变量 ln*gff* 受到自身和其他变量扰动后的反应程度。脉冲响应结果如图 5.16 所示。

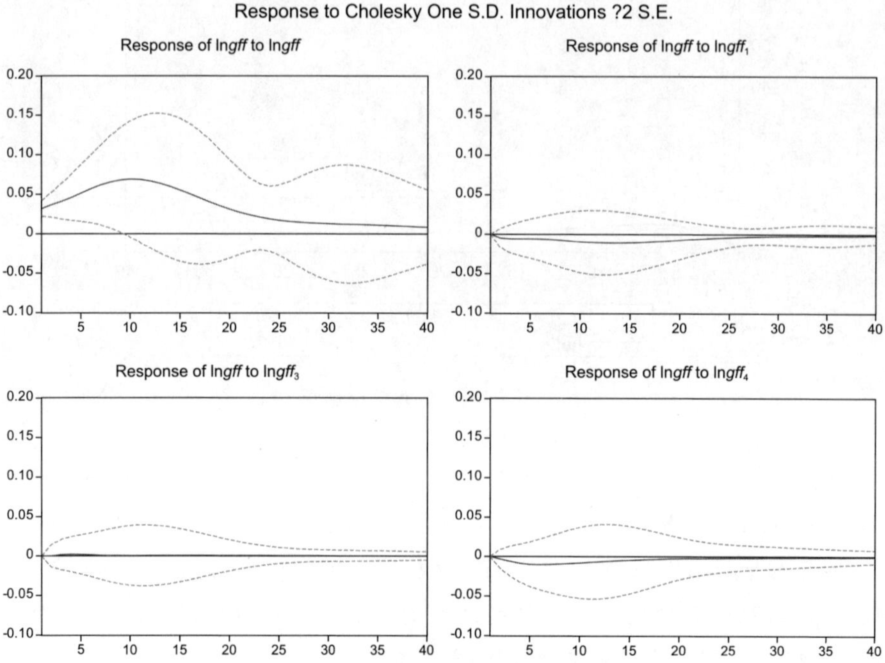

图 5.16　脉冲响应函数组图

选择 Cholesky 因子的一个标准差新息脉冲，脉冲依次来自于 ln*gff*、lngff_1、lngff_3、lngff_4、ln*gdp* 和 ln*xfsp* 等六个方程，然后以 ln*gff* 为研究对象，重点观察对不同国家国防费的脉冲响应作用效果（图 5.16 仅给出 ln*gff*、lngff_1、lngff_3 和 lngff_4 的四组观测结果）。ln*gff* 对其自身的标准差新息脉冲立即做出响应，结果为正且持续增长，在第 10 期达到最大，经 40 个周期的缓慢衰减后稳定趋于零，说明国防费对于自身具有较为持久的强正向作用；ln*gff* 对来自 lngff_1、lngff_3 和 lngff_4 的标准差新息脉冲结果均为弱反向作用，这与 VAR 模型中的对应系数所反映的结论是一致的，说明我国国防费规模走向受到美国、韩国和印度国防费规模影响是非常有限的。

接着，采用方差分解方法，分析 ln*gff* 受到脉冲冲击而发生变化时，各影响因素对于 ln*gff* 实际变化量的贡献度（见图 5.17、图 5.18）。

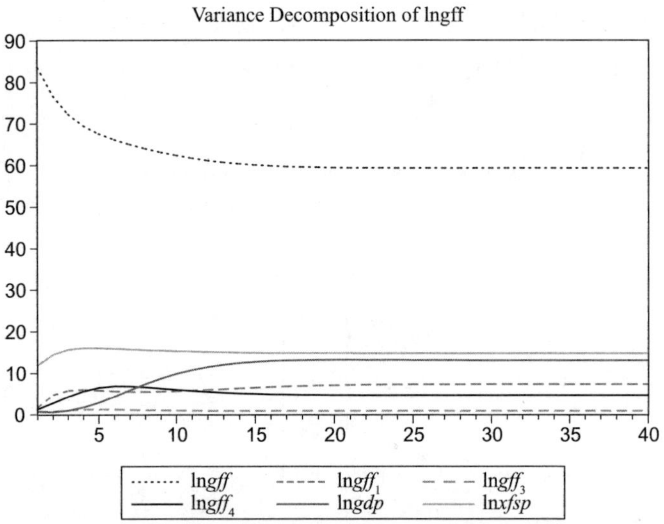

图 5.17　ln*gff* 方差分解结果

由图 5.17 知，随着时间推移，ln*gff* 变化受到自身因素的影响逐渐变小，受到非自身因素的影响逐渐变大。由图 5.18 知，在考虑供需因素的双重影响下，国防费分解结构在第 40 期左右基本稳定，国防费变化 59% 是由自身变化引起的，约 15% 是由居民消费引起的，13% 是由经济规模增长引起的，7% 是由美国国防费引起的，5% 是由印度国防费引起的，还有 1% 是由韩国国防费引起的。以上结果说明，在排除国防费自身趋势性的影响后，影响因素的作

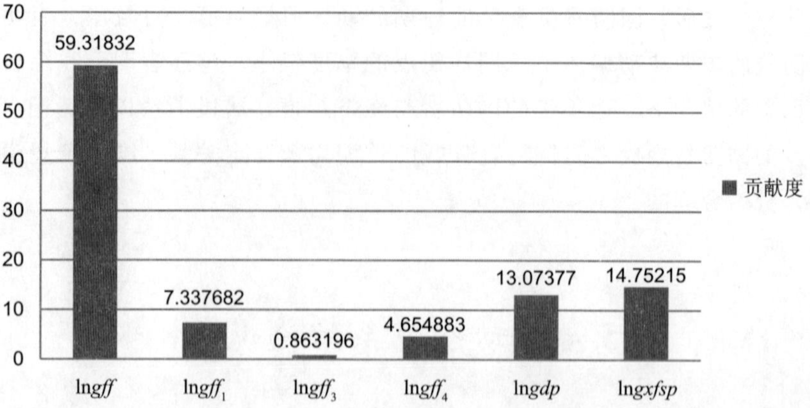

图 5.18　lngff 方差分解贡献度柱状图

用中，供给因素占比重为 28%，需求因素占比重 13%。在需求因素中，影响因素重要程度（即贡献度）依次为美国 > 印度 > 韩国。

最后，基于长期均衡条件下，绘制 VEC 模型的误差修正曲线图进行分析，如图 5.19 所示。

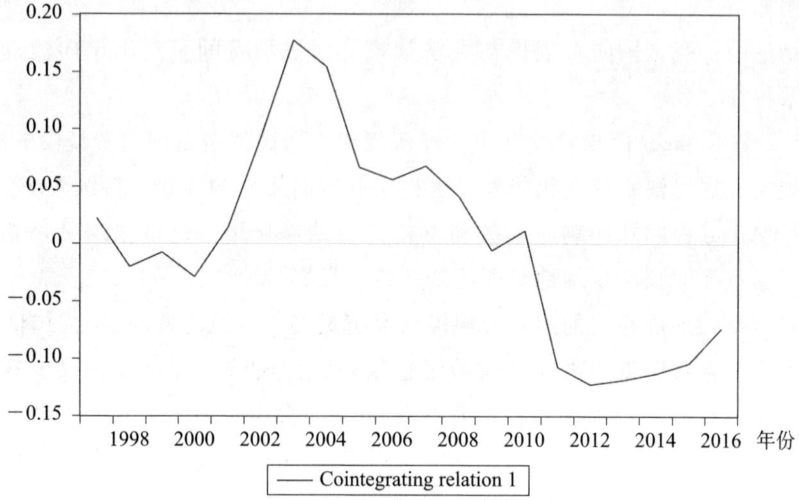

图 5.19　VEC 模型的误差修正曲线

图 5.19 中，零值均线代表了变量之间稳定的长期均衡关系。在 2003 年，误差修正项的绝对值比较大，表明该时期国防费的短期波动较大幅度偏离了长期均衡点，大约经过 6 年左右时间的调整，即在 2009 年左右回到长期均衡

稳定状态。之后，国防费呈现反向短期波动，但绝对值相对较小，表明该时期国防费的短期波动偏离了长期均衡点的幅度较小。这还表明，在综合考虑供需因素的情况下，近年来的国防费与经济规模、居民消费以及美国、韩国和印度的国防费规模之间保持着较好的长期均衡稳定关系，国防费规模变化趋势是较为合理的。

5.4 动态关系结论说明

在传统经济理论中，国防费通常被视为政府的纯消耗性支出。在供需因素的综合影响下，国防费应当呈现于一种什么样的数据特征和变化形态，遵从如何的变化规律，是学术界研究的热点。我们通过运用协整检验、建立无约束向量自回归（VAR）模型、误差修正（VEC）模型，采用脉冲响应和方差分解来分析变量间的动态关系，通过实证检验得到一些有意义的结论，具体说明如下。

结论一：我国国防费规模与经济规模、居民消费间呈现出单向流动的因果关系特征。

5.2 节 Granger 因果检验指出，经济规模、居民消费是国防费规模的原因，经济规模、居民消费的变化能够显著地引起国防支出的变化，持续效应为 3～4 年。VAR 方程的脉冲响应函数和方差分解结果显示，这种作用是强相关正向作用，且能够长期持续地对国防费产生积极影响。

对策一：形成稳定的国防费规模与经济规模、居民消费的联动影响机制。

事实上，我国近年来经济快速平稳发展，为国防建设事业提供了有力的经济支撑。居民消费水平的提高意味着购买能力增强，生活水平提升，必然渴望拥有安全稳定的生存环境，将会更注重国防建设发展。因此，形成稳定的国防支出与经济增长、居民消费的联动影响机制，确保国防支出水平与国民经济运行发展相吻合、相适应。

结论二：我国国防费规模增长不会造成经济减速和消费水平降低。

5.2 节 Granger 因果检验指出，国防支出并不是经济增长、居民消费的原因。这表明，不能认为增加国防支出就必然会造成经济减速，损害国民经济平稳运行。国防费并未对经济规模、居民消费产生“挤出效应”，适当提高国防费水平不会造成人民生活质量下降。

对策二：适度增加我国国防费规模总量，提高国防费占 GDP 的比重。

近年来，虽然我国国防支出不断增长，但与美欧发达国家相比，国防支出占 GDP 总量的比重仍然偏低，人均国防费明显不足。因此，需要相关决策部门加强论证工作，在不影响经济运行的前提下适当提高国防支出水平，加快国防建设步伐。

结论三：短期内，国防费规模整体呈现负规模性，反哺经济的“溢出效应”不明显。

5.2 节 VAR 模型显示，当年国防费受到前 1 年的国防费、经济规模和居民消费影响显著，影响系数分别为 0.799，0.813 和 -0.617。而脉冲响应函数分析结果显示，当年国防支出对经济规模、居民消费的影响作用为弱正向，且具有 4 ~5 年的滞后性。这表明，现阶段我国国防费规模还不足以对国民经济运行起到积极有效的推动作用，国防建设与经济发展的关联性不强，国防建设反哺国民经济的“溢出效应”还未得到显现。

对策三：加强军民融合建设，发挥国防费对于经济规模增长的拉动作用。

“溢出效应”的不明显代表了国防费的效益发挥无法有效渗透到国民经济部门，说明军民融合程度还不高，军地一体化建设还有待完善。因此，需要加强军民融合，寓军于民，充分利用民用部门的自身优势发展军事高科技，实现军民部门优势互补、资源共享、成果转化，建立民企保密生产资质认证制度，提高融合关联程度，缩短国防建设“溢出效应”的滞后期，不断增强国防费对经济规模增长的拉动作用。

结论四：我国国防费规模与日本国防费规模不存在相互影响的协整关系。

5.3 节中，ADF 单位根检验结果表明，$\ln gff$ 与 $\ln gff_1$、$\ln gff_3$、$\ln gff_4$ 四组数据均为二阶差分平稳序列，而只有 $\ln gff_2$ 为一阶差分平稳序列。结合 Johansen 协整检验结果分析，知中、美、韩、印四国国防费规模之间存在协整关系。由于数据不同阶，日本与上述国家之间不具备协整条件，说明我国与日本在国防费规模上不存在的相互影响的协整关系。

对策四：认识日本国防费规模特殊性的本质，在战略上加强对日本的持续关注。

我国与日本不存在国防费规模的协整关系产生的原因在于，一是由于长期受到经济增长疲软和和平宪法的双重制约，日本国防开支总量增长有限，因而导致在数据协整关系上与我国关联度不高，但并不意味着可以放松对日本军事动向的持续关注；二是本书选用的统计数据时间范围是 1996 ~ 2016 年，而中日关系敏感的“钓鱼岛”事件发生于2013 年，2013 年之前中日关系相对和平，因此导致两国国防费之间关联性较弱；三是由于美日之间的军事同盟状态，使得日本部分国防内在需求的增长以美国国防费增长的外在形式表现出来，导致日本本身国防费规模变化不大。因此，我国应当在战略上加强对日本的持续关注，但在我国国防费总体规模测算方面不能以日本国防费总体规模作为主要的参考测算依据。

结论五：对我国国防费规模的影响综合程度，自身因素 > 供给因素 > 需求因素，美国 > 印度 > 韩国 > 日本。

5.3 节中，VAR 模型显示，我国当期国防费规模受到前一期供给因素的影响作用大于前一期的美国、韩国、印度国防费等需求因素的影响。脉冲响应结果表明，美国、韩国和印度的国防费在受到脉冲冲击时，对我国国防费产生的扰动影响有限，并很快趋于零。方差分解结果表明，在滞后 40 期各因素趋于稳定后，对于我国国防费变化的贡献率中，自身因素占 59%，供给因素占 28%，需求因素占 13%，自身因素 > 供给因素 > 需求因素。需求因素中，美国国防费约占 7%，印度国防费约占 5%，韩国国防费约占 1%，日本国防费与上述国家不存在协整关系，故影响为最小，有美国 > 印度 > 韩国 > 日本。

对策五：我国国防费规模确定应当坚持“以我为主、量入为出、统筹兼顾”的原则。

按照国防费影响综合程度的大小，影响最大的是国防费本身，因此应当立足于准确把握国防费自身的趋势性和规律性，坚持以我为主的原则，按照我国国防建设的固有规律，合理制定国防军事发展战略和长远规划，保持战略定力，向着长远目标不断前进；影响处于其次的是供给因素，因此应当坚持量入为出原则，把握国防费供需矛盾的主要方面，国防费规模的确定应当与国民经济运行相适应，在经济发展的可承受范围之内，并且不影响人民的生活水平和消费能力为宜；尽管影响最小的是需求因素，也应当进行适当的统筹兼顾，摸清楚周边国家国防发展策略和国防费投入状况，提前制定相应对策，并作为我国国防军事发展战略制定的参考依据，确保我国国防费规模测算更具有针对性，减少盲目决策带来的不确定性。

结论六：长期内，国防费规模与供需因素之间维持均衡状态，存在围绕长期均衡点波动的合理区间。

5.2 节和 5.3 节的 Johansen 协整检验均显示，我国国防费规模和供需因素之间均存在稳定的长期均衡关系，合理的国防费规模运行状态应当在一定允许范围内围绕长期均衡状态上下波动。VEC 模型显示，我国国防费在 2014 年左右达到最近一次的负向偏差极大值，随后受到误差修正作用，被反向拉回长期均衡状态。

对策六：未来短期内，我国国防费规模总量应当适当增加。

根据图 5.19 知，尽管 2016 年我国国防费已经逐步向着长期均衡状态靠拢，但是从目前看与长期均衡状态相比，仍然处于国防费规模总量偏少的状态。这说明，随着国家战略利益的拓展和延伸，国民经济发展对国家安全和国防建设提出更高要求，国防费规模比例显然偏低，表现为国防费规模短期波动曲线位于长期均衡直线下方。因此，需要在未来短期（3~5 年内）适当增加国防费规模支出，尽快回到长期均衡状态，同时重视并长期坚持经费预测的基础工作，提高国防预算的科学性、合理性、前瞻性，发挥国防费资源统筹配置的最大化效益。

5.5　本章小结

本章从动态关系的角度研究了我国国防费资源统筹规模在供给因素和需求因素的双重影响下，具有怎样的运动规律和变化特征。首先，对影响我国国防费资源统筹规模的因素进行分类，逐一分析经济规模、财政收入、其他公共支出和居民消费四大主要供给因素和军事战略、外部威胁和社会支援等三大主要需求因素分别影响国防费资源统筹规模大小的潜在影响机理，给出了定性的理论研究结论。其次，在按照由浅入深、由简单到复杂、由一般到特殊的研究顺序，分别对供给因素单独影响和供需因素共同影响下与国防费资源统筹规模的动态关系进行研究，得到了定量的实证研究结论。在实证研究过程中，文中充分吸纳了现代计量经济学理论思想，从时间序列数据平稳性与协整关系入手，广泛采用了 ADF 单位根检验、Johansen 协整检验、Granger 因果检验等数据检验工具，建立了无约束 VAR 模型、VEC 模型等计量经济模型，进行了脉冲响应、方差分解等数据解析计算，得到了具有一定说服力的结果。最后，对实证分析的结果进行总结概括，提炼出六条基本结论，并提供相应的对策建议供决策者参考借鉴。

第6章　我国国防费资源配置结构的优化与评估

国防费结构决定子模型是国防费资源统筹配置第二阶段的关键模型，重点解决当前学术研究中国防费资源配置运行机制规律研究不够深入，国防费资源配置使用效益研究不够深入的问题。本章将重点研究在既定国防费规模情况下，如何合理分配国防费的投量与投向，形成合理的各部分、各部门、各项目的国防费合理结构比例，并对国防费配置在使用阶段的效益状况进行分析，验证国防费配置的合理性与有效性，形成国防费资源统筹配置研究闭环。

6.1　国防费资源配置结构分解

国防费资源配置结构分解是实现资源优化配置的实践手段。尽管国防费资源配置结构的分解形式没有固定模式，但是世界各国在对国防费进行结构分解时，都会遵循一个基本的原则，这就是国防费军事经济综合效益最大化原则，即在综合考虑提升联合作战能力和经费使用效益的导向下，加强国防费优化配置和集中统筹管理，打破国防费在各军兵种和各事业部门之间的条块分割，理顺国防费资源分配与军事任务项目的内在逻辑关系，有效避免国防费资源的盲目配置、低效配置、重复配置和苦乐不均等结构失衡现象。简言之，国防费资源配置结构分解的本质就是一个国家进行资源配置时的经费分配显性脉络。

6.1.1 美国国防费资源的项目分解模式

美国国防费资源的项目分解模式，指的是美军国防费的直接分配是与具体的军事项目进行匹配对接的模式，匹配对接的最终结果就形成了美军的国防预算。PPBE 系统是美国国防部进行项目分解模式的机制保证，PPBE 系统运行的原理及全过程在本书第 3 章中已经进行了详细的阐述，本章中将不再赘述。但是有一点需要注意，PPBE 系统所划分的军事项目并不是按照军兵种结构的大框架下进行的项目分类和归集，而是突破军兵种的壁垒和界限，转而按照联合作战能力需求，从战斗力角度对军事战略和作战任务有效地逐级分解、系统切割为相对独立的一个个具体的军事项目。这样做的最大优势在于能够从根本上解决由于军兵种利益分割和权限壁垒所带来的国防费资源配置条款分割问题，保证国防费资源在向各个方向、部门和具体项目流动的过程中，各环节的交易成本实现最小化，国防费的配置与军事项目战斗力的发挥达到配合的极致。

在项目分解模式下，我们重点关注美国国防部对于美军军事项目是如何进行具体划分的。在第 2 章中已经说明，PPBE 系统由规划阶段、计划阶段、预算阶段和执行阶段所组成。其中，在计划阶段中，最后的核心环节是制定《未来年份国防计划》（Future Year Defence Plan，FYDP）。在 FYDP 中，明确了美军未来 6 年内的军事项目内容和对应到每一个军事项目的国防费需求计划[135]。表 6.1 中明确给出了美国国防部 FYDP 中所列举的军事计划项目分类及对应内容。

表 6.1　　美国国防部军事计划项目

序号	基本军事项目	备注
1	战略力量	作战类项目
2	常规力量	作战类项目
3	指挥、控制、通信、智能和太空	作战类项目
4	机动力量	作战类项目
5	国民警卫队和预备役部队	作战类项目
6	研发	非作战类项目
7	基本的供给与维护	非作战类项目

续表

序号	基本军事项目	备注
8	训练、医疗与其他人员活动	非作战类项目
9	行政管理和相关的活动	非作战类项目
10	对其他国家的援助	非作战类项目
11	特种作战力量	作战类项目

表 6.1 显示，美国国防部的军事计划项目按照是否与作战直接相关，将其分为作战类项目和非作战类项目两大种类。作战类项目包括序号 1 ~ 5 和序号 11 所含内容，共计 6 项，分别是战略力量，常规力量，指挥、控制、通信、智能和太空，机动力量，国民警卫队和预备役部队和特种作战力量，非作战类项目包括序号 6 ~ 10 所含内容，共计 5 项，依次为研发，基本的供给与维护，训练、医疗与其他人员活动，行政管理和相关的活动，对其他国家的援助，特种作战力量。

以上的 11 类军事计划项目构成了美国国防费资源配置的基本项目，在基本项目之下还可以对项目进行细化，设置各级子项目或细目，最低层子项目即为国防费配置的基本单位。对于其中任意一个子项目而言，在进行国防费资源配置比例确定时，不会关心涉及的军种和部门，而是在具有同类性质、实现同类功能的众多可行子项目中，按照效益优先的原则，进行方案的对比分析与综合平衡，并以此作为该子项目优先排序和是否保留的依据。将选择后保留下来的子项目按照 11 类军事计划项目进行分类归集，就可以得到美国国防费的整体配置情况。从实际情况来看，11 类项目间的国防费投入比例是不相同的，不同类别间的国防费数额差异较大，反映了不同类别的重要程度差异（见图 6.1）。

图 6.1 反映了美国国防费在其军力安排部署的 11 类大项中的大致比例分布（4 年间平均比例），序号 1 ~ 11 分别对应表 6.1 中的项目分类。显然，在所有军事计划项目中，国防费投入比例最大的是“常规力量”（2 号），约占国防费规模总量的 34%；其次是训练、医疗与其他人员活动（8 号），约占国防费规模总量的 17%；比例最小的是“对其他国家的援助”（11 号），仅占国防费规模总量的 1%。这也反映出美国国防费资源配置在不同项目间的投入力度是存在差异的，各类项目的重要程度是存在区别的。

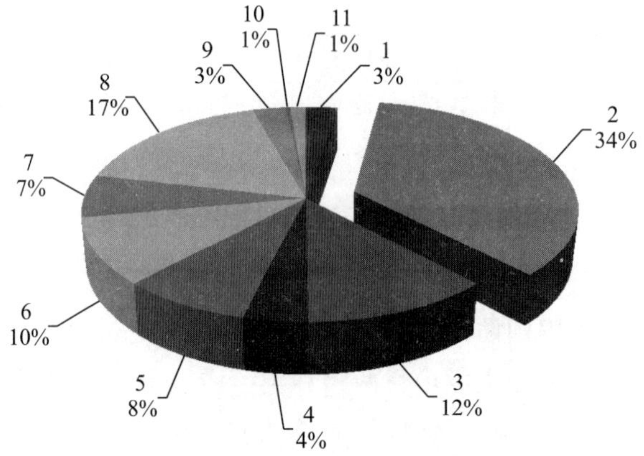

图 6.1　美国国防费资源配置比例（按照 11 类基本项目划分）

美国这种按照军事计划项目对国防费资源进行统筹配置的做法，具有独特的优越性，主要在于：第一，FYDP 从联合作战需求的角度实现了对国防费资源的有效分割，在 FYDP 的指导下，国防费资源的配置一定是按照不同的作战要求或作战保障要求而有序进行，将国防费直接与战斗力生成相联系，使得国防费投入到产生效益的过程更为扁平化，环节更少，效率更高。第二，传统的以军种为国防费分配单位的“切蛋糕”式的经费划分，由于不同军种间的议价能力和竞争策略存在差异，带来的最明显的问题就是国防费资源分配主观色彩浓厚，军种间苦乐不均，国防费与军种建设任务由于人为割裂而不够匹配的现象。采取项目分解模式后，国防费配置过程不再与军种挂钩，这种资源配置方式从根本上就避免了不同军种间可能发生的经费资源竞争，避免了国防费资源的重复配置。第三，按照军事任务和军事计划项目来进行国防费资源配置时，通过将军事任务与国防费数量在军种间进行统一调节，能够增强各军种间预算执行的灵活性，克服传统预算体制下的国防预算固有的刚性弊端。

6.1.2　我国国防费资源的“三段四级”分解模式构想

6.1.2.1　“三段四级”分解模式的体系结构

研究美国国防费资源的项目分解模式，对于我国国防费资源的分解模式综合论证，具有很好的借鉴意义。结合 3.4 节中的研究启示，我国国防费资源配置的逻辑轨迹是：在尊重我国基本国情和军情的前提下，根据我们国家和军队长远规划的战略方针目标，牵引我军军事能力需求生成，根据军事能力需求主导军事计划项目的论证和发展，以军事计划项目为途径实现国防费资源配置。据此，建立我国国防费资源分解模式的体系结构框架，如图 6.2 所示。

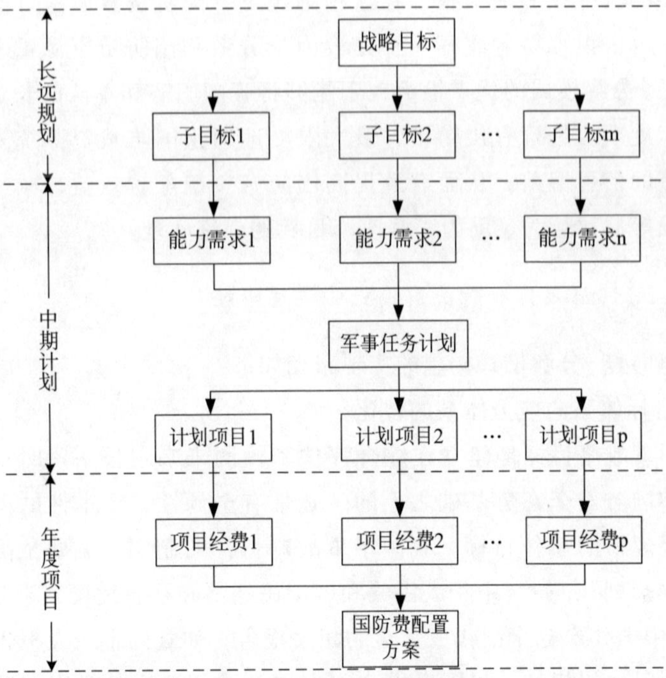

图 6.2　"三段四级"分解模式的体系结构框架

图 6.2 中所反映的我国国防费资源分解模式，简称为"三段四级"分解模式。所谓"三段"，指的是我国国防费资源配置分解的长远规划阶段、中期计划阶段和年度项目阶段；所谓"四级"，指的是我国国防费资源配置分解由远及近、由高到低的四级体系，依次是目标体系、能力体系、项目体系和经费体系。

"三段四级"分解模式构想，借鉴了美军 PPBE 系统的设计思想，注重从顶层设计开始，将战略目标逐步转化为现实的国防费需求，以确保国防费资源配置与最初的军事战略目标内在一致性，最大限度地纠正国防费资源统筹配置过程中的各环节的信息偏差，将我国国防和军队的长远规划、中期计划和年度项目进行有机衔接，将战略目标、能力建设、计划项目和经费安排进行综合平衡，实现国防费资源配置的整体功能。

"三段四级"分解模式的提出与我军军队规模结构和力量编成改革的总要求具有内在一致性。当前，我国军队改革正在稳步推进，已经初步形成"军委管总、军种主建、战区主战"的基本格局。军队新的编制体制下，赋予了军兵种更多的自主权和话语权。在这种情况下，国防费资源配置的权限逐渐向军兵种下沉，很容易造成军兵种建设力量分散和国防费资源重复配置。而"三段四级"分解模式的优点恰恰在于能够将我国国防和军队的长远规划、中期计划和年度项目进行有机衔接，最大限度地纠正国防费资源统筹配置过程中的各环节的信息偏差，从而有效提高国防费资源配置效益，减少重复投资和分散建设等低效行为，助力军队改革目标的最终实现。

6.1.2.2 "三段四级"分解模式的实现路径

"三段四级"分解模式构想的实现路径如下：

(1) 目标体系向能力体系的转化

我国军事战略目标是建立在综合评估和预测未来较长一段时期国家经济发展形势和国防安全态势基础之上的，是带有全局性、根本性的国家军事领域长远发展规划的总体目标。我国军事战略目标的制定，主要依据包括：国家的"五年规划"，如《中华人民共和国国民经济和社会发展第十三个五年规划纲要》；中国共产党全国代表大会的相关报告，如党的十八大报告提出"建设与我国国际地位相称、与国家安全和发展利益相适应的巩固国防和强大军队"的军队建设目标，党的十九大报告提出的"要坚持走中国特色强军之路，全面推进国防和军队现代化"的新时期国防建设思想；还包括中国国防部自1998年开始两年发布一次的《中国国防白皮书》，如2015年第九部国防白皮书《中国的军事战略》中明确提出"优化军委领导机关职能配置和机构设置，完善各军兵种领导管理体制"等新时期军队建设要求。

目标体系是对总体目标的细化和分解，形成具有方向性、针对性和相对独立性的一系列子目标，子目标分解的最终结果是形成具有直接操作性的具体目标。在多层级目标体系中，上级目标是对下级目标完成任务的总体性、概括性描述，指导着下级目标的具体实施；下级目标是对上级目标的状态描写、指标描述和参数量化，服从和服务于上级目标的实现要求。把握好上下级目标关系，才能保证目标体系的有效性。

能力体系的构建与军事战略目标体系的要求是相辅相成的。通过对军事目标进行状态描写、指标描述和参数量化，将其转化为达成该目标的能力需求，包括单项能力指标、关键性能指标和综合能力指标等。能力体系的构建应当基于联合作战的思想，即提出目标能力需求时，摒弃军兵种各自提出需求的“烟囱”式的传统需求生成方式，而是从达成目标的角度出发，不管由哪个军种来主导能力需求建设，只要最优目标达成即可。如在论证我军对空防御信息指挥能力需求时，应当按照能力区域划分为信息获取能力、信息存储能力、信心传输能力、信息处理能力等来提出具体指标要求，避免了由各军种独立提出基于自身考虑的对空防御信息指挥能力需求，而造成能力需求出现区域重叠的现象。

(2) 能力体系向项目体系的转化

能力体系向项目体系转化，是将较为抽象的军事能力需求具象化为可执行的军事计划项目建设的重要步骤，转化时应当始终坚持以我军战斗力能够得到极大发挥为总体原则，确保军事计划项目与能力需求间具有紧密的内在联系，项目体系能够满足能力体系的总体需求。

在转化过程中，需要对每种能力需求进行系统分析与综合评估，明确能力需求的具体指标与性能要求。在此基础上，综合论证备选计划项目中，每个计划项目在满足能力需求时存在的能力冗余和能力差距以及每个计划项目的效费比关系，建立能力需求与计划项目的一一映射关系，以此作为选择合适计划项目的决策依据。如在战略核武器威慑力量建设过程中，备选计划项目包括某型弹道导弹核潜艇建设项目（海军主建项目）、某型洲际弹道导弹建设项目（火箭军主建项目）、某型远程战略轰炸机建设项目（空军主建项目）等。在进行计划项目选择时，应当将以上项目放在一起进行统筹论证与综合平衡，结合实际需要和国防经济可承受能力选择综合军事效益最好的某个项目作为第一优先发展项目，在经费保障上面向该项目重点倾斜，并确定其他各项目发展顺序，以此作为对该能力需求的体现。对于经过综合论证后，认为不需全部发展的同质化项目，则可以对项目进行删减，避免了军种间的重复建设问题。

(3) 项目体系向经费体系的转化

项目体系向经费体系的转化本质上属于经费需求测算的问题。项目经费需求包括单位项目经费需求和项目经费总需求。

单位项目经费需求的测算，由于受到项目自身技术状态、生产管理水平、成本控制等多个环节的综合影响，很难得出准确经费需求数值。为此，在工程技术中通常采用科学估算方法，来提高对于单位项目经费的准确预测。常用的科学估算方法包括参数法、类比法、工程估算法等。参数法适用于历史数据较为完整，项目的性能参数相对稳定，项目中各种技术成熟固化，能够通过回归分析建立适合的经费测算回归公式的情形；类比法适用于具有相同或相似特点、性质的同类型项目，通过寻找同类项目间的费用数据协整关系，并结合可量化的技术状态与性能指标差异来进行修正调整，测算其费用，如某型军辅船建设项目，在测算新型的5000吨军辅船的经费需求时，可以参考现有同样功能的3000吨军辅船的实际费用，按照5∶3的关系进行类比估算；工程估算法则顾名思义，按照工程结构进行工程分解，将原项目分解为可以单独进行费用计算的子项目或分系统，然后分别计算子项目或分系统的直接费用，之后再叠加求和，再加上各种间接费用和利润，最后得到原项目总费用，该方法多用于集成性较强的复杂工程项目。

项目经费总需求的计算，则是基于单位项目经费需求测算的基础上展开的。完成单位项目经费需求测算后，将项目体系中所有单位项目经费进行叠加求和，即为项目经费总需求。项目经费总需求受到国民经济发展状况的制约，必须适应于国民经济发展的可承受性要求。通常在供给条件的约束下，我国的国防费规模总量是通过运用计量经济学建立回归方程而提前得到的。将二者进行比较，项目经费总需求应当不超过国防费规模总量允许的最大上限，超出上限的项目经费总需求将不能构成有效需求。若项目经费总需求超出国防费规模总量上限，则应当重新对项目体系进行审查和评估，或精简、调整部分效益较低的项目，或降低部分项目的技术指标要求等，以达到项目与经费的统一。

6.1.3 国防费资源配置的相关要素

国防费资源配置的过程从来都不是孤立的、封闭的、单一的。按照系统工程的观点，国防费资源配置是一项复杂的多要素参与的实践活动，除财力要素（即国防费资源本身）以外，还包括人力要素、物力要素和技术要素等。因此，在研究我国国防费资源配置时，需要将财力、人力、物力、技术等多种要素进行统筹考虑和综合平衡，以达到资源整合、提高配置效益的目的。

6.1.3.1　人力要素

国防费资源配置的人力要素指参与军事计划项目建设的军队人员。军队人员主要包括军官、士官、士兵和文职人员。人力要素是国防费资源配置过程中最活跃的要素，带有较为明显的不确定性，这一特点是基于人力要素具有强烈的主观能动性而形成的。军事计划项目执行的好与坏，军事计划任务完成质量的高和低，与人力要素的配置状态有着密切的联系。人力要素配置合理，则参与到项目建设中的人员任务安排合理、职责清晰、分工明确，能够形成项目建设的良性合力，确保军事计划项目能够保质保量按时完成；人力要素配置不合理，则项目建设的任务安排、人员分工、职责界定等都达不到最优化状态，容易导致项目运行内部损耗和资源浪费，从而影响军事计划项目完成质量。

人力要素的配置主要受到以下几个方面的影响：一是不同性质的军事计划项目会对人力要素配置产生影响。实际操作性较强的项目，在人员配置结构上，需要配备较多的士官和士兵；科研探索性较强的项目，在人员配置结构上，则需要配备较多的军官和文职人员，特别是具备高层次学历（硕士、博士）的军官和文职人员。二是同样的军事计划项目完成要求不同时会对人力要素配置产生影响。同样的项目，完成的各项指标要求较高时，需要配备更多的人员数量；完成的各项指标要求相对较低时，只需要配备较少的的人员数量。三是人员的在位情况会对人力要素配置产生影响。人员的实际在位率受到伤病、事假等情况的影响，导致人员实际在位率不可能都达到 100%。人员数量的减少对于项目的完成进度、完成质量、完成效益都会产生负面影响，当人员少于完成项目建设所需的最低人数时，甚至会造成无法完成规定任务的严重后果。四是人员主观能动性的发挥会对人力要素配置产生影响。工作态度认真负责的人员，必然比工作态度敷衍消极的人员，能够创造更多的价值，给项目建设带来更多的实际效益。

6.1.3.2 物力要素

国防费资源配置的物力要素泛指投入到军事计划项目建设中的各类具有实体形态的物质资源，包括各类武器装备、基础设施、保障设备、材料零部件等。俗话说，巧妇难为无米之炊。物力要素是军事计划项目建设工作开展的物质基础，没有物质资源的保障，计划项目的建设开展根本无从谈起。与此同时，只有准确测定计划项目中所需各类物资的数量，才能有效保障军队各项任务使命的落实。按照投入项目的物资是否可以重复利用，可以将物质资源分为一次性消耗资源和重复性消耗资源。在不同的军事计划项目中，二者资源的投入比例是不同的。在以演习、训练、战备等任务为主的战斗类项目中，需要投入大量的重复性消耗资源，比如参与演习或战斗部署的飞机、军舰、火炮、坦克等武器装备；而在以维修、保养为主的保障类项目中，则需要投入大量的一次性消耗资源，比如各种钢板、橡胶等原材料，防腐剂、涂料等低值易耗品及需要更换的相关备品配件。

需要补充说明的是，为保证本书中国防费规模概念的严谨，不至于产生歧义和发生混淆，这里所指的物力要素其实是一个存量的概念，属于历史时间的范畴，是开展本年度军事计划项目之前所现存的物质资源总量，不包括本年度通过使用国防费购买而得到的新增的物质资源。

6.1.3.3 技术要素

国防费资源配置的技术要素是指运用于军事计划项目建设的劳动手段、知识、经验和技巧的总和。邓小平曾经有过著名的论断“科学技术是第一生产力”，这就说明技术要素在国防费资源配置中起到催化剂和加速器的作用，技术水平的提高能够极大地提升国防费资源配置的效益。熟练曲线原理告诉我们：随着技术熟练程度的不断提高，装备在生产、维修等有关环节的费用消耗是不断降低的，从而变相地提高了项目的军事效益。除此以外，随着技术的不断进步，性能更好、战斗力更强的新型武器装备不断出现，装备的更新换代也会带来国防费资源配置效益的提升。

然而，新技术的运用也会带来一定的风险，如一艘新型舰船与旧型舰船相比，通常新技术的运用比例不会超过30%，这也是为了规避新技术可能存在不够成熟的地方，而有可能给新型舰船带来未知的隐患。

6.2　国防费资源优化配置模型设计

将国防费资源优化配置用精确的数学语言来进行描述，就是建立国防费资源优化配置模型的过程。本节将从优化配置模型的目标函数与约束条件两个方面，对模型设计思路进行探讨。

6.2.1　优化配置模型目标函数建立

(1) 优化问题的数学描述

优化问题可以表述为以下形式：假设某年度我国国防费规模总量为 C^*，存在备选的年度军事计划项目数 M，将国防费数量 C 投入到 M 个项目中（显然 $C <= C^*$），问如何进行国防费资源分配，才能使投入的国防费 C 发挥的综合配置效益 V 最大？

根据 2.3.3 节的优化准则，这里综合配置效益 V 最大的含义有两层：一是使军事效益 V_J 达到最大；二是使经济效益 V_c 达到最大。军事效益 V_J 达到最大比较容易理解，通常而言，当国防费数量 C 越大，此时用于军事计划项目建设的资金越充足，一般情况下越有利于军事效益的发挥，因此国防费数量 C 越大越好。经济效益 V_c 达到最大可以理解为，在实现预定军事效益的前提下，投入的国防费数量 C 越小越好。因此，综合配置效益 V 最大的含义即表示为以下表达形式。

(2) 目标函数表达形式

据此，我们建立优化配置模型目标函数，即同时实现 $\max V_J$ 和 $\min C$ 的双重目标。显然，这是一个多目标优化函数，其唯一最优解是不存在的，只能得到一组平行的 Pareto 最优解。通常的做法是：将多目标优化函数转换为单目标优化函数，即促使军事效益和经济效益存在相互比较的基础。我们采用 2.3.3 节的效费比最大准则，将原目标函数转换为（6.2.1）式：

$$\max V = V_J / C \tag{6.2.1}$$

接下来的问题是：军事效益 V_J 的表达式应当如何进行数学表述？学术界

的主流观点认为，军事效益应当体现为由国防费转化生成的军事战斗力，军事战斗力越强，则军事效益越大。正如文献[136-137]中的观点，总结起来就是“国防费资源的统筹配置，必须坚持战斗力提升的标准，以战斗力最大化为终极目标”。

(3) 战斗力组合函数的提出

战斗力作为军事效益最直接的成果，体现着军事效益的价值。然而，战斗力的形成是受到人力、物力、财力、技术等多要素有机结合而产生的，各要素间相互影响，相互制约，相互关联，多个因素共同作用的结果得到对应的战斗力当量。然而，战斗力当量的大小很难用一般的数值或价值单位进行准确衡量。按照唯物辩证法的思想，战斗力与其他事物一样，符合质与量的对立统一性规律。战斗力的质反映着战斗力的内在机理，战斗力的量反映着战斗力的外部特征。因此，战斗力的提升就是质变与量变共同作用的结果，是内在质变与外在量变的统一。从这层意义出发，借鉴并改进杨胜对战斗力模型的定义，建立本书战斗力组合函数有：

$$P = (R^{\alpha} F^{\beta} Z^{\gamma}) \times (C \cdot \sum_{i=1}^{n} N_i \cdot \sum_{j=1}^{w} W_j)^{\gamma} \qquad (6.2.2)$$

在函数关系（6.2.3）式中，P 代表战斗力，R 代表人力要素作用，F 代表物力要素作用，Z 代表技术要素作用，C 代表国防费资源投入规模，N_i 代表第 i 类人力要素投入数量，W_j 代表第 j 类物力要素投入数量。α、β、γ 分别对应人力、物力、技术三要素的作用权重，体现着三要素对应战斗力生成的重要性，并满足条件 $\alpha+\beta+\gamma=1$，$N_i, W_j \geqslant 0, 0<\alpha,\beta,\gamma<1$。$(R^{\alpha}F^{\beta}Z^{\gamma})$ 体现着战斗力的“质”的含量，$(C \cdot \sum_{i=1}^{n} N_i \cdot \sum_{j=1}^{w} W_j)^{\gamma}$ 体现着战斗力的“量”的含量，能够从“质”和“量”两个方向来衡量战斗力大小。

考虑到战斗力组合函数中，人力、物力和技术三要素共同构成战斗力的“质”，而“质”一词顾名思义，与“量”相对，其大小难以用定量的方法进行精确计算。因此，本书借鉴模糊数学思想和专家评分法，对战斗力中“质”的大小进行科学衡量。

首先，针对三要素的作用权重确定，采用专家评分法，利用专家经验优势，综合考察人力、物力和技术在战斗力生成中的重要程度，分别独立进行赋权并求均值，得到 α、β、γ 的最终结果。其基本实现过程如表 6.2 所示。

表 6.2　　专家评分法确定要素权重

专家 \ 指标 权重	人力要素	物力要素	技术要素
专家一	λ_{11}	λ_{12}	λ_{13}
专家二	λ_{21}	λ_{22}	λ_{23}
…	…	…	…
专家 i	λ_{i1}	λ_{i2}	λ_{i3}
…	…	…	…
专家 m	λ_{m1}	λ_{m2}	λ_{m3}
	$\overline{\lambda_1}$	$\overline{\lambda_2}$	$\overline{\lambda_3}$

其中：$\sum_{j=1}^{3} \lambda_{ij} = 1, (i = 1,2,\cdots,m)$，平均值有$\overline{\lambda_j} = \frac{1}{m}\sum_{i=1}^{m} \lambda_{ij}$，$(j=1,2,3)$。

其次，对于战斗力组合函数中各要素的实际作用发挥程度，基于模糊数学理论知识，建立评价指标体系和评价集。比如人力要素的评价指标可以包括人员学历水平、人员精神面貌、战斗指挥艺术、人员协同配合等，评价集可以划分为“优秀、良好、中等、一般”四个等级，分别记 1 分、0.8 分、0.6 分、0.4 分。通过模糊数学处理方法，将不同量纲的事物进行相容性处理，按照一定的数学规则进行转化统一，使之可以进行比较。

6.2.2　优化配置模型约束条件分析

建立了优化配置模型函数，还需要对模型满足的约束条件进行分析。从优化配置模型目标函数看，战斗力当量与国防费、人力、物力、技术都有着密切关系，需要各种要素的协同配合。因此，本书从战斗力与要素关联的角度出发，来对优化配置模型约束条件展开讨论。

约束条件一：参与分配的国防费总金额不超过国防费规模总量上限 C^*。显然，国防费规模总量上限 C^* 反映了国防费资源的有限性，国防费需求必然受到供给能力的限制。据此还可以看出，事实上文中的优化配置模型并没有达到 2.3 节中理论意义上的最优化层次，而是处于次优化层次中的最优化状态。

约束条件二：参与分配的各项目中，每个项目都有最低的人力、物力要素数量要求。任何一个项目的建设，都是需要一定的人力基础和物质基础作为前提和保障的，当人力、物力要素数量不够充足时，会影响到整体军事战斗力的发挥。特别地，当人力、物力要素数量达到项目规定的最低数量要求时，则无法保障基本项目任务的完成。

约束条件三：参与分配的各项目中，每个项目中各类型的人力和物力要素都有最低的数量要求。本书所指的人力要素类型包括军官、士官、士兵和文职人员四类，物力要素类型由于种类众多，为方便建模，物力要素的分类只考虑和军事项目关系最紧密的大型武器装备。因此，每个项目的实施建设，是在满足一定数量要求的各类人员和武器装备物资的双重约束下进行的。

约束条件四：参与分配的各项目所占用的人力、物力要素数量总和不能超过系统所拥有的人力、物力要素规模总量。显然，超过系统总量的人力、物力要素数量总和需求是无效的，不满足该约束条件的配置方案是不存在的，优化配置模型是没有意义的。

约束条件五：参与分配的各项目所占用的各类型的人力、物力要素数量总和不能超过系统所拥有的该类型的人力、物力要素规模总量。本约束条件与约束条件四相比，属于结构数量约束。基本思想同约束条件四，超过系统总量的各类型人力、物力要素数量总和需求是无效的，不满足该约束条件的配置方案是不存在的，优化配置模型是没有意义的。

6.2.3 优化配置模型的组合形式

结合6.2.1节和6.2.2节关于模型目标函数和约束条件的讨论，建立国防费资源优化配置模型。模型的建立过程如下：

1. 符号定义

(1) 决策变量定义

N_{ik}——第 k 个项目中第 i 类型的人力要素数量；

W_{jk}——第 k 个项目中第 j 类型的物力要素数量；

C_k——第 k 个项目中投入的国防费资源数量。

（2）参数定义

V——国防费资源优化配置综合效益；

V_J——国防费资源优化配置军事效益；

C——参与优化配置的国防费资源数量；

m——军事计划项目的数量；

n——人力要素的类型数量；

w——物力要素的类型数量；

P_k——第 k 个军事计划项目的战斗力当量；

R——人力要素作用；

F——物力要素作用；

Z——技术要素作用；

α——人力要素权重；

β——物力要素权重；

γ——技术要素权重；

C^*——系统内国防费资源规模数量的上限；

N^*——系统内人力要素数量的上限；

W^*——系统内物力要素数量的上限；

$N_{k\min}$——第 k 个项目所需的人力要素数量下限；

$W_{k\min}$——第 k 个项目所需的物力要素数量下限；

$N_{i\max}$——系统内第 i 类型人力要素数量的上限；

$W_{j\max}$——系统内第 j 类型物力要素数量的上限；

$N_{ik\min}$——第 k 个项目中第 i 类型人力要素数量的下限；

$W_{jk\min}$——第 k 个项目中第 j 类型人力要素数量的下限。

2. 模型的具体形式

将 6.2.1 节中给出的目标函数和 6.2.2 节中给出的基本约束条件进行组合，国防费资源优化配置模型的具体形式表述如（6.2.3）式：

$$\max V = \frac{V_J}{C} = \frac{\sum_{k=1}^{m} P_k}{\sum_{k=1}^{m} C_k} = \frac{\sum_{k=1}^{m}\left[(R^{\alpha}F^{\beta}Z^{\gamma}) \times (C_k \cdot \sum_{i=1}^{n} N_{ik} \cdot \sum_{j=1}^{w} W_{jk})^{\gamma}\right]}{\sum_{k=1}^{m} C_k}$$

$$
s.t.\begin{cases}
\sum_{k=1}^{m} C_k \leqslant C^* \\
\sum_{k=1}^{m}\sum_{i=1}^{n} N_{ik} \leqslant N^* \\
\sum_{k=1}^{m}\sum_{j=1}^{w} W_{jk} \leqslant W^* \\
\sum_{i=1}^{n} N_{ik} \geqslant N_{k\min} \\
\sum_{j=1}^{w} W_{jk} \geqslant W_{k\min} \\
\sum_{k=1}^{m} N_{ik} \leqslant N_{i\max} \\
\sum_{k=1}^{m} W_{jk} \leqslant W_{j\max} \\
N_{ik} \geqslant N_{ik\min} \\
W_{jk} \geqslant W_{jk\min} \\
\alpha + \beta + \gamma = 1 \\
0 < \alpha,\beta,\gamma < 1 \\
C_k, N_{ik}, W_{jk} \geqslant 0 \text{ 且 } N_{ik}, W_{jk} \text{ 为整数}
\end{cases}
\tag{6.2.3}
$$

（6.2.4）式中，变量 C_k 可以是小数，而 N_{ik} 和 W_{jk} 则必须是整数，只有这样，模型的建立才符合实际意义的。因此，这是一个典型的混合整数规划问题，共有 $m\times(1+n+w)$ 个变量，其中，国防费变量数为 m 个，人力变量数为 $m\times n$，财力变量数为 $m\times w$。随着 m、n 和 w 的取值的不断增加，该混合整数规划问题的求解复杂程度将呈几何趋势上升。为尽可能简化模型的计算过程，需要结合实际情况对模型结构尽可能进行简化。考虑到国防费资源的实际投入，一般来说是要在完全投入不留剩余的情况下，来追求最大化的军事效益。从这个角度出发，国防费资源应当是被完全分配的，因此可以适当修改（6.2.4）式中的目标函数和约束条件。

这里先给出修正后的模型（6.2.4）式，即：

$$
\max V = \sum_{k=1}^{m}\left[(R^{\alpha}F^{\beta}Z^{\gamma}) \times (C_k \cdot \sum_{i=1}^{n} N_{ik} \cdot \sum_{j=1}^{w} W_{jk})^{\gamma}\right]
$$

$$
s.t.\begin{cases}
\sum_{k=1}^{m} C_k = C^* \\
\sum_{k=1}^{m}\sum_{i=1}^{n} N_{ik} \leqslant N^* \\
\sum_{k=1}^{m}\sum_{j=1}^{w} W_{jk} \leqslant W^* \\
\sum_{i=1}^{n} N_{ik} \geqslant N_{k\min} \\
\sum_{j=1}^{w} W_{jk} \geqslant W_{k\min} \\
\sum_{k=1}^{m} N_{ik} \leqslant N_{i\max} \\
\sum_{k=1}^{m} W_{jk} \leqslant W_{j\max} \\
N_{ik} \geqslant N_{ik\min} \\
W_{jk} \geqslant W_{jk\min} \\
\alpha + \beta + \gamma = 1 \\
0 < \alpha,\beta,\gamma < 1 \\
C_k, N_{ik}, W_{jk} \geqslant 0 \text{ 且 } N_{ik}, W_{jk} \text{ 为整数}
\end{cases}
\tag{6.2.4}
$$

(6.2.4) 式中，当国防费完全分配到 m 个项目中时，此时 $C = C^*$，因此原目标函数能够消去包含模型变量的分母，使原目标函数的表达式得到进一步简化。同时，原约束条件中的 $\sum_{k=1}^{m} C_k \leqslant C^*$ 简化为 $\sum_{k=1}^{m} C_k = C^*$。

6.2.4　优化配置模型的求解方法

尽管按照 (6.2.4) 式对原模型进行了简化，但是想要求得优化配置模型的最优解，仍然需要采用一定的技术方法。本书的优化配置模型在本质上属于整数规划模型的一种特殊形式，即混合整数规划模型。“混合”一词所要表达的含义是指模型决策变量中既包括整数变量，又包括小数变量，是二者形式的混合。对于整数规划而言，传统采用的求解方法包括分支定界法、割平面法和穷举法。

分支定界法的主要思想是将目标函数的可行解空间按照一定的规则分割成足够小的子集，明确各子集上下界限，对于超出临界值子集则不予考虑。通过一定规则地迭代和搜索，选择可行解中的最优值。

割平面法的基本思想是按照传统解线性规划的方法进行问题的一般求解，但是要增加线性约束条件使得由原可行域中切割掉不包含整数可行解的一部分。通过多次切割，使得最终的找到的可行域具有整数坐标极点特征，从而求得最优解。

穷举法则顾名思义，通过比较可行域内所有的可行解，选择符合目标函数的最大值或最小值所对应的可行解，即为最优解。

然而，穷举法只适用于决策变量很少，可行解数量规模不大的情形下，当可行解数量规模过于庞大，则穷举法显得过于笨拙和繁琐，通常不予考虑。分支定界法和割平面法在面临决策变量过于庞大时，也会由于搜索进度缓慢和约束条件过于复杂而影响到最优解的获取。智能算法的出现为解决整数规划提供了新的思路，通过基于不同的优化机理，都能够对最优解进行快速地全局搜索，从而得到最优解或满意解，常用的智能算法有遗传算法、模拟退火算法、粒子群算法、鱼群算法、蜂群算法等。

但是，智能算法通常需要根据个人使用的具体环境进行计算机程序设计，借助于 MATLAB 平台来实现其优化功能，其编程过程往往较为复杂。美国 LINDO 公司推出的一款用于解决规划问题的“交互式线性和通用优化求解器”，即 Linear Interactive and General Optimizer 软件，简称为 Lingo 软件的出现则为解决优化编程问题提供了一种较为简便的方法，能够用于求解非线性规划和混合整数规划等复杂规划问题。

综上，本节所建立的优化配置模型适用于非线性规划与混合整数规划问题相结合的复杂情形，模型中的自变量数量较多，约束条件较多，计算过程复杂，需要借助于大型的计算工具。本书使用 Lingo 软件进行编程，用于求解国防费优化配置模型，具体的应用过程将在第 7 章中的仿真建模部分进行详细的阐述。

6.3　国防费资源配置使用效益评估体系建立

国防费资源统筹配置是一个全过程管理的系统，国防费资源优化配置模型的实际效果是否符合理论预期，国防费资源在配置使用过程中的效益发挥是否与理论目标一致，这些都需要通过对国防费资源使用效益的科学评估来得到结论。美国 PPBE 系统在执行阶段，正是通过对项目执行过程中的经费使用进行长期持续的跟踪、监督、评估和反馈，才能够不断地汲取和总结国防费配置实践的经验和教训，从而持续的改进后续国防费配置结构，提高系统的运行效率。自 2014 年以来，中央军委提出全面推行军费绩效管理工作，对于优化国防费资源配置，改进经费支出管控，提高国防费资源配置效益提出了新的要求。因此，无论从哪个方面来讲，建立我国国防费资源使用效益评估体系，完善效益评估方法，都具有非常重要的现实意义。

6.3.1　国防费资源配置使用效益评估维度

国防费资源配置使用效益的好坏是仁者见仁、智者见智的。“横看成岭侧成峰，远近高低各不同”的根本原因在于衡量国防费使用效益缺乏一个统一的标准，这主要是因为每个评判者的亲身感受、认知水平参差不齐，对于国防建设的理解不同。为确保使用效益评价的客观性和科学性，首先需要明确统一国防费资源配置使用效益的评估标准，作为开展效益评估的基础。按照学术界普遍认可的一种理论，国防费资源配置的使用效益可以划分为以下五个评价维度，分别是国家军事战略、战争形态、装备有机构成、国防费资源总量、竞争对手经费配置结构。按照军事计划项目执行过程中，其经费使用情况是否符合以上五个评价维度的具体要求，与维度要求的符合程度等，对项目的国防费使用效益进行完整性、系统性评估。

（1）国家军事战略

国家军事战略是我国发展军事力量建设的指导性纲领，国家军事战略的制定与我国国家安全形势、利益发展空间、国际战略局势等因素密切相关。

国家军事战略将带来军事能力建设的需求，能力需求主导着计划项目的制定和国防费资源统筹配置的格局，它们之间存在着相互联动的传导作用。因此，可以从该维度对国防费使用效益进行评估。

（2）战争形态

当前，在新军事变革的浪潮推动下，信息化战争思想已经成为指导现代战争的主流思想。现代战争的一大重要特点，就是战争形态的多样性。对于不同的作战任务、作战对象和作战目标，会带来不同的作战需求。例如，应对国内的“疆独”、“藏独”和其他恐怖主义势力需要发展常规武器，属于机械化战争形态的作战任务；应对美国等有核国家的“核讹诈”，有效形成核战略二次反击能力需要发展与之相对应的核武器，属于核战争形态下的作战任务；应对敌国在太空和网络空间威胁渗透需要大力发展新型非常规武器，属于新型战争形态的作战任务。显然，国防费资源配置结构应当符合战争形态的要求，可以从该维度对国防费使用效益进行评估。

（3）装备有机构成

装备有机构成考虑的是在遂行一项军事计划项目过程中所涉及的装备构成情况，反映了人员与装备的经费投入结构比例。一般来说，装备现代化程度越高，技战术指标越突出，装备有机构成中装备自身的费用占总投入经费比重越大。因此，可以从该维度对国防费使用效益进行评估。

（4）国防费资源总量

当国防费资源总量充足时，可以较为充分的保证各个军事计划项目按照进度要求正常开展；当国防费资源总领不足时，则需要区分不同项目的轻重缓急程度，优先向急、难、险、重的项目进行经费投入倾斜，重点保障当前建设任务中最紧迫的项目。项目经费的使用要求受到国防费资源总量的约束，二者应当是相吻合、相呼应的。因此，可以从该维度对国防费使用效益进行评估。

（5）竞争对手经费配置结构

根据各军事计划项目的竞争对手的经费配置情况指导我军的国防费资源配置工作，能够更有针对性地提高我军竞争力水平，从而使我军在执行项目时处于相对战略优势地位。因此，可以从该维度对国防费使用效益进行评估。

6.3.2　基于 AHP 的评估指标体系建立

AHP 法又名叫层次分析法（Analytic Hierarchy Process，AHP），是基于专家打分的一种主流的主观评估方法，该方法是美国运筹学家匹茨堡大学教授萨蒂于 20 世纪 70 年代初应用网络系统理论和多目标综合评价方法提出的一种层次权重决策分析方法。

按照 AHP 的基本思想，对我国国防费资源使用效益评估问题进行系统分解，通常划分为三个层次。最上层为目标层，即国防费资源配置使用效益总目标；中间层为准则层，即考虑国家军事战略、战争形态、装备有机构成、国防费资源总量和竞争对手经费配置结构五个准则；最下层为方案层，即国防费资源在具体军事计划项目间进行配置。据此建立评估指标体系见图 6.3。

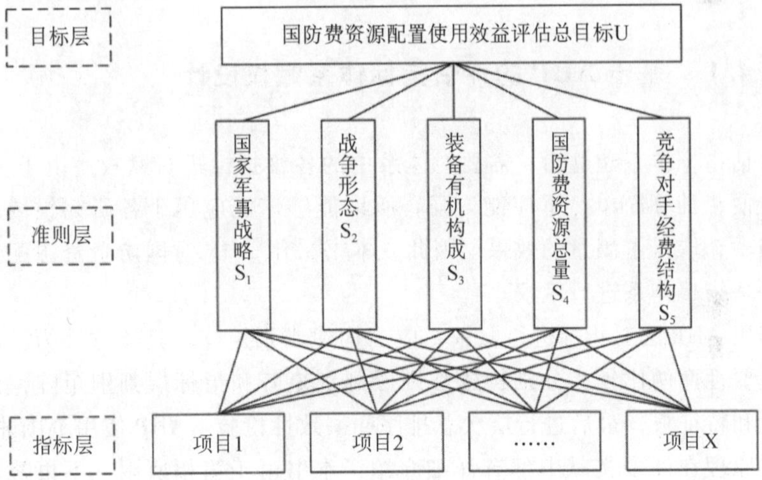

图 6.3　国防费资源配置效益评估指标体系结构

图 6.3 中，指标层与准则层间存在多维映射关系，说明各军事计划项目的执行完成均受到准则层准则的共同约束和系统调节，其影响效果是交互的、立体的。其中，国家军事战略准则主要考察国家军事战略对于世界战略格局、国家安全形势及周边环境变化的响应效率与调整安排；战争形态准则体现信息化局部战争条件下，新兴作战模式对于我军装备建设需要及作战能力要求；装备有机构成准则反映遂行不同的军事计划项目对于装备种类需求、使用环

境、使用强度，使用时长等一系列因素所产生的影响；海军军费资源总量准则反映不同军事计划项目的经费资源保障需求瓶颈；竞争对手经费配置结构准则体现国防费资源配置效益的目标指向性，强调与竞争对手的比较优势。

6.4 国防费资源配置使用效益评估方法设计

本节在借鉴科学管理理论与评估方法的基础上，充分考虑我国国防费资源配置效益评估中存在的不相容影响因素，将 AHP 和物元分析法进行有机结合，取长补短，提出一种新的效益分析评估方法，以期更有效、更直观、更真实地反映当前我国国防费资源配置使用效益水平，为改进国防费资源配置管理工作提供参考依据。

6.4.1 基于 AHP 的评估指标体系赋权设计

评估指标体系建立后，需要对体系中的各级指标进行赋权。由于 AHP 法操作方便，计算简单，适应能力强，所以能够广泛应用于各研究领域的绩效评估当中，取得了满意的效果。因此，本书采用 AHP 对国防费资源配置使用效益评估指标体系进行赋权。

利用 AHP 法对指标进行赋权，应当构建判别矩阵。具体方法为：同层次指标重要性两两比较，分别构建准则层判别矩阵和指标层判别矩阵，计算特征向量和特征根，最后进行层次总排序和一致性检验。AHP 使用范围非常广，其基本原理在许多文献中都有详细介绍，本书由于篇幅所限，不再赘述。这里只对 AHP 的核心环节——如何确定判别矩阵与一致性检验进行简要说明。

以准则层为例，根据上述准则层中国防费资源配置使用效益评估的五个维度，两两对比得到准则层对目标层的判别矩阵为：

$$A=\begin{bmatrix}\alpha_{11} & \alpha_{12} & \alpha_{13} & \alpha_{14} & \alpha_{15}\\ \alpha_{21} & \alpha_{22} & \alpha_{23} & \alpha_{24} & \alpha_{25}\\ \alpha_{31} & \alpha_{32} & \alpha_{33} & \alpha_{34} & \alpha_{35}\\ \alpha_{41} & \alpha_{42} & \alpha_{43} & \alpha_{44} & \alpha_{45}\\ \alpha_{51} & \alpha_{52} & \alpha_{53} & \alpha_{54} & \alpha_{55}\end{bmatrix} \tag{6.4.1}$$

对应于 A 最大特征根（λ）的特征向量（归一化后）作为权向量 w，w 满足：

$$Aw = \lambda w \tag{6.4.2}$$

求得 A 矩阵的最大特征值，并作归一化处理得到特征向量 w。

而后，应对上述特征向量进行一致性检验，一致性检验公式有：

$$CR = \frac{CI}{RI} \tag{6.4.3}$$

若得到的 CR 值小于 0.1，则检验通过。因此，可将其特征向量作为权向量，即准则层对目标层的权向量为 w。

同理，再通过两两比较得到指标层与准则层的判别矩阵，通过一致性检验后，即可得到总排序。按照总排序中各指标的重要程度，确定各级指标的最终权重，完成 AHP 赋权过程。

6.4.2　基于物元分析的效益组合评估计算

物元分析法由我国著名学者蔡文创立[138]，是一种新兴的系统评估方法。与传统评估方法相比，该方法能够应对多指标评估中常见的不相容性和不可公度性等现象，将矛盾性问题转化为相容性问题，从而使得问题得到有效解决。物元分析法以物元作为描述研究对象的基本元，通过考察评估指标间的影响关系和变化特征，合理预设划分评估等级，建立相应关联函数，给出研究对象科学的评估结果。本节将国防费资源配置使用效益作为研究对象，按照物元的概念进行分解，能够得到科学的、预期的评价结果。

6.4.2.1　物元与物元矩阵

给定事物 N，关于其特征值 C 的量值为 V，则构建用于描述事物有序三元组 $R=(N,C,V)$ 的基本元，叫做物元。则事物 N 的名称、特征和量值共同构成物元三要素。对于具有 n 个特征 $c_1,c_2,\cdots,c_n$ 和对应 n 个量值 $v_1,v_2,\cdots,v_n$ 的多维特征事物 N，其描述形式为：

$$R = \begin{bmatrix} N & c_1 & v_1 \\ & c_2 & v_2 \\ & \vdots & \vdots \\ & c_n & v_n \end{bmatrix} = \begin{bmatrix} R_1 \\ R_2 \\ \vdots \\ R_n \end{bmatrix} \tag{6.4.4}$$

称 R 为 n 维物元，此时定义 $R_j=(N,C_j,V_j)(i=1,2,\cdots,n)$ 为 R 的分物元。推广到 m 个方案 n 维物元组合的情形，定义 $\otimes R_{nm}$ 为 m 个方案的 n 维复合 $n\times m$ 物元矩阵，下标 n 表示方案评估指标数，下表 n 表示可行方案数。特别地，$\otimes R_{nm}$ 记作：

$$\otimes R_{nm}=\begin{bmatrix} & M_1 & M_2 & \cdots & M_m \\ c_1 & \otimes_{11} & \otimes_{12} & \cdots & \otimes_{1m} \\ c_2 & \otimes_{21} & \otimes_{22} & \cdots & \otimes_{2m} \\ \vdots & \vdots & \vdots & & \vdots \\ c_n & \otimes_{n1} & \otimes_{22} & \cdots & \otimes_{nm} \end{bmatrix} \tag{6.4.5}$$

6.4.2.2　划分经典域和节域

将研究对象的评估指标划分不同的评估等级，定义 N_k 为按照规则划分的第 k 个等级，i,j 表示 N_k 对应的 m 个不同方案和 n 个不同指标。令 v_{kj} 表示 P_k 关于 j 的量值范围，即 k 个等级分别对应的评估指标特征量值变动区间，称为经典域，记作：

$$R_k=(N_k,c_k,v_{kj})=\begin{bmatrix} N_k & c_1 & v_{k1} \\ & c_2 & v_{k2} \\ & \vdots & \vdots \\ & c_n & v_{kn} \end{bmatrix}=\begin{bmatrix} N_k & c_1 & (a_{k1},b_{k1}) \\ & c_2 & (a_{k2},b_{k2}) \\ & \vdots & \vdots \\ & c_n & (a_{kn},b_{kn}) \end{bmatrix} \tag{6.4.6}$$

同理，可以定义 N_p 为评估等级全体，令 v_{pj} 表示 N_p 关于 j 的量值范围，称为节域，记作：

$$R_p=(N_p,c_p,v_{pj})=\begin{bmatrix} N_p & c_1 & v_{p1} \\ & c_2 & v_{p2} \\ & \vdots & \vdots \\ & c_n & v_{pn} \end{bmatrix}=\begin{bmatrix} N_k & c_1 & (a_{p1},b_{p1}) \\ & c_2 & (a_{p2},b_{p2}) \\ & \vdots & \vdots \\ & c_n & (a_{pn},b_{pn}) \end{bmatrix} \tag{6.4.7}$$

6.4.2.3　计算距和关联函数

为定量进行物元特征描述，引入关联函数概念。物元的关联函数反映该物元量值取某一实数时符合评估等级要求的量程范围程度，将不相容问题转化为相容问题，并采用定量方式进行刻画。关联函数的基本公式为：

$$L_k(v_j)=\begin{cases}-\dfrac{\rho(v_j,v_{kj})}{|v_{kj}|} & (v_j\in v_{kj})\\ \dfrac{\rho(v_j,v_{kj})}{\rho(v_j,v_{pj})-\rho(v_j,v_{kj})} & (v_j\notin v_{kj})\end{cases} \tag{6.4.8}$$

式中，v_j 表示指标 j 的实际观测值，$L_k(v_j)$ 表示评估指标 j 关于第 k 级别的关联函数，$\rho(v_j,v_{kj})$ 由实变函数中距离的概念拓展而来，表示 v_j 到 v_{kj} 的距。距的计算公式有

$$\begin{cases}\rho(v_j,v_{kj})=\left|v_j-\dfrac{(a_{kj}+b_{kj})}{2}\right|-\dfrac{1}{2}(b_{kj}-a_{kj})\\ \rho(v_j,v_{pj})=\left|v_j-\dfrac{(a_{pj}+b_{pj})}{2}\right|-\dfrac{1}{2}(b_{pj}-a_{pj})\end{cases} \tag{6.4.9}$$

6.4.2.4　关联度计算及评估等级说明

计算待评估对象 N 关于等级 k 的关联度，需要综合考察各指标特征值量值的关联函数。公式有：

$$L_k(N)=\sum_{j=1}^{n} w_j L_k(v_j) \tag{6.4.10}$$

式中，w_j 为每个评估指标的权重系数，即为 6.4.1 节中按照 AHP 方法得到的指标权重。若 $L_{k0}=\max L_k(N)$，则评定待评估对象 N 的等级为 k。L_{k0} 有如下含义：（1）当 $0\leqslant L_{k0}<1$ 时，表示评估指标与该等级要求相吻合，其值大小反映具体吻合程度，数值越接近于 1，则越吻合该等级要求；（2）当 $-1\leqslant L_{k0}<0$ 时，表示评估指标与该等级要求不相吻合，但具有转化为该等级的潜在条件；（3）当 $L_{k0}\leqslant -1$ 时，表示评估指标与该等级要求不相吻合且不具有转化条件，数值越小，距离该等级要求越远。

6.5　本章小结

本章重点研究国防费资源配置中结构决定子模型的理论实现方法。借鉴 PPBE 系统在资源配置过程中的闭环设计思想，我国国防费资源结构的优化配置，应当结合配置后的使用效益评估进行体系化研究。

首先，总结了美国国防费资源按照11大类进行项目分解模式的基本特点和成熟经验，提出了我国国防费资源配置的“三段四级”分解模式构想，指出了国防费资源配置过程中需要统筹考虑的人力、物力和技术要素。其次，分别从目标函数设计和约束条件分析两个方面，构建我国国防费资源优化配置模型。在目标函数设计中，引入战斗力组合函数概念，将人力、物力、技术和国防费资源进行融合，给出目标函数的优化形式；在约束条件分析中，提出符合国防费资源配置的五项约束条件，提高优化配置模型结论的科学性，增强模型与实际情况的吻合度。最后，立足于国防费资源配置使用效益评估的五个维度，建立对应的使用效益评估指标体系。采用AHP和物元分析法相结合的方法，对我国国防费资源配置使用效益进行科学、全面、系统评估。

第 7 章　我国国防费资源统筹配置集成仿真

实践是检验真理的唯一标准。国防费资源统筹配置技术方法是否可行，效果如何，都需要通过实践来进行检验。检验方法一般包括实证检验和仿真检验两种。由于国防费资源统筹配置过程过于宏观化和系统化，若通过实证检验的方法进行可行性和效果性验证，需要海量的数据和对我国国防和军队建设各环节、各方向的全面性、综合性、系统性把握，而且分析计算过程非常复杂和烦琐，本书缺乏开展实证检验的基础条件。

仿真与实证不同，模型仿真检验不一定要在国家层面上对国防费资源统筹配置问题为研究对象，而是可以将范围缩小到某一军区（军兵种）、某一大型保障基地，甚至是某一基层单位的层面上，来对国防费资源统筹配置问题进行研究，由于方法本身具有通用性，故仿真检验是成立的。因此，本章采取仿真检验的方法，将研究目标适当缩小，选择我国东南沿海某一典型海军单位作为研究我国国防和军队建设的一个缩影。通过展示国防费资源统筹配置技术方法在该单位的具体应用，来验证本书方法的可行性和有效性。

7.1　背景资料说明

我国海军某单位 H，地理位置处于我国东南沿海，以保卫国家海洋领土完整和维护海洋权益为基本目标，目前承担着各种训练演习、海上巡逻、远海护航和装备建设等主要使命任务。已知该单位的一些基本情况如下：

（1）历年经费资源规模情况

表 7.1 中显示自 1992 ~ 2017 年历年拨入 H 单位用于保障各项军事计划项

目开支的经费资源总量情况。

表 7.1　　H 单位 1992 ~ 2017 年历年经费资源总量

年 份	经费资源总量（万元）	年 份	经费资源总量（万元）
1992	3062	2005	4152
1993	2803	2006	4647
1994	3051	2007	5102
1995	2976	2008	5277
1996	2881	2009	5570
1997	2789	2010	6211
1998	2714	2011	6686
1999	2763	2012	6982
2000	2743	2013	7113
2001	2810	2014	6848
2002	3017	2015	6402
2003	3127	2016	6100
2004	3567	2017	5960

（2）单位实力情况

H 单位的编制实力显示：2018 年年初，该单位人员实力包括军官 222 人，士官 275 人，士兵 1533 人，文职人员 108 人，各类人员共计 2138 人；该单位主要装备实力包括 A 型装备数量 8 艘，B 型装备数量 16 艘，C 型装备数量 12 艘。为减少变量简化计算，本书仅考虑主战装备，其他物力要素忽略不计。

（3）2018 年计划项目安排情况

H 单位长期以来，共执行四大类军事任务：一是训练演习任务，主要内容是按照军训大纲要求完成各类日常军事训练工作，参加上级组织的军兵种联合演习，实施以夺取某岛为目标的本级常规演习任务等；二是海上巡逻任务，主要内容是在长期处于争端事实的海域中开展战备巡逻任务，驱离未经我国政府允许擅自驶入我国领海海域的非法船只，持续展示军事力量，以达到战略威慑和宣示国家主权的目的；三是远海护航任务，主要内容是保障我国海洋战略物资重要通道安全，保障我国军民船只平安、顺利通过高危海域，确保国家战略利益不受损害，打击诸如海盗、国际恐怖主义等各类海上面临的现实威胁；四是装备建设任务，主要内容是按照计划维持和发展新型海军装备，不断提高装备建设水平和现代化作战能力，包括开展舰船装备技术维修、现代化改换装等相关工作。2018 年，按照上级指示精神和 H 单位年度建设部署安排，计划主要完成 6 项年度军事计划项目。因保密需要和方便叙述的缘故，略去具体的项目名称，用甲、乙、丙、丁、戊、己代替。已知各项目建设的人员、装备最低需求数量如下（见表 7.2、表 7.3）：

表 7.2　人力要素种类及投入最低标准　单位：人

任务类别	项目	军官	士官	士兵	文职人员	最低总人数
训练演习	甲	25	35	200	15	280
海上巡逻	乙	20	60	300	15	400
远海护航	丙	25	65	500	20	620
远海护航	丁	30	40	200	10	300
装备建设	戊	70	40	150	20	290
装备建设	己	35	15	80	10	150

表 7.3　物力要素种类及投入最低标准　单位：艘

任务类别	项目	A 型装备	B 型装备	C 型装备	最低装备总数
训练演习	甲	2	2	3	7
海上巡逻	乙	1	2	1	4
远海护航	丙	2	4	4	10
远海护航	丁	2	2	3	7
装备建设	戊	1	1	0	2
装备建设	己	0	2	0	2

（4）H 单位战斗力生成因素量化值

采用专家评分法，可以获取 H 单位战斗力生成要素作用权重值分别为 $\alpha=0.4,\beta=0.3,\gamma=0.3$，即 H 单位在战斗力的生成过程中人力要素作用权重占 40%，物力要素作用权重占 30%，技术要素作用权重占 30%。表 7.3 给出 H 单位各项军事计划项目的战斗力生成要素作用大小的专家函询意见，并对函询结果求取平均值，最终得到的 H 单位 2018 年度计划项目的战斗力生成要素的权重，见表 7.4。

表 7.4　　H 单位战斗力生成要素权重

项目 \ 权重 \ 指标	人力要素（R）	物力要素（F）	技术要素（Z）	$R^{\alpha}W^{\beta}Z^{\gamma}$
甲	0.750	0.708	0.788	0.748
乙	0.745	0.695	0.780	0.739
丙	0.772	0.743	0.799	0.770
丁	0.766	0.737	0.791	0.765
戊	0.761	0.724	0.790	0.758
己	0.756	0.712	0.789	0.752

7.2　集成仿真过程

7.2.1　H 单位经费统筹规模测算仿真

本节采用 4.6 节的灰色神经网络算子组合预测模型进行经费规模测算仿真。结合表 7.1 中 H 单位历年经费数据，利用自然对数进行数据平滑处理，得到处理后原始时间序列样本 26 个。将样本数据分为拟合样本与预测样本两类，其中 1992～2016 年经费总量 24 个数据作为拟合样本，2016～2017 年经费总量 2 个数据作为预测样本。对拟合样本进行序列特征分析，结合单位根检验表明 H 单位经费总量时间序列为非平稳时间序列。考察序列的趋势性、记忆性、自相关性、异方差性等特征，分别建立基础模型——PDL、ARCH 和 ARIMA 三种计量经济模型进行军费开支预测。其中，ARCH 模型的参数形式为 $GARCH(1,1)$，属于广义自回归条件异方差模型，适用于存在高阶残差自相关的情形。各基础模型参数特征与有效性检验结果见表 7.5。

结果显示，各基础模型 AIC 值和 SC 值均较小，而 L 统计检验值足够大，说明模型能够通过显著性检验，参数形式正确。对各基础模型残差进行线性假设检验，建立残差线性方程，检验结果具体见表 7.6。

表 7.5　　基础模型及参数估计

模型类别	参数形式	表达公式	AIC	SC	L - Stc
PDL	$PDL(3,2)$	$\ln gff_t = 0.220 + 1.595\ln gff_{t-1} - 0.457\ln gff_{t-2} - 0.163\ln gff_{t-3} + \varepsilon_t$	-3.309	-3.112	50.25
ARCH	$GARCH(1,1)$	$\begin{cases} \ln gff_t = 1.591\ln gff_{t-1} - 0.591\ln gff_{t-2} + \varepsilon_t \\ h_t = 0.002 - 0.322\varepsilon_{t-1}^2 + 1.200h_{t-1} \end{cases}$	-3.376	-3.132	47.20
ARIMA	$ARIMA(2,1,2)$	$\begin{cases} (1 - 0.336L - 0.251L^2)d\ln gff_t \\ = 0.030 + (1 + 0.779L - 0.089L^2)\varepsilon_t \\ d\ln gff_t = \ln gff_t - \ln gff_{t-1} \end{cases}$	-3.461	-3.215	46.53

表 7.6　　残差方程与线性假设检验

残差方程	R^2	$\bar{R}^2$	D. W - statistic	t - statistic		F - statistic
				Variable*c*	Variable*t*	
ε_t_PDL	5.713%	1.428%	1.315	-1.054 (0.303)	1.154 (0.261)	1.333 (0.261)
ε_t_ARCH	1.995%	-2.265%	1.651	1.250 (0.224)	-0.684 (0.501)	0.468 (0.501)
ε_t_ARIMA	0.010%	-4.535%	1.944	-0.043 (0.966)	0.047 (0.963)	0.002 (0.963)

由检验结果知，各残差方程的拟合优度检验均未通过，可决系数 R^2 与 $\bar{R}^2$ 均非常小，方程 ε_t_PDL、ε_t_ARCH 基本参数检验和整体检验结论均为不显著。因此，拒绝原假设，认为各基础模型残差表现为非线性特征。引入非线性灰色神经网络算子，对基础模型进行修正。为确保经费总量预测结论不会产生较大偏差，因此需要足够多的样本数量。故在建立 $(G-Verhulst)_{m\sim n}$ 模型组时选择采用 $m=17, n=21$ 作为实际参数，显然有 BP 神经网络输入层神经元个数为 5，输出层神经元个数为 1。由定理 3 知，可建立具有单隐层的三级 BP 神经网络进行残差修正。经试算，取单隐层神经元个数为 9。相关结论具体见表 7.7。

用 1992～2015 年的数据样本进行分析，表 7.7 给出了 G - Verhulst - BP 算子预测公式的基本参数。经过 1000 次训练迭代后，模型残值拟合误差已经迅速缩小到 3.969×10^{-5}，其修正后总误差分别为 0.611、0.689 和 0.599，均

表 7.7　　非线性残差 G – Verhulst 模型参数估计与误差修正

修正模型	G – Verhulst 一级参数		G – Verhulst 二级参数					BP 网络结构参数	修正前总误差	修正后总误差
	a	b	A	B	C	D	E			
G – Verhulst – $BP_{(PDL)}$	−0.194	−0.008	4.834×10^4	2.184×10^2	3.068×10^3	8.119×10^5	3.051×10^3	5:9:1	0.765	0.611
G – Verhulst – $BP_{(ARCH)}$	−0.185	−0.007	6.219×10^4	2.486×10^2	3.692×10^3	1.116×10^6	3.707×10^3	5:9:1	0.904	0.689
G – Verhulst – $BP_{(ARIMA)}$	−0.194	−0.008	4.894×10^4	2.194×10^2	3.098×10^3	8.240×10^5	3.071×10^3	5:9:1	0.666	0.599

小于对应的基础模型预测误差，说明模型修正后的预测精度得到有效提高。经训练后的残差估值与原值间拟合效果如图 7.1、图 7.2 所示。

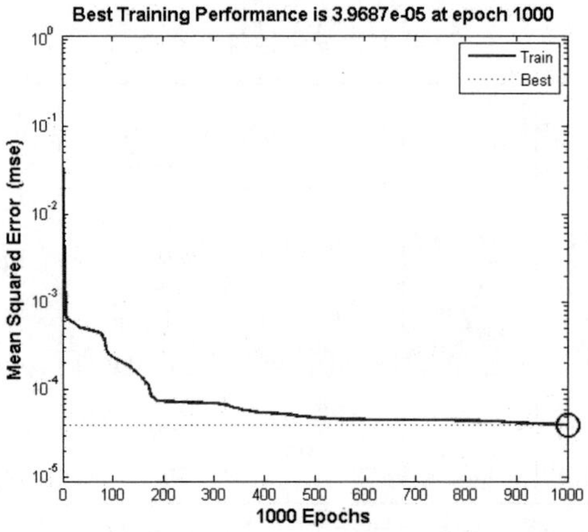

图 7.1　灰色神经网络算子训练效果

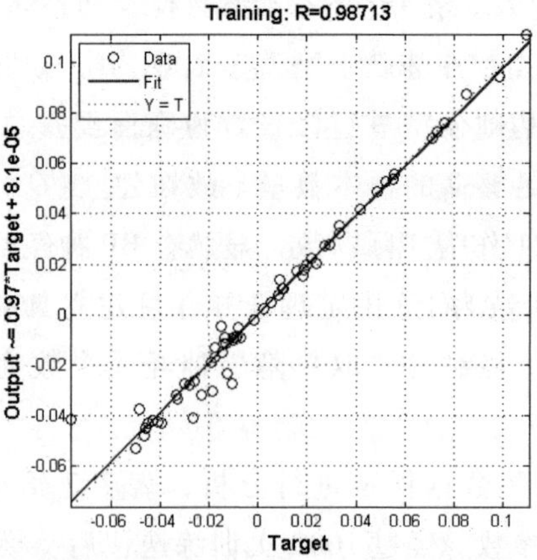

图 7.2 灰色神经网络算子残差拟合效果

综合考察 G - Verhulst - $BP_{(PDL)}$ 模型、G - Verhulst - $BP_{(ARCH)}$ 模型和 G - Verhulst - $BP_{(ARIMA)}$ 模型，选取 1992 ~ 2015 年数据作为训练样本，构建 G - Verhulst - BP 计量组合预测模型，并利用 EGA 算法来优化模型计算结果。以滚动验证方式，分别将 2016 ~ 2017 年数据作为测试样本，检验最终模型预测效果。EGA 算法的主要参数设定如下：种群规模 $Q = 100$，精英库种群规模 $Q^* = 10$，种群进化代数阈值 $gen_{max} = 200$，遗传概率 $p_r = 0.99$，交叉概率 $p_c = 0.8$，变异概率 $p_n = 0.2$，适应度函数值偏差阈值为 1×10^{-100}；EGA 算法运行环境如下：软件 MATLAB R2014a，操作系统 windows7，Intel（R）Core CPU P8700，主频 2.53G 赫兹，内存 2.99G。结合上述设定，当目标函数为 $\varphi_1 = S_1$ 时，计算可以得到最佳个体值依次为 0.303、0.159 和 0.538，最佳适应度值 1.310×10^{-3}。计算过程中最佳适应度迭代及个体距离散点分布情况等如图 7.3 ~ 图 7.5 所示。

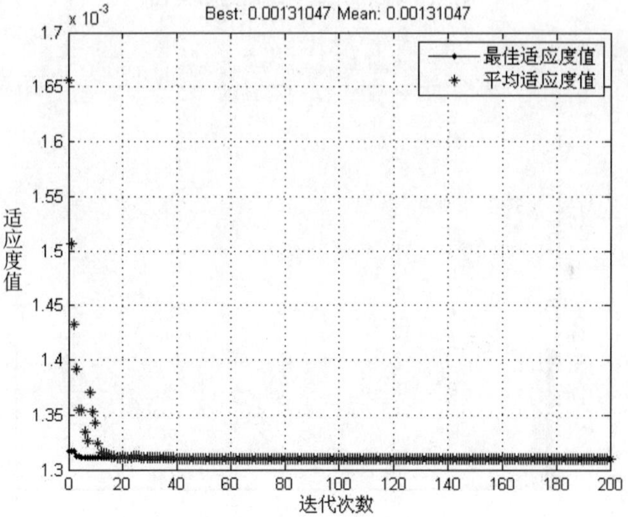

图 7.3　收敛散点图

可以发现，种群最佳适应度值随着进化代数增加而迅速收敛，种群个体间距不断缩小，说明种群整体基因得到有效改善。大约经过 20 代后收敛效果已非常明显，40 代后得到稳定的满意结果，算法整体运行时间较短，拟合结果较为精确。同理按照 $\varphi_2 = S_2, \varphi_3 = S_3, \varphi_4 = S_1 + S_2 + S_3$ 等目标函数进行权重分配，得到表 7.8 中关于多目标组合预测 NP 完全问题的一组 Pareto 最优解。

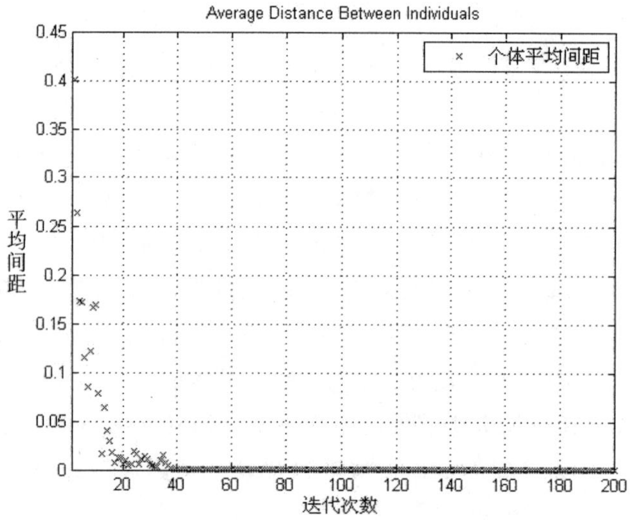

图 7.4 种群个体平均间距散点图

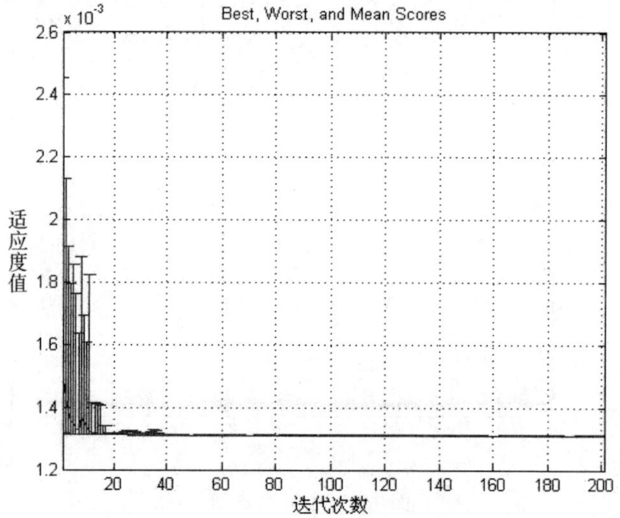

图 7.5 同代最佳个体与最差个体适应度值比较

此时，不同目标函数下的各评价准则下的误差值均较小，各权重值相对稳定，说明 G-Verhulst-BP 计量组合预测模型已经满足预期要求，模型拟合效果优良，具有良好的稳定性。

表 7.8　　多准则目标决策下的 Pareto 最优解

序号	目标函数	最优权重			组合预测评价准则		
		σ_1	σ_2	σ_3	MSE	MAE	MAPE
①	$\varphi_1 = S_1$	0.303	0.159	0.538	1.310×10^{-3}	2.952×10^{-2}	3.558×10^{-3}
②	$\varphi_2 = S_2$	0.642	—	0.358	1.386×10^{-3}	2.950×10^{-2}	3.554×10^{-3}
③	$\varphi_3 = S_3$	0.689	0.166	0.145	1.370×10^{-3}	2.951×10^{-2}	3.546×10^{-3}
④	$\varphi_5 = S_1 + S_2 + S_3$	0.344	0.155	0.501	1.311×10^{-3}	2.952×10^{-2}	3.548×10^{-3}

图 7.6、图 7.7 显示，传统 SGA 算法在进化至 160 代左右才显著收敛于最优值，收敛速度仅为 EGA 算法的 1/4。精确度方面，SGA 算法的均方误差值达到 1.437×10^{-3}，因而收敛性能也不如 EGA 算法优秀，这说明 EGA 算法综合性能更为优越。选择综合评价效果最好的 G－Verhulst－BP 计量组合预测模型形式—④，比较各预测模型的预测效果。为便于语言叙述，令符号 Ⅰ－Ⅶ 依次分别代表 PDL 模型、ARCH 模型、ARIMA 模型、G－Verhulst－$BP_{(PDL)}$ 模型、G－Verhulst －$BP_{(ARCH)}$ 模型、G－Verhulst－$BP_{(ARIMA)}$ 模型和 EGA 算法改进的非线性 G－Verhulst－BP 计量组合预测模型。预测样本为 H 单位 2016－2017 年军费开支（对数化形式数据组），预测结果如表 7.9 所示。

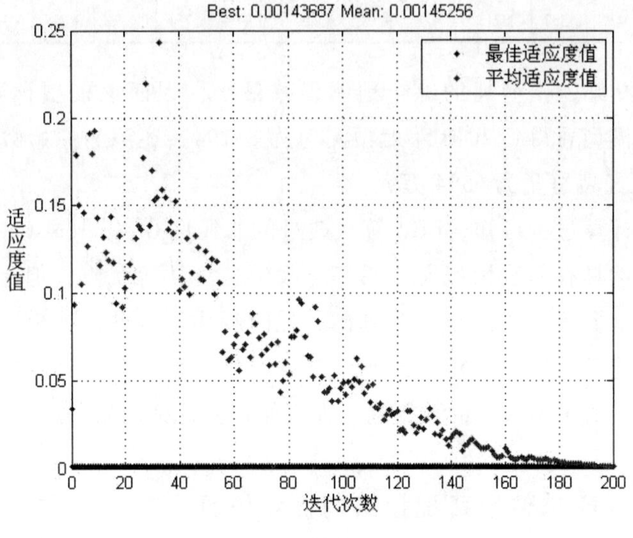

图 7.6　SGA 算法收敛散点图

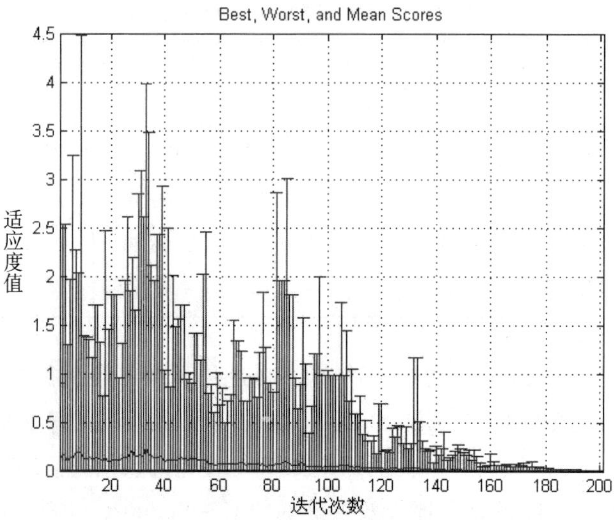

图 7.7 SGA 算法同代个体适应度值比较

表 7.9　　　　各预测模型预测结果及误差对比

年份	Ⅰ		Ⅱ		Ⅲ		Ⅳ		Ⅴ		Ⅵ		Ⅶ	
	估值	误差	估值	误差	估值	误差	估值	误差	估值	误差	估值	误差	估值	误差
2016	8.611	-1.21%	8.626	-1.04%	8.615	-1.17%	8.655	-0.70%	8.757	0.46%	8.669	-0.54%	8.678	-0.43%
2017	8.571	-1.42%	8.589	-1.21%	8.600	-1.08%	8.609	-0.97%	8.754	0.69%	8.725	0.36%	8.690	-0.03%

由表 7.9 知，模型Ⅶ的综合预测误差最小，因而该模型预测效果最佳。据此，利用模型Ⅶ得到 2018 年度预测值为 8.794，还原为原始数据得到 2018 年度 H 单位经费总量为 6594 万元。

由以上计算过程可知，EGA 算法改进的非线性 G - Verhulst - BP 计量组合预测模型虽然具有非线性拟合效果好，收敛速度快等优点，但是计算过程繁琐，需要以众多单一预测模型为基础，耗时耗力。因此，该模型通常适用于需要精确描述具有非线性特征的残差数据统计规律，并对计算结果有高精度要求的情形，对于一般性的数据趋势性规律预测，则无须采用本方法。

7.2.2　H 单位经费配置结构优化仿真

利用 6.2.3 节中优化配置模型最终表达式（6.2.5），结合 H 单位表7.2 ~

表 7.4 的基本数据信息，将优化配置模型中参数实体化，得到 H 单位资源经费优化配置的混合整数非线性规划方程。

（1）目标函数的确定

依据背景资料，H 单位 2018 年度需要完成 6 个军事计划项目，分别为甲、乙、丙、丁、戊、己，在模型中用序号 1、2、3、4、5 和 6 表示。根据战斗力组合函数公式，有：

$$\begin{cases} P_1 = (R^{\alpha}F^{\beta}Z^{\gamma}) \times (C_1 \cdot \sum_{i=1}^{4} N_{i1} \cdot \sum_{j=1}^{3} W_{j1})^{\gamma} = 0.748(C_1 \cdot \sum_{i=1}^{4} N_{i1} \cdot \sum_{j=1}^{3} W_{j1})^{0.3} \\ P_2 = (R^{\alpha}F^{\beta}Z^{\gamma}) \times (C_2 \cdot \sum_{i=1}^{4} N_{i2} \cdot \sum_{j=1}^{3} W_{j2})^{\gamma} = 0.739(C_2 \cdot \sum_{i=1}^{4} N_{i2} \cdot \sum_{j=1}^{3} W_{j2})^{0.3} \\ P_3 = (R^{\alpha}F^{\beta}Z^{\gamma}) \times (C_3 \cdot \sum_{i=1}^{4} N_{i3} \cdot \sum_{j=1}^{3} W_{j3})^{\gamma} = 0.770(C_3 \cdot \sum_{i=1}^{4} N_{i3} \cdot \sum_{j=1}^{3} W_{j3})^{0.3} \\ P_4 = (R^{\alpha}F^{\beta}Z^{\gamma}) \times (C_4 \cdot \sum_{i=1}^{4} N_{i4} \cdot \sum_{j=1}^{3} W_{j4})^{\gamma} = 0.765(C_4 \cdot \sum_{i=1}^{4} N_{i4} \cdot \sum_{j=1}^{3} W_{j4})^{0.3} \\ P_5 = (R^{\alpha}F^{\beta}Z^{\gamma}) \times (C_5 \cdot \sum_{i=1}^{4} N_{i5} \cdot \sum_{j=1}^{3} W_{j5})^{\gamma} = 0.758(C_5 \cdot \sum_{i=1}^{4} N_{i5} \cdot \sum_{j=1}^{3} W_{j5})^{0.3} \\ P_6 = (R^{\alpha}F^{\beta}Z^{\gamma}) \times (C_6 \cdot \sum_{i=1}^{4} N_{i6} \cdot \sum_{j=1}^{3} W_{j6})^{\gamma} = 0.752(C_6 \cdot \sum_{i=1}^{4} N_{i6} \cdot \sum_{j=1}^{3} W_{j6})^{0.3} \end{cases} \tag{7.2.1}$$

模型的目标函数应当为各项目的战斗力之和最大，故目标函数应当表述为：

$$V = P_1 + P_2 + P_3 + P_4 + P_5 + P_6 \tag{7.2.2}$$

（2）约束条件下的规划模型完整描述

按照 6.2.2 节中的五个约束条件，对目标函数施加条件约束。篇幅所限，不再对各约束条件的内涵进行逐条说明，直接给出模型的最终表达形式，有：

$$\begin{aligned} \max V = & 0.748(C_1 \cdot \sum_{i=1}^{4} N_{i1} \cdot \sum_{j=1}^{3} W_{j1})^{0.3} + 0.739(C_2 \cdot \sum_{i=1}^{4} N_{i2} \cdot \sum_{j=1}^{3} W_{j2})^{0.3} \\ & + 0.770(C_3 \cdot \sum_{i=1}^{4} N_{i3} \cdot \sum_{j=1}^{3} W_{j3})^{0.3} + 0.765(C_4 \cdot \sum_{i=1}^{4} N_{i4} \cdot \sum_{j=1}^{3} W_{j4})^{0.3} \\ & + 0.758(C_5 \cdot \sum_{i=1}^{4} N_{i5} \cdot \sum_{j=1}^{3} W_{j5})^{0.3} + 0.752(C_6 \cdot \sum_{i=1}^{4} N_{i6} \cdot \sum_{j=1}^{3} W_{j6})^{0.3} \end{aligned}$$

$$
s.t.\begin{cases}
\sum_{k=1}^{6} C_k = 6594 \\
\sum_{i=1}^{4} N_{i1} + \sum_{i=1}^{4} N_{i2} + \sum_{i=1}^{4} N_{i3} + \sum_{i=1}^{4} N_{i4} + \sum_{i=1}^{4} N_{i5} + \sum_{i=1}^{4} N_{i6} \leqslant 2138 \\
\sum_{j=1}^{3} W_{j1} + \sum_{j=1}^{3} W_{j2} + \sum_{j=1}^{3} W_{j3} + \sum_{j=1}^{3} W_{j4} + \sum_{j=1}^{3} W_{j5} + \sum_{j=1}^{3} W_{j6} \leqslant 36 \\
\sum_{i=1}^{4} N_{i1} \geqslant 280, \sum_{i=1}^{4} N_{i2} \geqslant 400, \sum_{i=1}^{4} N_{i3} \geqslant 620, \sum_{i=1}^{4} N_{i4} \geqslant 300, \sum_{i=1}^{4} N_{i5} \geqslant 290, \\
\sum_{i=1}^{4} N_{i6} \geqslant 150 \\
\sum_{j=1}^{3} W_{j1} \geqslant 7, \sum_{j=1}^{3} W_{j2} \geqslant 4, \sum_{j=1}^{3} W_{j3} \geqslant 10, \sum_{j=1}^{3} W_{j4} \geqslant 7, \sum_{j=1}^{3} W_{j5} \geqslant 2, \sum_{j=1}^{3} W_{j6} \geqslant 2 \\
N_{11} + N_{12} + N_{13} + N_{14} + N_{15} + N_{16} \leqslant 222 \\
N_{21} + N_{22} + N_{23} + N_{24} + N_{25} + N_{26} \leqslant 275 \\
N_{31} + N_{32} + N_{33} + N_{34} + N_{35} + N_{36} \leqslant 1533 \\
N_{41} + N_{42} + N_{43} + N_{44} + N_{45} + N_{46} \leqslant 108 \\
W_{11} + W_{12} + W_{13} + W_{14} + W_{15} + W_{16} \leqslant 8 \\
W_{21} + W_{22} + W_{23} + W_{24} + W_{25} + W_{26} \leqslant 16 \\
W_{31} + W_{32} + W_{33} + W_{34} + W_{35} + W_{36} \leqslant 12 \\
N_{11} \geqslant 25, N_{12} \geqslant 20, N_{13} \geqslant 25, N_{14} \geqslant 30, N_{15} \geqslant 70, N_{16} \geqslant 35 \\
N_{21} \geqslant 35, N_{22} \geqslant 60, N_{23} \geqslant 65, N_{24} \geqslant 40, N_{25} \geqslant 40, N_{26} \geqslant 15 \\
N_{31} \geqslant 200, N_{32} \geqslant 300, N_{33} \geqslant 500, N_{34} \geqslant 200, N_{35} \geqslant 150, N_{36} \geqslant 80 \\
N_{41} \geqslant 15, N_{42} \geqslant 15, N_{43} \geqslant 20, N_{44} \geqslant 10, N_{45} \geqslant 20, N_{46} \geqslant 10 \\
W_{11} \geqslant 2, W_{12} \geqslant 1, W_{13} \geqslant 2, W_{14} \geqslant 2, W_{15} \geqslant 1, W_{16} \geqslant 0 \\
W_{21} \geqslant 2, W_{22} \geqslant 2, W_{23} \geqslant 4, W_{24} \geqslant 2, W_{25} \geqslant 1, W_{26} \geqslant 2 \\
W_{31} \geqslant 3, W_{32} \geqslant 1, W_{33} \geqslant 4, W_{34} \geqslant 3, W_{35} \geqslant 0, W_{36} \geqslant 0 \\
C_k, N_{ik}, W_{jk} \geqslant 0 \text{ 且 } N_{ik}, W_{jk} \text{ 为整数}
\end{cases}
\tag{7.2.3}
$$

（7.2.3）式为非线性混合整数规划问题，其中决策变量为 48 个，除去 3 个国防费决策变量为小数形式，其余 45 个决策变量涉及各类人员数量及舰船装备数量，均为整数形式。采用 Lingo 软件求解这一规划问题，基本仿真运行环境如下：软件版本 Lingo11，操作系统 Windows 7 专业版（64 位），Intel（R）Core（TM）i7－7700QH 处理器，CPU 主频 2.80GHz，内存 8G。基本参数设定如下：整数决策变量 45 个，小数决策变量 3 个，线性约束条件 64 个，非线性约束条件 1 个。重复计算运行 30 次取最优的结果作为满意解，Lingo 软件运行的相关参数界面如图 7.8 所示。

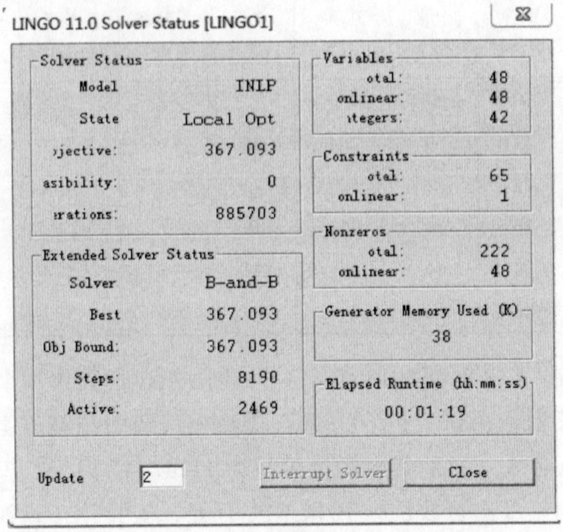

图 7.8　Lingo 软件运行的参数界面

如图 7.8 所示，优化配置模型经过 8190 步的规划计算，其中有效步骤 2469 步，共计 88 万余次迭代过程，用时 79 秒，得到满意目标函数值 367.093。此时对应的各决策变量值为：

（1）经费资源决策变量数值

$C_1=1114.445$，$C_2=1044.811$，$C_3=1799.351$，$C_4=1179.695$，$C_5=857.826$，$C_6=597.872$。

（2）人力要素决策变量数值

$N_{11}=30$，$N_{21}=44$，$N_{31}=230$，$N_{41}=15$，$N_{12}=21$，$N_{22}=60$，$N_{32}=304$，$N_{42}=15$，$N_{13}=25$，$N_{23}=72$，$N_{33}=500$，$N_{43}=23$，$N_{14}=30$，$N_{24}=40$，$N_{14}=258$，$N_{44}=10$，$N_{15}=70$，$N_{25}=44$，$N_{35}=151$，$N_{45}=25$，$N_{16}=46$，$N_{26}=15$，$N_{36}=90$，$N_{46}=20$。

(3) 物力要素决策变量数值

$W_{11}=2$, $W_{21}=2$, $W_{31}=3$, $W_{12}=1$, $W_{22}=3$, $W_{32}=1$, $W_{13}=2$, $W_{23}=4$, $W_{33}=4$, $W_{14}=2$, $W_{24}=2$, $W_{34}=3$。

由此，得到H单位2018年度经费资源、人力和物力要素的最终分配方案，如表7.10所示。

表7.10　H单位2018年度经费资源、人力要素、物力要素优化方案

任务类别	项目	军官(人)	士官(人)	士兵(人)	文员(人)	A装备(艘)	B装备(艘)	C装备(艘)	项目经费(万元)
训练演习	甲	30	44	230	15	2	2	3	1114.445
海上巡逻	乙	21	60	304	15	1	3	1	1044.811
远海护航	丙	25	72	500	23	2	4	4	1799.351
远海护航	丁	30	40	258	10	2	2	3	1179.695
装备建设	戊	70	44	151	25	1	2	1	857.826
装备建设	己	46	15	90	20	0	3	0	597.872

表7.10给出了H单位2018年度4大类任务6个具体军事计划项目的资源配置情况，根据本书研究内容，重点观察项目经费分配方案。因此，安排用于训练演习任务——甲的年度经费数量为1114.445万元，安排用于海上巡逻任务——乙的年度经费数量为1044.811万元，安排用于远海护航任务——丙的年度经费数量为1799.351万元，安排用于远海护航任务——丁的年度经费数量为1179.695万元，安排用于装备建设任务——戊的年度经费数量为857.826万元，安排用于装备建设任务——己的年度经费数量为597.872万元。

7.2.3　H单位经费资源配置使用效益评估仿真

(1) H单位经费资源配置使用效益评估体系与AHP赋权

根据6.3节中内容，结合H单位年度建设任务具体情况与实施，建立本单位经费资源配置使用效益评估体系，包括国家军事战略、战争形态、装备有机构成、经费资源总量和竞争对手经费结构等5个准则层评估维度，和训练演习、海上巡逻、远海护航和装备建设等4个按照大类划分的指标层军事任务项目。具体指标体系结构如图7.9所示。

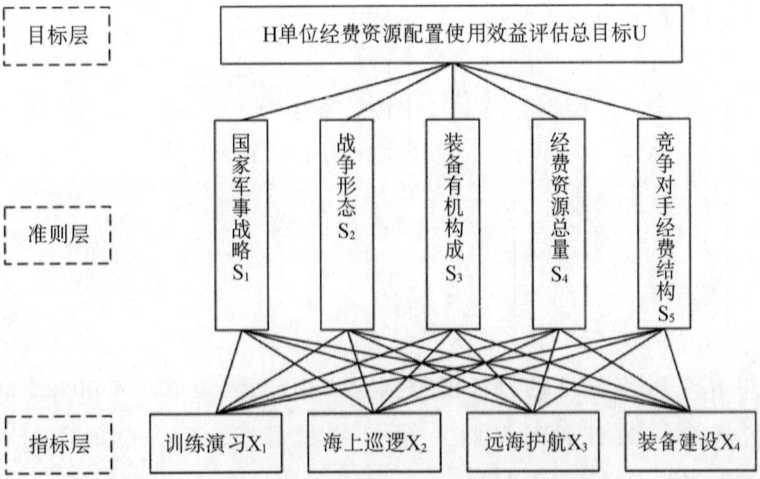

图 7.9　H 单位经费资源配置效益评估指标体系结构

利用 AHP 法对指标进行赋权，应当构建判别矩阵。具体方法为：同层次指标重要性两两比较，分别构建准则层判别矩阵和指标层判别矩阵，计算特征向量和特征根，最后进行层次总排序和一致性检验。通过专家综合评判，得到准则层判别矩阵有：

$$A = \begin{bmatrix} 1 & 2 & 3 & 4 & 6 \\ 1/2 & 1 & 2 & 2 & 3 \\ 1/3 & 1/2 & 1 & 1 & 2 \\ 1/4 & 1/2 & 1 & 1 & 2 \\ 1/6 & 1/3 & 1/2 & 1/2 & 1 \end{bmatrix}$$

求得 A 矩阵的最大特征值为 5.0166，通过一致性检验并作归一化处理得到准则 $C_1 \sim C_5$ 权重向量 $w^{(1)} = (0.4415\ 0.2339\ 0.1312\ 0.1239\ 0.0695)$。同理，确定指标层判别矩阵分别有：

$$B1 = \begin{bmatrix} 1 & 1/3 & 1/4 & 1/5 \\ 3 & 1 & 1/2 & 1/2 \\ 4 & 2 & 1 & 1 \\ 5 & 2 & 1 & 1 \end{bmatrix}, B2 = \begin{bmatrix} 1 & 1/4 & 1/4 & 1/5 \\ 4 & 1 & 1 & 1 \\ 4 & 1 & 1 & 1 \\ 5 & 1 & 1 & 1 \end{bmatrix},$$

$$B3=\begin{bmatrix}1&1/3&1/5&1/5\\3&1&1/2&1/2\\5&2&1&1\\5&2&1&1\end{bmatrix},B4=\begin{bmatrix}1&3&2&3\\1/3&1&2&1\\1/2&1/2&1&2\\1/3&1&1/2&1\end{bmatrix},$$

$$B5=\begin{bmatrix}1&1/2&1/2&1\\2&1&1&2\\2&1&1&1\\1&1/2&1&1\end{bmatrix}$$

求得 $B_1 \sim B_5$ 各矩阵的特征值分别为 4.0155，4.0062，4.0042，4.0042，4.0606。通过一致性检验，归一化后的指标 $S_1 \sim S_4$ 权重向量 $w^{(2)}$ = (0.208　0.249　0.320　0.223)。

（2）军事任务完成度假设

由于本节以 H 单位 2018 年度的经费统筹配置为研究对象，为评估使用效益，必然要以本年度的任务完成情况为前提。需要因此在仿真时对军事任务完成度进行先期假设，假设在 2018 年年底，经过测算，认为训练演习任务完成率为 92%，海上巡逻任务完成率为 85%，远海护航任务完成率为 77%，装备建设任务完成率为 83%。

（3）H 单位经费资源配置效益组合评估

按照物元分析理论，需要确定各指标的经典域、节域。在综合考虑专家意见和该大队实际情况的前提下，初步将评估指标划分为Ⅰ级—Ⅳ级，由此划分指标经典域和节域，如表 7.11 所示。

表 7.11　H 单位经费资源配置效益评估指标经典域及节域

二级评估指标	Ⅰ级（较差）	Ⅱ级（中等）	Ⅲ级（良好）	Ⅳ级（优秀）	节域
训练演习 X_1	[65%，75%)	[75%，85%)	[80%，95%)	[95%，100%]	[65%，100%]
海上巡逻 X_2	[60%，70%)	[70%，80%)	[80%，90%)	[90%，100%]	[60%，100%]
远海护航 X_3	[60%，70%)	[70%，80%)	[80%，90%)	[90%，100%]	[60%，100%]
装备建设 X_4	[65%，75%)	[75%，85%)	[85%，95%)	[95%，100%]	[65%，100%]

利用前文中距和关联函数计算公式，可以得到二级指标关于各等级的关联度，如表 7.12 所示。进一步地研究，结合 AHP 法给出的指标权重，得到海军军费资源配置效益评估结果，如表 7.13 所示。

表 7.12　　H 单位经费资源配置效益二级评估指标关联度

二级评估指标	Ⅰ级（较差）	Ⅱ级（中等）	Ⅲ级（良好）	Ⅳ级（优秀）
训练演习 X_1	-0.680	-0.467	0.300	-0.273
海上巡逻 X_2	-0.500	-0.166	0.500	-0.166
远海护航 X_3	-0.292	0.300	-0.150	-0.433
装备建设 X_4	-0.320	0.200	-0.105	-0.414

表 7.13　　H 单位经费资源配置效益一级评估指标关联度

一级评估指标	Ⅰ级（较差）	Ⅱ级（中等）	Ⅲ级（良好）	Ⅳ级（优秀）	MAX
国家军事战略 S_1	-0.441	0.066	0.058	-0.389	0.066
战争形态 S_2	-0.460	0.025	0.124	-0.362	0.124
装备有机构成 S_3	-0.438	0.073	0.054	-0.391	0.073
经费资源总量 S_4	-0.516	-0.160	0.198	-0.301	0.198
竞争对手经费结构 S_5	-0.434	-0.008	0.155	-0.312	0.155

评估结果显示，H 单位 2018 年度经费资源配置效益二级评估指标中，X_1、X_2评估等级为Ⅲ级，X_3、X_4评估等级为Ⅱ级，说明遂行训练演习、海上巡逻两项任务的军事经济综合效益较好，而远海护航、装备建设两项任务执行过程中的军费使用效益有待提高。一级评估指标中，S_2、S_4、S_5评估等级为Ⅲ级，S_1、S_3评估等级为Ⅱ级，与该单位年度经费资源配置实际情况相符。其中，S_1、S_3具有符合Ⅲ级的部分特征，具有向Ⅲ级转化的向好趋势，应当努力促进其转化；S_2、S_4、S_5虽同属Ⅲ级，但 C_2具有符合Ⅱ级的部分特征，具有向Ⅱ级转化的向坏趋势，应当引起重点关注。C_4、C_5虽然存在向Ⅱ级的转化条件，但还未出现明显的Ⅱ级特征，因此可以适当关注。综上所述，经计算得 H 单位经费资源配置效益总评估结果为 $L_1(N) = -0.454$，$L_2(N) = -0.024$，$L_3(N) = 0.097$，$L_4(N) = -0.367$，显然 $L_{k0} = L_3(N) = 0.097$，这表明 H 单位经费资源配置效益评估等级属于Ⅲ级，评估结论为“良好”。

7.3　本章小结

本章是全书主体内容的最后一章，以我军 H 单位 2018 年度的经费统筹配置工作为依据，对本书先前关于国防费资源统筹配置的完整方法进行集成仿真，分别验证了国防费资源规模统筹、国防费资源结构配置和国防费资源配置使用效益评估等各阶段、各环节方法的可行性与有效性。从仿真结果来看，能够较好地提出一套完整的国防费资源统筹配置优化方案，达到了预期的研究效果，对于指导我国国防费资源统筹配置工作的开展提供了强有力的实践方法，为国家和军队决策机关进行国防费资源统筹配置的最终决策提供有益的借鉴与参考。

第8章 研究总结及展望

本书以2015年大学社会科学基金项目“基于国防安全尺度的军费资源优化配置研究”和2018年国家社会科学基金项目“军队装备资产价值管理研究”为支撑课题，汲取国防费资源统筹配置理论与实践的最新研究成果，总结借鉴了美军PPBE系统在国防费资源统筹配置中的先进经验做法，指出了我国国防费资源统筹配置当下存在的突出问题，采用博弈模型揭示了统筹配置问题产生的深层次原因，提出了本书研究的思路遵循、切入点选取和模型设计。

在此基础上，建立了我国国防费资源规模静态预测模型，解决了高精度下的国防费资源规模预测问题，实证分析了我国国防费资源规模与供需影响因素间的动态关系，厘清了各影响因素对于国防费资源规模的作用机理和程度效果，构建了符合我国国情军情特点的“三段四级”资源配置结构分解模式，设计了国防费资源优化配置模型，探讨了国防费资源统筹配置使用效益评估的指标体系设计与组合方法运用基本程序，最后利用集成仿真手段检验了文中技术方法的可行性与有效性。

针对书中出现的非线性残差G－Verhulst模型、G－Verhulst－BP算子模型、VAR模型、VEC模型、非线性混合整数规划模型、AHP－物元分析组合评估模型等数学模型，以及非合作博弈理论、组合预测理论、精英遗传算法理论、数据分析检验理论（ADF平稳性检验、EG协整检验、Johansen协整检验、Granger因果检验）等诸多数学技术分析工具与方法，丰富和发展了其在国防费资源统筹配置领域的应用成熟度，拓宽了应用范畴。

8.1 研究的主要工作及创新点

8.1.1 主要工作

本书围绕我国国防费资源统筹配置问题，主要开展了以下研究工作：

（1）国防费资源统筹配置理论体系构建分析

从国防费资源统筹配置的基础理论入手，构建国防费资源统筹配置理论体系，用于指导国防费资源统筹配置实践工作的开展。主要内容包括：分析了国防费基本特点，总结了国防费资源配置的二重性配置特性，国防费资源统筹配置的能量层级划分、阶段分和状态转换。在此基础上引出对国防费资源统筹配置最优化概念的界定，阐明了国防费资源统筹配置的优化层次和优化准则，推导出国防费资源统筹配置中统筹规模和配置结构都具有确定性的重要论断，证明了研究国防费资源统筹配置的理论可行性。

（2）中美国防费资源统筹配置机制对比启示分析

借鉴 PPBE 系统在美国国防费资源统筹配置中的先进经验，在阐明 PPBE 系统四个阶段运行程序，总结 PPBE 系统战略牵引、需求主导、全局统筹、动态调整、全程规划五大机制特点的基础上，对比分析我国国防费资源统筹配置在顶层设计、运行机制和方法手段上存在的不足，运用经济学中的博弈理论揭示出我国国防费资源统筹配置出现问题的深层次原因。对我国国防费资源统筹配置实践进一步地开展引发了有益的启发，选择将国防费资源统筹配置技术方法作为研究切入点，描绘了由两阶段决定子模型组合而成的国防费资源统筹配置主模型建立的技术路线。

（3）我国国防费资源统筹规模静态组合预测分析

基于国防费数据具有非平稳性、自相关性、异方差性等经济时序特征的前提下，采用具有适合饱和状态单峰或 S 型序列的非线性小样本残差 G－Verhulst 计量组合预测模型，对国防费非线性小样本残差时间序列数据的预测精度方法进行改进。与此同时，选择带有精英策略且广泛应用于函数组合优化、人工智能控制等领域的改进遗传算法，对小样本非线性残差 G－Verhulst 计量组合预测模型进行动态赋权，提高模型整体预测精度。结合灰色神经网络理论，引入 G－Verhulst－BP 算子，设计 G－Verhulst－BP 分系统，对模型进行二次改进。明确了改进后的算法实现步骤，能够持续地提高国防费规模预测精度。

（4）我国国防费资源统筹规模与影响因素动态关系分析

重点从动态关系的角度，研究了我国国防费资源规模在供给因素和需求因素的双重影响下，具有怎样的运动规律和变化特征。首先，对影响我国国防费资源规模的因素进行分类，给出了定性的理论研究结论。其次，分别对供给因素单独影响和供需因素共同影响下与国防费资源规模的动态关系进行研究，得到了定量的实证研究结论。从分析结论看，各影响因素对我国国防费规模的影响综合程度符合“自身因素 > 供给因素 > 需求因素，美国 > 印度 > 韩国 > 日本”的基本规律。最后，归纳总结出六点结论和六点对策，作为研究我国国防费资源动态变化规律特征的指导和参考。

（5）我国国防费资源配置结构分解与优化设计分析

借鉴 PPBE 系统在资源配置过程中的闭环设计思想，提出了我国国防费资源配置的“三段四级”分解模式构想，建立军事和经济效益双目标优化目标函数，引入战斗力组合函数概念，将人力、物力、技术和国防费资源进行融合，构建我国国防费资源优化配置模型，将配置问题转化为非线性混合整数规划数学问题，提供了一种计算最优国防费资源配置的可行性方法。

（6）我国国防费资源配置使用效益评估分析

立足于国防费资源配置使用效益评估的五个维度，建立国防费资源配置使用效益评估指标体系。采用 AHP 和物元分析法相结合的方法，将物元、物元矩阵、节域、经典域、距、关联函数、关联度等概念进行有机融合，对我国国防费资源配置使用效益进行科学、全面、系统评估，得出有价值的评估结论，用于反馈指导资源配置工作的改进和完善。

（7）我国国防费资源统筹配置集成仿真检验分析

对本书国防费资源统筹配置的完整方法进行集成仿真，分别验证了国防费资源规模统筹、国防费资源结构配置和国防费资源配置使用效益评估等阶段和环节中技术方法的可行性与有效性。从仿真结果来看，能够较好地提出一套完整的国防费资源统筹配置优化方案，达到了预期的研究效果，对于指导我军国防费资源统筹配置工作的开展，提供了有用的技术方法。

8.1.2 主要创新点

（1）针对国防费时间序列的小样本和非平稳特征，提出了一种小样本非线性残差 G - Verhulst 计量组合预测模型，设计了基于 EGA 算法优化的多准则目标决策的实施步骤与方法

筛选我国 1978 ~2016 年间国防费支出样本数据，对国防费时间序列进行了实证检验，并估计出 G - Verhulst 计量组合预测模型基本参数及形式。在此基础上，构建国防费组合预测模型，选择 MSE、MAE、MAPE 和 THEIL 作为目标准则，对比 SGA 算法与 EGA 算法的收敛速度与收敛性能，证明了 EGA 算法更为优越。与其他预测方法相比，基于 EGA 算法优化的小样本非线性残差 G - Verhulst 计量组合预测模型预测误差更小，预测精度更高，效果更好。

（2）在高精度预测要求下，提出一种将基于 EGA 算法的小样本非线性残差 G - Verhulst 计量组合预测模型中的核心算子进行深度改进的方法

以 BP 神经网络理论为依据，引入 G - Verhulst - BP 算子，提出模型组概念，重新完善相关概念定义和定理，建立新的基于 EGA 算法的小样本非线性残差 G - Verhulst - BP 算子组合预测模型，阐明其实现原理与步骤，并通过仿真应用证明其比传统算法更具有优越性，能够满足高精度预测要求。

（3）借鉴美国国防费资源的项目分解模式，提出与我国资源配置指导思想相适应，适合我国国防费统筹配置实践特点的一种“三段四级”分解模式构想

在借鉴外国做法的基础上，针对国防费资源优化配置的要求，综合考虑军事效益和经济效益的目标统筹和人力、物力、技术等相关要素对于国防费资源统筹配置的影响和约束，建立了以非线性混合整数规划为特征的国防费资源优化配置模型。克服传统整数规划收敛缓慢，分支定界条件复杂等难题，较好地实现了对原问题的简明优化计算。

8.2 后续工作及展望

本书在国防费资源统筹配置的研究过程中，虽然取得了较为成熟的研究

成果，具有一定的创新性和前瞻性，然而由于研究条件和时间所限，对于一些问题还没有进行更加充分的分析和论证，需要在日后的研究工作中进行细化和完善。

第一，在考察影响国防费资源统筹规模的影响因素时，只重点分析了经济规模、财政收入、其他公共支出和居民消费四类常见供给因素，以及军事战略、外部威胁和社会支援三类常见需求因素，对于其他影响国防费资源统筹规模的因素没有进行考虑，需要进一步完善对其他影响因素的分析，使研究结论与现实情况更加贴近。

第二，在建立国防费资源优化配置模型时，没有考虑到实际军事任务项目的时间周期约束。如护航任务可能存在上半年任务和下半年任务之分，任务执行时间也存在 1 个月、3 个月、半年或 1 年的区别和差异。这些都会影响到人力、物力和国防费资源的配置优化调整，下一步仍需对模型进行完善。

参考文献

[1]姜鲁鸣．现代军费管理革命在进行［J］．学习时报，2013－11～04.

[2]杨川慧．国防支出及其影响因素分析研究［D］．武汉：海军工程大学，2018.

[3]张振龙．国防经济学［M］．北京：中国财政经济出版社，2000：48.

[4]姜鲁鸣，王文华．国防费经济学［M］．北京：国防大学出版社，2007：19.

[5]翟刚．美国国防费管理概况［M］．北京：国防工业出版社，2007：37.

[6]庞宝庆．论二战时期日本战时军费筹集机制［J］．日本问题研究，2017，31（2）：20～29.

[7]Sen S. Military Expenditure Data for Developing Countries：Methods and Measurement［J］. Military Expenditure and Economic Development，1992：1－18.

[8]中国军控与裁军协议（译）．SIPRI 年鉴 2014——军备、裁军和国际安全［M］．北京：时事出版社，2014：233～235.

[9]中国国防部．2010 中国国防白皮书［R］．中国国防部办公厅，2010.

[10]刘祖辰．我国国防财政政策研究［D］．北京：财政部财政科学研究所，2013.

[11]尚庆生．军事经济资源配置与管理问题探讨［J］．军事经济研究，2011（1）：14～17.

[12]黄小荣，杜百岗，戴伟．基于排队论的动态多项目资源配置方法研究［J］．湖北理工学院学报，2013，29（1）：36～40.

[13]Bate J. M.，Granger C. W. J. Combination of Forecasts［J］. Operations

Research Quarterly, 1969, 20 (4): 451-468.

[14]Zhang Ling, Liu Bo. Residuals statistics - based additive outlier detection algorithm for time series [J]. Application of Electronic Technique, 2015, 41 (9): 85-87.

[15]Wang X. M., Yao Z. M., Dmitri L. Residual - Based Estimation of Peer and Link Lifetimes in P2P Networks [J]. Transactions on Networking, 2009, 17 (3): 726-739.

[16]Lin C. H., Shen D. Y. Secret: A Selective Error Correction Framework for Refresh Energy Reduction in Drams [J]. ACM Transactions on Architecture and Code Optimization, 2015, 12 (2): 19-24.

[17]Bertozzi D., Olivo P., Zambelli C. Flares: An Aging Aware Algorithm to Autonomously Adapt the Error Correction Capability in NAND Flash Memories [J]. ACM Transactions on Architecture and Code Optimization, 2014, 11 (3): 26-50.

[18]何星，王宏力，陆敬辉等．具有选择与补偿机制的加权集合序贯极端学习机及其应用［J］．系统工程理论与实践，2015，35（8）：2152～2157.

[19]冯宝军，杨希雅，迟国泰．基于脉冲响应的区域经济政策实施效果评价［J］．系统工程理论与实践，2015，35（5）：1089～1102.

[20]Christiane L. Combinations of time series forecasts: when and why are they beneficial [D]. Bournemouth: Bournemouth University, 2010.

[21]Li H. A., Kang B. S., Zhang J. Combined forecasting model of cloud computing resources based on improved encompassing tests and IOWA operator [J]. Journal of Computational Information Systems, 2013, 9 (7): 2631-2640.

[22]Harvey N., Harries C. Effects of judges' forecasting on their later combination of forecasts for the same outcomes [J]. International Journal of Forecasting, 2004, 20 (3): 391-409.

[23]李爱忠，任若恩，董纪昌．基于集成预测的均值—方差—熵的模糊投资组合选择［J］．系统工程理论与实践，2013，33（5）：1116～1125.

[24]孙智勇，刘星．模糊软集合理论在税收组合预测中的应用［J］．系统工程理论与实践，2011，31（5）：936～942.

[25]赵玲，唐敏康．基于残差修正 GM（1，1）模型的火灾事故预测［J］．数学的实践与认识，2012，42（18）：82～87.

[26] Yao T. X, Forrest J. , Gong Z. W. Generalized discrete GM (1, 1) model [J]. Grey Systems: Theory and Application, 2012, 2 (1): 4 - 12.

[27]何满喜. 建立 GM (1, N) 预测模型的新方法 [J]. 农业系统科学与综合研究, 1997, 13 (4): 241 ~244.

[28]仇伟杰, 刘思峰. GM (1, N) 模型的离散化结构解 [J]. 系统工程与电子技术, 2006, 28 (11): 1679 ~1699.

[29] Tien T. L. The indirect measurement of tensile strength of material by the grey prediction model GMC (1, N) [J]. Measurement Science Technology, 2005 (16): 1322-1328.

[30] Tien T. L. A research on the grey prediction model GM (1, N) [J]. Applied Mathematics and Computation, 2012 (218): 4903-4918.

[31]崔杰, 刘思峰, 谢乃明等. 灰色 Verhulst 预测模型的病态特性 [J]. 系统工程理论与实践, 2014, 32 (2): 416 ~420.

[32]张怡. 灰色 Verhulst 模型的背景值的改进及应用 [J]. 系统工程理论与实践, 2013, 33 (12): 3168 ~3171.

[33] Hu X. M. , Wang Y. B. , Yu Y. et al. Research on the concentration prediction of nitrogen in red tide based on an optimal grey Verhulst model [J]. Mathematical Problems in Engineering, 2016, 55 (10): 97-107.

[34] Zhou D. Q. A new hybrid grey neural network based on grey Verhulst model and BP neural network for time series forecasting [J]. Information Technology and Computer Science, 2013 (10): 114-120.

[35]高放. 组合预测研究及其在交通流量预测中的应用 [D]. 济南: 山东科技大学, 2008.

[36]丁咏梅. 我国股票价格的组合预测 [D]. 武汉: 华中科技大学, 2005.

[37]何满喜. 组合预测方法在旅游经济分析预测中的应用 [J]. 数学的实践与认识, 2010, 40 (3): 1 ~6.

[38]龚承柱, 李兰兰, 杨娟. 基于 EMD - PSR - LSSVM 的城市燃气管网短期负荷预测 [J]. 系统工程理论与实践, 2014, 34 (11): 3001 ~3008.

[39]杨程炜. 基于有限次残差拟合的 BP 神经网络组合模型 [J]. 广东水利电力职业技术学院学报, 2015, 13 (2): 31 ~34.

[40]詹银珍，刘志峰．基于聚类分析的中外军费规模差异比较［J］．军事经济研究，2011（7）：9～11.

[41]郑煜．基于巴罗模型的军费支出与经济增长的关系［J］．管理观察，2018（6）：101～103.

[42]郭翔，李京文．基于历史数据的外军军费投入策略研究［J］．情报理论与实践，2017，40（8）：72～75.

[43]Benoit E. Growth and defense in developing countries［J］. Economic Development and Cultural Change，1978，26（2）：271-280.

[44]Halicioglu F. Defense spending and economic growth in Turkey：An empirical application of new macroeconomic theory［J］. Review of Middle East Economics and Finance，2004，3（2）：193-201.

[45]Atesoglu H. S.，Mueller M. J. Defence spending and economic growth［J］. Defence Economics，1990，2（1）：89-100.

[46]Lim D. Another look at growth and defence in less developed countries［J］. Economic Development and Cultural Change，1983，31（4）：377-384.

[47]Starr H. F. W.，Hoole J. A.，Freeman J. R. The relationship between defense spending and inflation［J］. Journal of Conflict Resolution，1984，28（3）：103-22.

[48]Cuaresma J.，Reitschuler G. A non－linear defence－growth nexus［J］. Defense and Peace Economics，2003，15（2）：71-82.

[49]Cappelen A.，Nils P. G.，Olav B. Military spending and economic growth in the OECD counties［J］. Journal of Peace Research，1984，21（6）：361-373.

[50]Wolde R. Caxxsality between defence spending and economic growth：The case of mainland China acomment［J］. Journal of Economic Studies，2001，28（1）：227-230.

[51]刘涛雄，胡鞍钢．国防开支对中国经济增长影响评估的两部门外部性模型［J］．清华大学学报：自然科学版，2005，45（12）：29～32.

[52]朱殿骅，谢纬．我国国防负担与经济增长的关系［J］．军事经济研究，2011，32（4）：8～10.

[53]张五六．国防支出与经济增长关系非对称性的研究［J］．中国软科学，2012（3）：23～30.

[54]韦邦荣．经济增长与国防支出之间的关系：理论与实证［D］．合肥：安徽大学，2013.

[55]鹿庚．论我国国防支出对居民消费的促进作用［J］．军事经济研究，2009，30（10）：21～24.

[56]黄栋，童光荣，张怀强．中国国防支出对居民消费影响的实证研究［J］．经济与管理，2010，24（6）：10～13.

[57]张最良．国防军费的评估问题［J］．运筹与管理，1994，3（1）：22～28.

[58]夏荣．军费的"短板现象"与军费增长的优化［J］．军事经济研究，2007（7）：11～13.

[59]燕艳，王佑德．军费规模、分配结构与管理创新［J］．军事经济研究，2007（7）：16～17.

[60]李莉，谢觉明．建立PPBES预算制度，提高国防费效益［J］．军事经济研究，2011（8）：10～12.

[61]李璐，许光建．PPBES在美国政府和国防部演进轨迹的比较研究［J］．军事经济研究，2009（8）：74～76.

[62]Colonel S. R. PPBS to PPBE：a process or principles［R］. U. S. Army War College，2008.

[63]李帅．决定军费标准的微观因素分析［J］．军事经济研究，2006（3）：17～20.

[64]赵云．军费分配的环境及目标浅析［J］．军事经济研究，2007（2）：26.

[65]刘宏刚，张净敏，唐峰．PPBE系统运行机制分析及启示［J］．装备指挥技术学院学报，2008，19（5）：22～26.

[66]迟晓峰，朱晨忱．海外经济利益拓展对我国军费需求影响及对策［J］．经济师，2006（10）：99～100.

[67]刘凯峰．军费软预算约束成因分析及模型解析［J］．军事经济研究，2016（2）：53～56.

[68]李峰．考虑了非国防公共支出的军费最优规模［J］．军事经济研究，

2017（1）：29~31.

[69]徐远余．浅论军费支出结构的进一步调整优化［J］．军事经济研究，2008（7）：9~11.

[70]韩俊宇，臧彤．基于军费开支与资源再分配对经济增长作用的数学模型分析［J］．工业经济研究，2017，29（5）：120~124.

[71]钱晓惠，程东旭，赵慧杰，郑玉晖．军费开支作为消费品的经济增长模型研究［J］．中原工学院学报，2017，22（5）：38~40.

[72]李志斐．从军费开支评估中国周边安全［J］．世界知识，2017（7）：30~32.

[73]孙兆斌，戈良．军费支出绩效评估指标体系及方法［J］．军事经济研究，2013（4）：49~51.

[74]李秋佳．军费有效运行与军事资源最优配置机制的构建［J］．军事经济研究，2011（11）：33~35.

[75]姜鲁鸣．加强军费战略管理的思考［J］．国防大学学报，2013，4（9）：40~43.

[76]刘硕扬．美军军费绩效管理的主要做法及启示［J］．装备学院学报，2015，26（5）：41~45.

[77]Do D. Overview，United States Department of Defense Fiscal Year 2014 request［M］. Washington D. C，2013.

[78]Do D. Overview，United States Department of Defense Fiscal Year 2015 request［M］. Washington D. C，2014.

[79]Do D. Under Secretary of Defense Financial management regulation［M］. Washington D. C，2011：1-15.

[80]Nimantha M. Dose military expenditure hinder economic growth? Evidence from Greece and Turkey［J］. Journal of Policy Modeling，2016（38）：1171-1193.

[81]Muhammad A.，Faisal K.，Khalid Z. Military Expenditures and Unemployment Nexus for Selected South Asian Countries［J］. Cross Mark，2015（6）：1103-1117.

[82]Sakiru A. S. Sources of labour productivity：a panel investigation of the role of military expenditure［J］. Cross Mark，2015（12）：849－865.

[83]陆文荣，李建国，赵丹，张轩瑜．紧跟军费绩效管理新要求，推动军队绩效审计新发展［J］．军队审计，2015（1）：39～40.

[84]焦健，黄瑞新，徐楠．基于制度成本视角的军费支出绩效改进策略［J］．军事经济研究，2015（7）：8～10.

[85]徐凤文，燕翎，师马斌．加强财务监督提高军队物资采购效益［J］．军队财务，2015（1）：12～13.

[86]费亮，黄栋．基于 BSC 的军费管理项目绩效模糊综合评价［J］．项目管理技术，2015，13（10）：25～29.

[87]贾如，明兆春．军费绩效管理引入第三方评价的探索与思考［J］．军队财务，2015（6）：13～16.

[88]Horvath A. P. Liquidity implications of reverse logistics for retailers［J］. Journal of Retailing，2005，81（3）：191-203.

[89]Anbuudayasankar P. S. Unified heuristics to solve routing problem of reverse logistics in sustainable supply chain［J］. International Journal of Systems Science，2010，41（3）：337-351.

[90]Dowlatshahi S. The role of transportation in the design and implementation of reverse logistics systems［J］. International Journal of Production Research，2010，48（14）：4199-4215.

[91]Das K. Integrating reverse logistics into the strategic planning of a supply chain［J］. International Journal of Production Research，2012，50（5）：1438-1456.

[92]狄卫民，马祖军，胡培．制造/再制造物流网络优化设计的多周期规划方法［J］．西南交通大学学报，2009（1）：122～127.

[93]刘赞，徐滨士，史佩京，等．再制造逆向物流网络关键设施选址问题的研究［J］．新技术新工艺，2011（7）：69～71.

[94]冯海川，于森，李伟．军事逆向物流的战略价值［J］．军队采购与物流，2009（1）：67～68.

[95]王宇，连华，王远军．加强我军军事逆向物流管理的思考［J］．后勤科技装备，2006（3）：9～11.

[96]张义桂，黎明．军事逆向物流运行机制浅析［J］．军队采购与物流，2011（3）：64～66.

[97]黄瑞新．军费结构优化理论思考与实证分析［J］．军事经济研究，1991（12）：44～49.

[98]徐远余．浅论军费支出结构的进一步调整优化［J］．军事经济研究，2008（7）：9～11.

[99]孙裕林．国防费支出结构优化分析［J］．经济师，2016，9：176～177.

[100]刘勇军，张卫国，徐维军．考虑现实约束的模糊多准则投资组合优化模型［J］．2013，33（10）：2462～2470.

[101]王贞．几类投资组合优化模型及其算法［D］．西安：西安电子科技大学，2012.

[102]朱殿骅，张强，张晓甫．建立军费预算中期支出框架的思考［J］．预算管理与会计，2017（12）：17～18，45.

[103]高春惠，张瑞．透析美军大增军费的动因及用途［J］．国防，2018（1）：80～84.

[104]Do D. United Defense Budget Overview 2018［R］．http：//comptroller. Defense. gov/ Budget - Materials/Budget2018/FY2018 Budget Request Overview Book. pdf, 2018.

[105]张维迎．博弈论与信息经济学［M］．上海：上海三联书店，1996.

[106]张世英，樊智．协整理论与波动模型［M］．北京：清华大学出版社，2007.

[107]高铁梅．计量经济分析方法与建模（第二版）［M］．北京：清华大学出版社，2010（2）：267～314.

[108]樊欢欢，张凌云．Eviews 统计分析与应用［M］．北京：机械工业出版社，2009（6）：323～354.

[109]王国维．计量经济学［M］．大连：东北财经大学出版社，2002：243～256，266～278.

[110]李子奈，叶阿忠．高等计量经济学［M］．北京：清华大学出版社，1999：320～336.

[111]王吉权，王福林，董志贵等．实数遗传算法进化策略的改进研究［J］．数学的实践与认识，2017，47（11）：118～125.

[112]王晓静，胡郁葱，朱信山．基于灰色 Verhulst - 马尔科夫链组合预测方法的公路客运量预测研究［J］．公路工程，2009，34（2）：169～171.

[113]Soremekun G., Gurdal Z., Haftka R. T., Watson L. T. Composite laminate design optimization by genetic algorithm with generalized elitist selection [J]. 2001 (79): 131-143.

[114]Kim J. L. Permutation based elitist genetic algorithm using serial scheme for large - sized resource - constrained project scheduling [C] // Proceedings of the 2007 Winter Simulation Conference, St. Joseph. MO, USA: IEEE, 2007: 2112-2118.

[115]巴海涛，史超．基于精英保留遗传算法的飞行器航路规划 [J]．指挥控制与仿真，2010，32 (4)：42 ~ 46.

[116]Deng J. L. The basis of grey theory [M]. Wuhan: Huazhong University of Science and Technology Press, 2002.

[117]Cetiner B. G., Sari M., Borat O. A neural network based traffic - flow prediction model [J]. Mathematical and Computational Applications, 2010, 15 (2): 269-278.

[118]Chen Y., Yang B., Dong J. Time - series prediction using a local linear wavelet neural network [J]. Neurocomputing, 2006, 69 (4): 449-465.

[119]Zhao L., Tang M. K. Prediction of fire accidents based on GM (1, 1) model with residual error correction [J]. Mathematics in Practice and Theory, 2012, 42 (18): 82-87.

[120]Yao T. X, Forrest J., Gong Z. W. Generalized discrete GM (1, 1) model [J]. Grey Systems: Theory and Application, 2012, 2 (1): 4-12.

[121]仇伟杰，刘思峰．GM (1, N) 模型的离散化结构解 [J]．系统工程与电子技术，2006，28 (11)：1679 ~ 1699.

[122]徐黎明，王清，陈剑平，潘玉珍．基于 BP 神经网络的泥石流平均流速预测 [J]．吉林大学学报（地球科学版），2013，43 (1)：186 ~ 191.

[123]Yang W., Zhang C. Y., Ma C. Thickness prediction of micro - arc oxidation coating on magnesium alloy based on GA - BP neural network [J]. Ordnance material science and engineering, 2017, 40 (1): 88-92.

[124]张春生，刘树东，谭覃．基于改进遗传算法优化 BP 神经网络的短时交通流量预测方法研究 [J]．天津城建大学学报，2017，23 (2)：144 ~ 148.

[125]飞思科技产品研发中心．神经网络理论与 MATLAB 7 [M]．北京：

电子工业出版社，2005.

[126]Anderson C. W., Turkman K. F. The joint limit distribution of sums and maxima of stationary sequences [J]. Journal of Applied Probability, 1991 (28): 33-44.

[127]Hsing T. A note on the asymptotic independence of the sum and of strongly mixing stationary random variables [J]. The Annals of Probability, 1995 (23): 938-947.

[128]Quah D. Exploiting cross – section variation for unit root inference in dynamic data [J]. Economics Letters, 1994 (44): 9-19.

[129]Hamilton, James D. Time Series Analysis [M]. London: Princeton University Press, 1994: 56-58.

[130]Johansen S. Statistical Analysis of Cointegration Vectors [J]. Journal of Economic Dynamics and Control, 1988, 12 (2): 231-254.

[131]Sims C. A. Macroeconomics and reality [J]. Econometrica, 1980 (48): 41-48.

[132]Safaei J., Cameron N. E. Credit Channel and Credit Shocks in Canadian Macrodynamics – a Structural VAR Approach [J]. Applied Financial Economics, 1998 (13): 267-277.

[133]Lo A. Long – term memory in stock market prices [J]. Econometrica, 1991, 59 (5): 1279-1313.

[134]李中才，王广成，娄美珍．中国生态足迹与经济增长的协整、误差修正模型及预测 [J]. 系统工程，2007，25 (8)：63～67.

[135]吴祥纲．国防预算科目分类比较研究 [J]. 中南财经政法大学学报，2011 (3)：68～73.

[136]杨胜．基于战斗力生成的军费研究 [D]. 长沙：国防科学技术大学，2007.

[137]张文杰．基于加快战斗力生成模式的军费统筹配置研究 [J]. 中国国防经济，2012 (3)：54～57.

[138]马亚龙，邵秋峰，孙明等．评估理论和方法及其军事应用 [M]. 北京：国防工业出版社，2013.

作者发表的学术论文情况

[1]张侃，刘宝平，黄栋. 基于EGA算法的小样本非线性残差G-Verhulst计量组合预测模型研究［J］. 系统工程理论与实践，2017，10（37）：2630~2639.

[2]张侃，刘宝平，黄栋. 精英遗传改进的非线性灰色神经网络算子与军费开支多目标组合预测应用［J］. 系统工程与电子技术，2018，5（40）：1070~1079.

[3]ZHANG Kan，LIU Bao-ping，WANG Meng. Research of the Relationship between Defense Expenditure and Economic Operation Based on Unconstrained VAR Model［C］// International Conference on Economics，Social Science，Arts，Education and Management Engineering，2015：707-712.

[4]ZHANG Kan，LIU Bao-ping. Study on the Combination Evaluation of Military Resources Allocation Efficiency［C］// 2017 3rd International Conference on Information Management，2017：199-203.

[5] Kan ZHANG，Baoping LIU，Dong HUANG. An Optimal Combination Forecasting Model Based on Elite Genetic Algorithm：Evidence from China's Defense Expenditure［J］. International Journal of Control and Automation，2017，10（10）：135-148.

[6]张侃，刘宝平，黄栋，任鑫. 我国国防支出与经济增长、居民消费的关系实证研究［J］. 海军工程大学学报，2016，5（28）：69~74.

[7]张侃，郑飞，刘宝平，习鹏. 论基于AHP和物元分析法的海军军费配置效益评估［J］. 军事经济研究，2016，11（37）：18~21.

[8]张侃，刘宝平，黄栋. 非合作博弈视角下稳定军事逆向物流体系构建策略研究［J］. 物流技术，2015（10）：259~263.

[9]张侃，黄栋，刘宝平．装备承制单位合同履行账务监督方法研究[J]．装备学院学报，2016，6（27）：51～56.

[10]张侃，黄栋，叶卫民，杜军岗．深入推进军事装备逆向物流工作［J］．军队采购与物流，2016（1）：73～76.

[11]张侃，刘宝平，黄栋．六步式研讨教学法在装备技术经济课程中的应用［J］．海军院校教育，2016，26（1）：56～60.

[12]张侃．360 度军校课堂教学质量评估体系构建［J］．海军学术研究，2016（增刊）：19～21.

[13]LIU Baoping，ZHANG Kan，HUANG Dong. Constructing Strategy of Stable Reverse Military Logistics System Based on Non－cooperate［C］// 2017 International Conference on Management Science & Engineering，2017：33-38.

[14]黄栋，张侃，费良．舰船装备军民融合保障中的风险识别与防范［J］．军民融合，2017（1）：50～52.

[15]黄栋，张侃，陈平．基于 CES 生产函数的国防支出就业效应研究［J］．科技和产业，2017，17（6）：127～131.

[16]陈平，黄栋，张侃．论借助资本市场推进军民融合深度发展[J]．中国国防经济，2016（1）：9～11.

[17]叶卫民，黄栋，季近健，张侃．基于改进六西格玛积分卡的军事逆向物流供应商绩效评价研究［J］．经济研究导刊，2018（11）：180～182.

[18]LIU Baoping，ZHANG Kan，LI Guihua. Third－party Reverse Logistics Supplier Opitmization Method Based on TFN－AHP and Entropy Combination Model［C］// 2017 International Conference on Management Science & Engineering，2018.

[19]杨川慧，张侃，习鹏．我国与周边国家国防支出的动态影响机理实证研究［J］．军事经济研究，2018.

[20]王志勇，张侃，梁新．C2C 电子商务信用评价与供应商优选改进模型研究［J］．武汉理工大学学报（信息与管理工程版），2018.

致　谢

时光匆匆，如白驹过隙，经历了无数的日日夜夜奋笔疾书，多少次奔波于办公室和食堂的两点一线，终于有幸完成此书。搁笔之际，内心如释重负，回顾四年来学习工作的点点滴滴，感慨良多。

首先，应当感谢本书合著人、海军工程大学管理工程与装备经济系刘宝平教授！全书从选题、构思、起笔、撰写到检查、修改、完善，一点一滴，无一不是在刘宝平教授的悉心指导和关怀下进行的，无一不倾注了刘宝平教授智慧的心血与汗水。刘宝平教授孜孜不倦的育人精神和严谨求实的治学态度，都让我在学习和工作中受益终身，是无可替代的宝贵精神财富！这种精神必将指引我在未来的教学和科研工作中，不断地成长进步，不断地努力前行！

其次，要感谢书稿撰写期间，我的妻子、父母对我的支持、关心和理解。家人的关心和支持是我坚持并完成本书的直接动力。作为一名一线教学科研工作者，一方面要克服日常教学科研工作的繁重压力，另一方面要克服家庭生活日常琐事所带来的分身乏术，还要抽出时间来完成书稿撰写，没有家人的强力支持是不可能完成的。

还要感谢教研室梁新主任，在我撰写书稿期间给予了很多的帮助与照顾，主动给我减少了教研室教学科研工作的任务量，还经常与我一起探讨撰文写作的一般经验和实用技巧，让我获益良多。

感谢原教研室黄栋主任，在研究选题期间给予了很多的指导和帮助，让我有机会顺利地参与到原解放军战略规划部资源统筹配置的相关实践工作，掌握了第一手的资料，为开展学术研究，形成书面化研究成果的提供了有力的实践平台。

最后，感谢在书稿撰写过程中所有关心、支持、帮助过我的人们！